用户价值变革三部曲

孙静若◎编著

清华大学出版社

北京

图书在版编目(CIP)数据

用户价值变革三部曲 / 孙静若编著 . —北京：清华大学出版社，2021.11
ISBN 978-7-302-58811-5

Ⅰ . ①用… Ⅱ . ①孙… Ⅲ . ①企业经营管理 Ⅳ . ① F272.3

中国版本图书馆 CIP 数据核字 (2021) 第 157761 号

责任编辑：张立红
封面设计：蔡小波
版式设计：方加青
责任校对：赵伟玉
责任印制：丛怀宇

出版发行：清华大学出版社
　　　　　网　　　址：http://www.tup.com.cn，http://www.wqbook.com
　　　　　地　　　址：北京清华大学学研大厦 A 座　　　　邮　　编：100084
　　　　　社 总 机：010-62770175　　　　　　　　　　　邮　　购：010-62786544
　　　　　投稿与读者服务：010-62776969，c-service@tup.tsinghua.edu.cn
　　　　　质 量 反 馈：010-62772015，zhiliang@tup.tsinghua.edu.cn
印 装 者：保定市中画美凯印刷有限公司
经　　销：全国新华书店
开　　本：170mm×240mm　　印　　张：19.5　　字　　数：320 千字
版　　次：2021 年 11 月第 1 版　　印　　次：2021 年 11 月第 1 次印刷
定　　价：79.00 元

产品编号：082891-01

创变
Creative Revolution
未来学视角下的趋势与企业实践

旧的秩序已经改变，新的秩序正在形成。

——罗伯特·坦尼森

创生
Creative Existence
重新定义后消费社会的基本概念

我们会遇到我们已经了解了的东西，因为我们是同一个世界的一部分。

——海德格尔

创造
Creative Management
用户价值罗盘重构企业经营管理

有机会去努力做值得做的事，这是生活给我们最有价值的奖赏。

——西奥多·罗斯福

创 变
Contents 目 录

创 生

Contents 目 录

创 造
Contents 目 录

第 3 章

新动能：引爆指数增长的动量效应 ▶▶

第 4 章

新基础：抵御未知风险的商业基石 ▶▶

创变
Creative Revolution
未来学视角下的趋势与企业实践

旧的秩序已经改变，新的秩序正在形成。

——罗伯特·坦尼森

一切创变都始于对未来的洞察。

在美剧《闪电侠》里，来自未来的逆闪电艾尔伯德·索恩化身哈里森博士，成为 DC 漫画旗下的超级反派。在剧中，逆闪使用了 Gideon 智能系统来掌控未来的人物资料，这比钢铁侠的智能管家贾维斯似乎更先进了一步。谁"越未来"谁就"越颠覆"。早在遥远的农业社会伊始，人类就通过观察风雨雷电、日月星辰摸索出一些预测未来的技巧。

农业社会的早期充满着巨大的不确定性，对于气候和危险的预测是刚需。随着社会发展的深入，统治者需要维持其稳定的统治，以期减少统治的不确定性，而随着国家机器的完善和物质的富足，权力的高度集中也确实使统治阶级的不确定性在非战争时期逐渐减弱。

第一次世界大战和 1929~1933 年的世界经济危机给当时的世界带来了巨大的不确定性，甚至可以说它们加速了"二战"的爆发。1943 年，德国社会学家弗勒希特海姆在美国创立了未来学。从 20 世纪 40 年代末到 20 世纪 70 年代初，以社会科学、社会经济为主要研究内容的未来学得以快速发展。1970 年，阿尔文·托夫勒出版了《未来的冲击》一书，标志着未来学进入美国文化的主流领域。1980 年和 1990 年，托夫勒又相继出版了《第三次浪潮》《权力的转移》等著作，对社会思潮产生了一次又一次的冲击。同时代的未来学家约翰·奈斯比特也在 1983 年出版了《大趋势》。他们用恢弘的笔触展望人类社会及商业的未来趋势，直接影响了 20 世纪 70 年代以来的商业行为和商业文明进程。（见图 1）

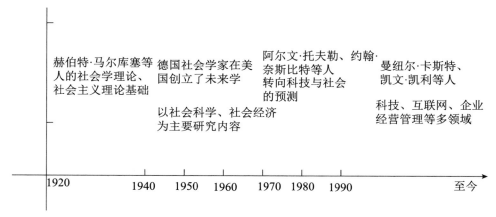

图 1　未来学简史

回望历史，洞察未来，人们总结出这样的共识：未来，唯一确定的就是不确定性。

时至 2017 年，不确定性再一次成为空前高频的词。被热捧的黑天鹅、灰犀牛等概念也搅得大家人心惶惶。政界、经济界在忙着防移民政策、制造业回迁等事件带来的不确定性；企业家忙着应对来自政治、经济和消费群体的多重压力；管理学界也急忙推出应对不确定性的理论和工具；而普通老百姓都在紧盯着手机银行里的数字余额，面对一轮轮房价的上涨与调控，茫然不知所措。当世界被一个个变幻不定的因素左右，人们感受到了从未有过的来自未来的压力。"打败口香糖的不是益达，而是微信、王者荣耀""消灭扒手的不是警察，而是微信、支付宝""我消灭你，与你无关"……充斥着这种煽动性标题的推文在微信群里疯传，从开着快车的司机师傅、送快递或外卖的小哥、上门服务的安装工人和保洁阿姨那里，都可以听到他们对平台、互联网、经济和工作的认识。在信息化的汪洋大海中，不管是自上而下发生的石破天惊的大事件，还是自下而上产生的鸡毛蒜皮的小事儿，都像一颗颗投入水中的石子，激起层层波浪，致使水波荡漾。谁都不能否定不确定性的不断增长，但对于不确定性的来源却没有头绪，我们想到的所有事物都处在变化的过程中。人们常常发现自己被推入一个陌生的领域，在努力地转移目标，在与不同的人一起工作，有时甚至很难分辨出谁在为谁工作。

陈春花老师将不确定性总结为这个时代的主要特征。当今世界万事万物变得异常复杂，经验以及任何原有的尺度都无法对它进行判断。

维基的大规模协作、网络的大规模共享以及即将到来的万物互联都显示出了强烈的量子特征。量子物理学所隐喻的世界仿佛就是詹姆斯·卡斯所说的无限的游戏。卡斯早在 20 世纪 80 年代就看到了新兴世界的复杂性。在《有限和无限的游戏》中，他区分了开放、不可预测的无限游戏与封闭、可预测的有限游戏。有限游戏造就了我们的经验和成功。在无限游戏中，不存在边界，它的记分卡是隐藏的，它的目标不是为了取胜，而是为了使游戏继续进行。它有规则，但规则可以随时改变；它有计划和游戏守则，但很多游戏是同时进行的，并且获胜的计划似乎相互矛盾。它有同伙和对手，却很难分清谁是谁，游戏角色也会发生令人意想不到的变化。当你还在碎碎念"变态！这该怎么玩？"的时候，游戏已经开始了。

游戏的隐喻可以很自然地与物理学的发展结合起来。从苹果砸到牛顿头上的那一瞬间开始，人类经历了经典物理学主导的 300 多年的时期。牛顿力学的前提假设是世界是客观的，因果、边界清晰，知识通过分析得来。在基于牛顿经典力学形成的世界观和日心说的世界观下，计划、组织、指挥和控制成为传统的管理技巧。逻辑的、线性的左脑思维构建起人类社会的基本框架，创造了极大的物质财富。同时，人们信心满满，觉得一切尽在掌控。直到有一天，人们恍然发现，游戏的边界消失了，规则也改变了。崇尚主体与客体二元对立的经典物理学似乎无力再解释这个世界，人们的认知陷入了难以解释的波粒二象性物理现象的尴尬境地。17 世纪的思维模式似乎不太适合用来创造 21 世纪的组织，以往的经验已经无力应对越来越多的不确定性。（见图 2）

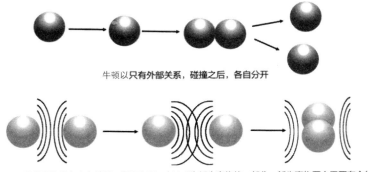

牛顿以**只有外部关系，碰撞之后**，各自分开

量子系统具有内在关系，相遇之后，个体成为新生事物的一部分，新生事物要大于原有个体本身

图 2 牛顿系统 vs 量子系统（图片来自丹娜·左哈尔《量子自我》）

在不确定的时代，需要更好地去理解传统哲学，格物致知。进化论里有一个理论叫作预进化，一些动物会预先具有一些看起来无用的特征。一旦变化突然降临，这些特征就立即派上了用场。耶鲁和哈佛的科学家更是在"反进化"实验中让鸡的胚胎长出了奇特的"恐龙嘴"结构。

企业、组织也需要像恐龙一样预进化，而不是等待变革到来的那一天突然想要长出翅膀。未来学的研究或许能够帮助我们厘清未来发展的脉络。

本部分分为 5 章，分别从经济、社会、产业、企业、Token 5 个层面来总结当前人们所面临的不确定性，以及近未来影响最大的趋势。

第 1 章，我们对 20 世纪 90 年代中期以来的"新经济"进行系统的分析总结，将数字经济视为加速时代经济红利的源头，将循环经济作为资源革命和城市化进程的必然，将共享经济视为数字经济和循环经济背景下的经济繁荣的基本路径，最终，将创业经济视为近未来促进世界经济复苏和持续增长的经济解决方案。

第 2 章，以横向和纵向的人口结构为视角，解构决定未来社会发展的新力量。之所以从人口结构切入，是因为社会力量最终还是来源于"人"。从横向来看，本章将"移"民、人口流动性作为全球创新和文化融合的强大联结力量，将新兴市场崛起的巨大消费群体视为左右经济增长的消费力量。从纵向来看，将数字时代缩短并逐渐融合成"Z 世代"不可忽视的年轻力量，将老龄化带来的生产与消费结构的重塑视为巨大的冲击力。

第 3 章，对未来的产业趋势进行总结。产业趋势变化的核心特征就是"合"，而工业时代的产业格局最大的特征就是"分"。"合"则表现在所有产业的信息化以及新旧产业之间的收敛效应，知识成为所有产业的核心生产资料，产业边界被生态的概念取代。

第 4 章对未来的企业形态进行隐喻和想象。互联网时代，传统的企业形态无力应对时代的冲击已经成为共识。但未来的企业需要怎样变化，会进行怎样变化？或许人们应该学习一下自然界动物的生存法则，比如，像章鱼那样成为海洋中的超文本节点，像雨林一样成为互惠共生的生态圈，像狼群一样学会在协作与合伙中生存，像企鹅、海豚一样在非摩擦的环境中自由游弋。

第 5 章直指所有变化与变革的结构性阻力。在比特币与区块链技术进入人们的视线之后，现有政治与金融体系下难以避免的崩塌风险与贫富差距广受批判，本章以对货币制度、生产关系流动性的批判为切入点，对互联网经济进行反思，对区块链技术进行冷思考的同时，也对区块链技术的核心——Token 经济进行逻辑与机制上的推演，并邀请所有读者朋友们一起参与这场大型的组织实验。

第 1 章

未来经济新场景

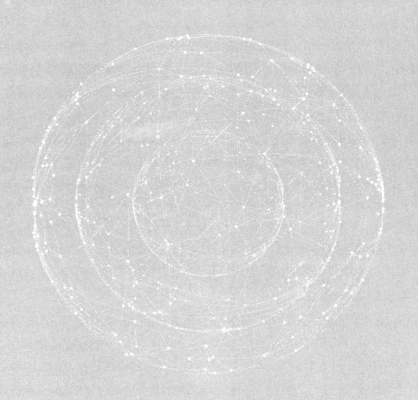

预测未来的最好方法就是创造未来。

——艾伦·凯

从 1990 年开始,人们在经济面前加一个"新"字来表明这一时期经济的复杂发展令人难以捉摸。而实际上,这样的经济趋势从"二战"以来就逐渐显现出来。

1955 年,世界各国基本都恢复到战前水平。1955~1970 年这段时期,世界经济得以快速发展。这一时期中国经济也发展迅速,但由于历史原因在后期有所下降。美国因为没有受到战争破坏,所以经济一直呈现增长态势。日本的经济发展神速,通产省模式发挥了巨大作用,创造了经济发展史上的神话,其经济增长一直持续到 1980 年。

在 1980 年前后,由于金融危机的影响,欧美和日本经济增速普遍下滑甚至有所衰退。此后则一直处于增长乏力的状态。这一时期中国经济持续快速稳定发展,依靠劳动力成本等优势逐步发展为世界工厂。与此同时,亚洲"四小龙"崛起,金砖国家等新兴市场也实现了经济的快速增长,世界经济格局愈发呈现出多极化特征。这一趋势一直延续到 20 世纪 90 年代初期。[1](见图 3)

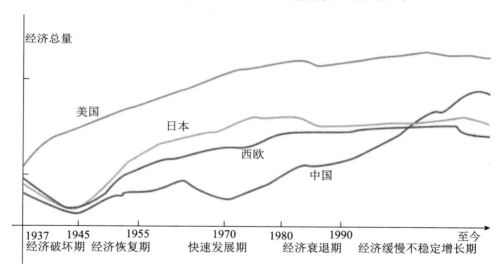

图 3 "二战"以来的经济走势

值得注意的是在 20 世纪 70 年代以后,西方国家经济开始零增长,美国限制工业化使长波理论在经济学界盛行,认为西方资本主义经济的盛衰遵循着一种持续 50~60 年的扩张与紧缩周期。虽然从 1973 年之后的 10 年间,美国社会经历了能源危机、濒临崩溃的"烟囱工业"以及两次相当严重的经济衰退,但是美国经济仍创造出 4000 万个工作岗位。关于这一点,经济周期理论完全无法解释。在管理大师彼得·德鲁克看来,美国及日本的这些成长性的机构除了自身不断快速增长和违反康德拉季耶夫经济停滞理论以外，其共同之处就是企业家自己管理这项新技术的运用。高科技产业与康德拉季耶夫理论十分吻合，并且无法产生足够多的就业机会来重振整个经济。但是，值得重视的是有系统、有目的、以创业精神管理的低科技含量的机构反而可以做到这一点。德鲁克认为，管理是引导美国经济迈向企业家经济的一种新技术，它也将促使美国走向企业家社会。[2]

进入 20 世纪 90 年代，地缘政治和经济增长的影响因素发生了巨大而深刻的变化。数字化科学技术的急速进步无疑是极其重要的主导因素。当然，这里的矛盾和疑问也显而易见，科技从"二战"以来一直都在快速发展，德鲁克认为高科技产业与经济周期理论吻合，无法重振经济，但为何 20 世纪 90 年代以来的科技发展却几乎重塑了全球经济，使之进入一个新的网络经济时代？我们观察一下"二战"以来科技的发展过程，不难发现，互联网革命与以往的科学技术革命有着本质的不同，互联网革命是一场底层的范式革命，它对经济、社会、组织、个体、伦理、权力等各个维度都进行了改变甚至重构，包括德鲁克所说的引导美国经济迈向企业家经济的管理技术也在互联网的语境下得以彻底的转变。而以往的科学技术革命只停留在范例、方法和产业层面上，仍然是以工业革命的经济范式存在，不构成本质的颠覆和范式的转移。（见图 4）

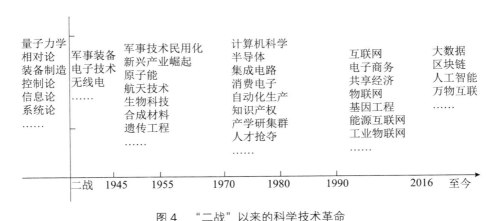

图 4　"二战"以来的科学技术革命

1. 数字经济：大加速时代的持续红利

每一波新的技术浪潮的加速都比前一波更大。电话使用了 75 年才拥有了 5000 万用户，广播使用了 38 年才拥有了同样数量的听众，电视使用了 13 年，而互联网则只用了 4 年的时间,《愤怒的小鸟》太空版仅用了 35 天就完成了广播 38 年的目标,而像 Facebook(脸书)这样的企业仅用 10 年时间就拥有了超过 15 亿的用户 [3]。

英国人利用殖民地资源,经历一个世纪的发明与试错才得以实现从农场经济到工厂经济的转型。19 世纪美国借鉴并改进了英国的方法,利用丰富的资源,仅用了英国人一半的时间就实现了工业化。"二战"后,日本用 40 年实现了转型,韩国、中国的跨越则仅用了 30 年。

大加速时代到来了。

数字革命就像涡轮增压版的工业革命,而工业革命看起来更像是一场慢动作的革命。工业革命用了几个世纪让全球的中产阶级人口增加到了 10 亿。而 1990~2015 年,仅仅 26 年的时间里,全球中产阶级的人数几乎翻了一倍,与此同时,贫穷人口减少了将近 10 亿。历史学家伊恩·莫里斯把工业革命比作"对它到来前的所有这一切的嘲笑",但数字革命让工业革命看起来更像是一次彩排。(见图 5)

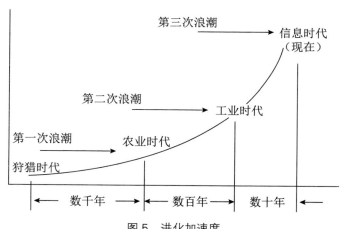

图 5　进化加速度

大加速时代的主要推动力是数字科技带来的范式转移,这一点已无可置疑。可存储、可共享、可利用的信息使数以亿计的个体得以融入全球经济系统,使信息得以传播,传统行业被颠覆,创造了无数新的可能。数字科技带来的变化无须多言,每个在写字楼里对着电脑工作的人、每个在商场里扫码结账的顾客、每个盯着智能手机浏览各种资讯的人都能够切身感受到它所带来的影响。

没有任何一种技术能够带来如此巨大而迅速的发展并覆盖如此多的人。过去的技术,比如农业、运输、大规模生产等都会受到物理条件的限制。相反,数字技术对世界进行了模拟，将一切包含在虚拟的世界中，人们只需要解决怎样从电子管到半导体，到神经网络，再到量子计算的问题，以及怎样对事物进行建模分析的问题。根据传感器获得的各类数据，农民可以随时掌握各个要素对农作物的影响；AR、VR、全息投影等技术用于通信，则可以实现像电影《王牌特工》里特工开会那样的效果，不需要坐飞机去参加会议；制造业可以根据数据来定制化生产，消灭了库存，加快了配送。

软件不停地吞噬着各行各业，从内容到通信，再到支付系统……到 2015 年，电商占据了所有零售业务的 10% 以及全球贸易的 12%。总体来说，前 15 家网络公司在 2015 年创造 2.5 万亿美元的价值，相比 1995 年的 160 亿美元增长了近 1500 倍，[4] 甚至连汽车这样的垄断产业也被软件吞噬，优步、滴滴等平台正在改变着既有的汽车所有权和使用权模式。无人驾驶电动汽车更像是一个带有车轮的大号移动设备。有了手机之后，与你生活密切相关的很多产业将消失或者重塑。

想一想，有了手机以后，生活中少了哪些东西？百科全书、图书馆、照相机、录像机、相册、手电筒、秒表、闹钟、计算器、报纸、地图集、日历、游戏、个人电脑和电视……这就是技术人员常说的"技术收敛"。而人们显然也不会满足手机这个设备，在不久的未来，手机也会被"收敛"，成为隐形眼镜、戒指，甚至会成为大脑皮层外置的一个微型芯片。

几乎所有的活动或者企业都能通过软件而变得更有生产力。新的软件公司从低成本的通信、全球覆盖的网络和社交媒体平台中获得了巨大利益。从成立的那一刻起，它们就以数字化颠覆者的姿态直接进入世界市场快速发展，并能与顾客直接建立联系。

数字化颠覆者遵循跨行业的模式，让用户能够更容易地获取产品和服务。颠覆者本身通常是一个行业的创业者或者门外汉，或者相关行业的开创者。比如，地图软件不仅仅是数字化的地图册，结合 GPS，它更可以为用户提供实时导航服务。打开高德地图软件会发现，它已经集成了打车、共享单车、组队等出行服务，一个平台就可以提供所有的出行方案。当然，现在的地图软件还不够智能化，在出行方案和路线等方面需要用户进行过多的选择，在深度学习等技术成熟之后，或许能够为用户提供智能化的最优出行方案。

数字网络的崛起成为软件颠覆浪潮的催化剂。网络并不是新生事物，但是数字网络（比如互联网）使网络发展到了一个全新的维度。（见图 6）

图 6　人类历史上的通信革命

　　在互联网出现之前，即便是电子网络也很难被建立起来。比如，第一代传真机是专门用于发送法律文件的设备，20 年之后才产生了全球标准。有了标准后，更多的公司开始使用传真。不到 5 年的时间，传真机的销量就增加了 10 倍，均价降低了 80%。突然之间，传真机就变得无处不在。而形成网络之后，传真机的价值才体现出来。[5]

　　网络的基本概念是连接了巨量用户的网络价值。如果你是唯一使用电话的人，那就没有什么价值。但是如果每个人都有的话，那就产生了连接价值。贝尔电话早在一个世纪前就最先提出了"网络效应"这个概念。

　　数字网络赋予颠覆者优于现在公司的一个巨大优势。过去，大公司能够通过竞争隔离机制来设置屏障、保护自身利益（巨量的资金、连锁店、分销渠道或者大型工厂），但这些老套的障碍并不能阻止数字网络的发展。

　　数字网络能够发展并快速扩张有三个理由。

　　一是网络中的网络。相比于其他网络，数字网络具有即时性。数字化创建的在线平台促进了生产和交易，使得小鱼能够和大鲨鱼正面交锋。美国社交应用 Instagram 在被 Facebook 以 10 亿美元并购之前，只有 12 名员工，并且没有收益。但在被收购 3 年后，用户就达到了 4 亿人。数字化颠覆者难以被取代，对于大企业而言，相比于竞争和隔离，收购更简单，也更便捷。全球企业并购也进入了一个新的高潮。在中国，业界的并购案例不胜枚举，京东并购易迅、美团并购大众点评，滴滴、快的合并等都成为人们津津乐道的事件。

　　二是全球市场。互联网使得小型企业和个人能够与全世界即时连接。调查显示，大多数创业公司早期都有跨国界的用户。爱彼迎让所有的房主都能与全世界的旅行者连接起来，自媒体则可以拥有全球无数的潜在追随者。从一开始，今天的创始人就把公司作为全球企业。

三是自由进入。低成本的网络通信使得工作有了新的方式。在第一个网络泡沫之前，价值 10000 亿美元的光纤电缆被铺满全世界。2005 年以来，跨国界的宽带容量增加了近 50 倍。这不仅仅意味着相互连接变得更便宜，也意味着企业服务中心能够在任何地方工作。比如，麦肯锡就把文件生产集中在印度。而这样的全球协作可以打破物理时差，使生产和工作得以 24 小时不间断进行。[6]

应该说，信息自由是数字经济带来的最大红利，或者也可以反过来说，数字经济是信息自由带来的最大红利。人们每次拨打 114 查询电话号码都需要付费，但是网络搜索自出现之日起就是免费的，商人们常说这是个"金钱的时代"，但网络让人惊奇的是，有无数的人在用他们宝贵的时间来创造网络，并且不要求回报。无数的网站、微博、讨论组、论坛和其他网络信息资源的创造者不期望直接得到酬金，而是充分享受着数字网络中的信息自由。互联网最大的影响就是生活、社会、商业与政策和地缘政治完全数字化，其数字化允许跨边界、跨文化、跨政治系统的民主化交流，而它所带来的红利仍将不断加速。

2. 循环经济：资源革命与城市化的呼唤

正如凯文·凯利所说："所有的公司都难逃一死，所有的城市都近乎不朽。"城市是形成大加速时代的缩影。

当今的城市化不亚于历史上最大规模的迁徙。城市化大约在两个世纪前开始缓慢发展，当时 95% 的人口居住在农村或农场。到 2007 年，居住在城市的人口有史以来第一次比居住在农村的人口多。而在未来的 40 年里，搬到城市居住的人口将比想居住在城市的人口要多。这就意味着每个月大约有 500 万新增城市居民，相当于新加坡或丹麦的人口总量。[7]

城市大迁移是世界各地企业参与建设热潮的巨大机会，将为数十亿的新城市居民创造空间。为了适应这种增长态势，价值约 78 万亿美元的新道路、公共交通及建筑将被修建。预计 2014~2025 年，全球基础设施支出将增加两倍。[8]

千禧一代，人们更愿意选择成为城市居民。城市密度允许数字网络和服务在现实生活中交叉传递，信息自由成为人们最基本的生存需求。具有创造力和技术才能的人才被吸引到多元化、充满活力的城市。大城市因能吸引人才、拥有更多创意和技术而更加繁荣富强。任何有全球发展意愿的企业都应该注意大迁移，并在大城市的市场中寻求发展。这些城市的85%是全球最大上市公司的总部所在地，占所有办公空间和空中交通的4/5。通过对这些世界级城市的展望，企业可以了解各个市场的趋势、风险和新的发展前景。

城市之所以成为如此强大的增长引擎，其原因是多方面的。城市本身具备生态和网络的特性，处于密集的人口中心的城市，由于规模经济、劳动力专业化、知识溢出和贸易往来而获得生产力的加速提高，这些提高由于网络效应而得到加强。研究表明，城市密度催发超线性的生产力提高，因为它为社交互动和经济互动提供了更好的机会。人才和技能吸引了企业，反过来工作又吸引了来自农村地区的大量人口。

城镇化对于"下一个中国"来说是十分重要的元素。城市使农民变成高生产力的工人、消费者和全球公民。2014年3月17日，中国出台了一项计划以应对大量农村居民流入城市，中央政府预测到2020年，中国将有1亿人口转移到城市，这就意味着到时有60%的人口居住在城市。[9] 在不久的将来，每座人口超过20万的城镇都将由铁路和高速公路连接，每座人口超过50万的城镇都将被纳入高铁网络。联合国报告预测，到2050年，中国的城镇居民将是美国城镇居民的3倍，印度则将是美国现在的2倍——总共25亿。[10]

城镇化和新兴城市的崛起带来了巨大的消费群体，而消费的大规模增长也必然带来资源的快速损耗。更多的化石燃料需要被开采，更多的钢铁需要被冶炼，更多的产品需要被生产或制造。然而，当我们从机遇来临的喜悦中冷静下来，看一下道路上塞满的汽车、商场里挂满的衣服、天上弥漫着的灰色雾霾，心里总会隐隐冒出一个疑问：经济和社会就要这样一直增长下去吗？增长的边界在哪里？

在《资源革命》一书的引言中，斯蒂芬·赫克开篇就指出：资源枯竭是100年来最大的商机。"现在，摆在我们面前的正是百年难遇的绝佳商机，而且它才刚刚开始。"[11] 在这本书中，赫克将传统的资源枯竭论作为最大的机遇，而非风险。

资源革命必将是一场系统性、阶段性的革命，正如人类对资源的利用一样。经济的目标是增长、就业和平等，而环境的目标则是实现气候、水、土地、生物多样性的平衡与协调。其中最关键的问题是如何让正在进行的技术颠覆成为一个有益的、兼顾经济与环境的颠覆。（见图7）

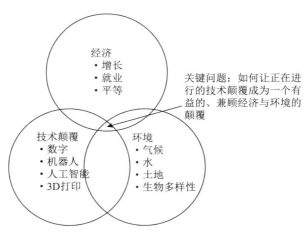

图 7　环境与经济、技术颠覆的关键问题

历史上的任何革命都不是一下子出现的，必然是从星星之火开始燃烧起来的。观察现在的经济与商业现状，不难发现其中这些小丛的火苗。

20 世纪初期，亨利·福特定义了现在汽车的拥有模式。但经过了一个世纪的发展，多数汽车里仍然有 5 个座位，平均上座率已经跌至每车 1.6 人。一箱油中只有不到 1% 的能源真正用于将乘客从 A 点带到 B 点，其余的能源都变成了热量、轮胎磨损以及在运输大块金属和空气中白白浪费掉了。在它们的使用寿命内，大部分时间被停在家里或停车场。司机对汽车的使用率仍然非常低。道路的效率同样很低，仅仅靠投资新设备或提高工人的生产力并不能解决这类问题。要解决这些问题，汽车制造商必须反思自己的产品，这也是百年来的第一次。[12] 共享经济在一定程度上缓解了这些问题。这些解决方案是在互联网平台和通信革命的基础上形成的。

消费者所有权模式正在转变，年轻的城市居民越来越习惯于租赁服务，而非购买资产，这为那些善于发现消费者新需求的企业创造了机会。基于数字网络的创业企业在社会资源的分配与利用上进行了很大的模式创新。在印度，医生上门出诊曾经是司空见惯的场面，但由于现在城市越来越拥堵，这种方式已经不再流行。现在，Portea 医疗在 18 座城市提供家庭保健，利用地理空间信息高效地将最近的医生派到病人家里，为病人测量健康数据，并上传到电子平台进行预测分析，根据病人的健康趋势推荐治疗措施。

新的颠覆性技术促使人们重新思考能源时代。页岩气、煤层气、可燃冰等新的资源被发现并利用。自 1990 年起，太阳能发电的成本已经从 8 美元 / 瓦特降到 0.8 美元 / 瓦特。到 2025 年,太阳能和风能发电将占全球发电量的 15%~16%。[13]
能源存储技术也在经历着颠覆,到 2025 年,汽车锂离子电池成本将从 500 美元 /
兆瓦时降到 160 美元 / 兆瓦时,这些进步将使电动汽车更具竞争力。[14] 若将能源
存储技术应用于电网,则可提高电网稳定性、减少停电事故,偏远地区和电力供
应匮乏地区也将享受到稳定的供电。

数字技术的广泛应用使得资源的分配、利用甚至回收、再分配效率极大提高。
人们讨论了许多术语来形容这种环境和经济友好的交互形式,比如绩效经济、生
物模拟、自然资本主义、共享价值等,但最通常、最具体的术语应该是循环经济。
循环经济为人类的可持续发展提供了许多令人兴奋的方向,甚至可以使人们进入
一个"没有增长的繁荣"时代。

3. 共享经济: 基于数字网络的产销关系重塑

不论对外地游客还是本地居民来说,黑色出租车都是伦敦景观的一大亮点。
就像北京城里担任"时事评论员"的的哥一样,伦敦出租车司机对于他们的生意
和技能有着本能的自豪感。他们首先必须通过一门多年度的培训课,称作"知识
点"。这门课非常有难度,要求司机记住 6 万多条街道,平均每名司机要考 12 次
期末考试才能通过。如此严厉的考核意味着出租车司机要全凭记忆背下伦敦各大
街区角落。不过,带 GPS 的智能手机可以让更多的优步司机省去烦琐的考试程序,
能够较为方便地服务于乘客。2014 年 6 月 11 日,出租车司机受够了这种"不公
平竞争",1 万多名出租车司机大罢工,阻挡了伦敦的标志性区域,特拉法加广场、
议会广场等地区交通陷入瘫痪。他们认为优步司机使用手机作为计程器,而伦敦
的《私人租用车辆法》禁止私家车安装计程器。[15]

抛开对于优步使用的争议,我们可以看到,智能手机在这里至少有五个作
用:一是交易工具;二是定位和导航工具;三是计程器;四是监督工具;五是品牌
阵地。智能手机仿佛成为汽车的内核,就算你开着一台 20 世纪 60 年代的老爷车,
也可以使用优步,甚至环游中国都没问题。这么看来,汽车在经历了一个多世纪
的发展之后,还只不过具有 1 个发动机、4 个轮子、5 个车座的基本形态而已。
长期以来,在人们的意识里,汽车也只是一种交通工具。而智能手机的出现,使
人们恍然大悟,原来山不是山,水也不是水。可以说,在几十年后,当人们回顾

初期的科技发展史时，智能手机的出现必将是一个历史的转折性标志。PC 时代，在汽车、冰箱上安装一个微型电脑，汽车和冰箱似乎就变得智能了，汽车可以自动控制空调，冰箱也可以自动控温。但这里的"智能"一词其实是被滥用了。PC 时代的智能更多的是自动化，观察当下很多标榜生产智能机器人的企业，其实它们还是在用智能的概念来混淆自动化的事实。PC 时代的事物不具备移动联网的能力，这是它与智能手机时代的根本区别。卫星定位和移动通信技术为智能手机的出现提供了基础。具备移动联网能力的事物，也就具备了移动化的数字能力、计算能力和链接能力。当万事万物都具备了这种能力的时候，一个万物互联的世界也会随之到来。

当下的共享经济浪潮只是万物互联的一个前兆，更大规模的颠覆和重构正在徐徐展开。共享经济也被称为"协同消费"。正如被称为"共享经济鼻祖"的罗宾·蔡斯在网站上所提倡的："让我们打造一个富足经济。让我们发现过剩产能，并将其释放出来。让我们开放资产、数据，还有头脑。让我们努力解决气候变化和贫富不均问题。让我们创造一个我们愿意生活在其中的世界。"协同消费旨在通过重塑产销来释放过剩产能，使产销关系更具个性化、生态可持续性和公共性特征。

根据波士顿大学社会学教授朱丽叶·斯格尔和康纳·菲茨莫里斯提出的理论，除众筹之外，协同消费可以分为五大类：商品的再循环、耐用资产利用率的增加、劳务交换、生产性资产的共享、服务与商品供给相结合的混合模式。[16]

共享行业起源于二手物品交易网站，在美国出现最早的是易趣和克雷格列表网，在中国的出现也可以追溯到 BBS（网络论坛）的时代。闲鱼和 58 同城推出的转转尽管经营范围已经扩大到各种商品和服务，但这些网站仍被视为消费品的二级市场，也就是第一类共享平台。

第二类共享平台包括耐用消费产品使用权的分配。这类共享平台的发展已经风生水起，在市场已经站稳了脚跟。房产、汽车、自行车、车位、草坪、农场等领域都参与了这种共享，非营利组织甚至倡导像绿化树木这类公共资产也用来共享。这类共享主要是以租赁的方式进行。在爱彼迎、Zipcar（美国网上租车公司）、摩拜单车等公司的推动下，这个共享模式被广泛复制，涌现出了大批竞争公司，争抢着过剩的产能市场。

第三类共享平台是劳务交换。在这一方面，美国的时间银行是先驱者。时间银行始于 20 世纪 80 年代，作为一种为失业人员提供工作的平台而出现。这类共享最初是以消费为基础的，而且大多数仍以消费为导向。高频次消费驱动下的优步、来福车（Lyft）、滴滴以及类似网站等正呈现迅速增长的趋势，而跑腿送货、上门服务等平台在国内也展现出巨大的市场前景。

第四类共享平台是生产性资产的共享，包括生产设备、创客空间等。图书、工具和其他商品出借也适用于这一类别。当生产性资产被接入云端之后，它们不再是工厂里专属工人的机器，而是成了大众创造的工具。试想，如果工业级的3D 打印机接入云端，用户可以通过网站自行选择要制造的物品，在物品生产完成之后，通过物流就可以快速地被寄送到用户手中。这样一来，生产设备的开放赋予了用户以制造能力，而制造商也可以在自己的产品中结合用户贡献的创造力。生产性资产的共享会形成基于创意的协作组织，而这种协作组织能够对未来的产业形态产生很大的影响。

最后一类共享平台是服务与商品供给相结合的共享，包括食品交换、手工艺品买卖、在线厨师预约、私厨美食共享等形式。

共享经济的崛起是消费者对大众消费主义与过度消费的背弃。过度的大众消费热潮开始于 20 世纪 20 年代，爆发于 20 世纪 50 年代中期。[17] 在这股热潮当中，巨量的人口以无尽的热忱购买着更多的东西。这力量强大，以至于现在美国商场的数量比学校还要多。人们通过所有权来定义自己的生活和幸福感。过去 200 年的工业化增长就像是一个庞氏骗局。人们将无尽的自然资源投入"消费"这个项目，期望从中得到超预期的回报。在工业时代里，人们尝到了这个项目的甜头，然后又继续投资，把身家性命全部赌上。渐渐地人们发现自己所拥有的一切最终变成了束缚。对这个骗局曾经深信不疑的人们恍然发现，如果继续下去自己或许将血本无归。大气物理学家乔·罗姆在他的博客里写道："我们创造了一种无法传递给我们后代用以提高生活标准的方式。你可以用这种掠夺性的手段大发一笔横财，但是这将带来崩溃。真正的财富是可以传递给其他人共享的。"[18]

毕加索说："每一个创造行为首先是一种破坏行为。"我们见证了工业体系和市场经济的力量，在人类利己和生存冲动的推动下，它以极高的效率带来了科技和生活水平的不断飞跃。而现在，这股巨大的推动力需要远离耗散性的过度消费，走向非消耗性的协同消费。

虽然共享经济从 20 世纪 80 年代就已经开始，但直到现在仍处于共享经济初期。巨量的供给过剩和闲置依然存在，无数的消费品在使用和废弃过后被"抛尸荒野"，物品的交换与交易成本仍然很高，人与人之间还无法快速建立起信任关系，万物互联的时代还没有到来。

大加速时代的加速度在持续增大。到 2020 年，智能手机用了 20 年的时间把世界上 80% 的人连接在一起，随着互联网、人工智能技术的发展，预计用不了 10 年的时间，世界 80% 的可分享消费品将被接入云端。我们甚至可以想象 10 年内的共享经济景象：消费品可以随时随地被购买，数字技术、社交网络和智能交通使交易成本急速下降，人与人通过数字身份实现快速信任，巨量的供给与需求将会实现即时动态平衡。

共享经济的平台将会大量涌现，共享经济的形态也将会快速展开。无论是消费者、使用者、产销者还是创客，都将有一个共同的名字——共享者。

4. 创业经济：人才在共享时代的流动与协作

思科公司总裁兼 CEO 约翰·钱伯斯在他就任 CEO 以来，亲自坐镇收购了 40 家企业，公司年销售额提高了 30 倍以上。2015 年，剧烈的市场环境变化使钱伯斯下决心要做一个 180° 的大变革，要把"听从上级指挥命令的经营转变为基于合作和团队的经营"。

在钱伯斯的推动下，全世界超过 7 万名思科员工在推特、Facebook 等社交平台设计了各自的主页，员工们可以相互搜索信息，查找各领域的专家，并组成团队共事。

在这种协作式组织当中，"很多人才就像 Mini CEO 和 Mini COO（首席运营官），能够率领整个集团，既孕育出创意，又培养出人才。以前我的接班人只有两个，如今已有五百人"。[19]

生产性资产的共享会形成基于创意的协作组织。在思科的这个案例中，我们发现，人才、技能、知识作为企业的核心生产性资产在组织内被共享，从而在这家大企业内形成了许多协作单元，也就是自组织。放眼网络世界，我们可以发现像思科内部这种协作组织已经广泛存在。

直到 20 世纪 80 年代后期，大型企业一直是商业组织的主导形式。这是大规模生产的时代，规模经济成为生产效率的决定性因素。泰勒主义、福特主义和凯恩斯主义是主导规模经济的核心概念。

资本、劳动和技术进步是大规模生产中使用的基本因素，新古典经济学将其作为推动经济增长的主要动力。后来，经济学家以内在增长理论运用知识要素来解释经济的长期增长。许多学者预测，知识要素的出现使得全球市场的自营企业和小公司更加无用。他们如何有能力进行研发活动，培养高素质的知识型员工，实现专利和商业化？雷蒙德·弗农预测，随着全球化现象的日益加剧，小企业面临更多恶意的环境。阿尔弗雷德·钱德勒也声称，要想在全球范围内进行竞争，公司规模必须扩大。经济学家都认为随着知识作为世界生产要素的到来，大的跨国公司仍将在整个商业世界占有主导地位。

然而，经济学家当时的语境仍然是工业的语境。他们没有看到网络和共享时代的到来，当然也不会想到协作组织的大规模涌现。

尽管大公司仍然掌握着很重要的市场话语权，但小企业和年轻的初创企业已经成为全球经济和社会发展的重要引擎。鹿特丹伊拉斯姆斯大学教授图里克和万奈克斯将这种经济转型称为"从管理化经济转向创业式经济"。管理化经济模式探讨围绕稳定性、专业性、同质性、规模性、确定性、可预测性与经济增长之间的联系。相比之下，创业式经济模式则侧重于灵活性、动荡性、多样性、创新性、相关性和集聚性以及经济增长之间的联系。[20]

创业式经济模式的本质不仅仅是创造知识，更是利用知识。

共享经济让生产工具变得大众化。在中国，当前的创业环境可以说是振奋人心的。软件即服务、平台即服务极大降低了创业成本。现在可以按月购买自己需要的不同服务，而不是必须购买昂贵的设备或签署长期的合同。人才的流动性可以让创业者快速招募到一起工作的人，不管是全职还是兼职。像 UpWork 这样的平台，允许前任雇主留下对团队成员的评价，从而有利于人们建立工作档案。在线市场使雇佣过程更为简单，技能的供求将决定人们的收益。自动化无疑取代更多的人力工作，使狭窄的专业技能变得无用。要想在全球市场中得以发展，每个人必须找到如何在这个时代的十字路口生存的方法。

在互联网的世界里，信息迅速地接近免费，创业者可以免费获取知识。你可以仅花费上一节课的费用来完成世界上最优秀的大学课程。创业者需要做的不仅是通过公司的产品和服务创造知识，更要尽可能地利用最好的知识。

在创业经济中，人的角色会更加多元化。身兼数职、为不同的企业和组织工作的人员将更为常见。托马斯·弗里德曼在其著作《世界是平的》中说，平坦的世界是全球连接创造一个公平竞争机会的地方，即很多人有均等的机会在全球各地进行流动，在平坦的世界中，人们宁愿成为出生在孟买的天才而非生于华盛顿的成绩为 C 的学生。[21] 只有在一个真正"扁平"的世界里，个人能力的重要性才能超过地理位置，那么地理位置随之也就变得不重要了。

在这个数字网络支撑的大共享时代，人才的全球流动和大规模协作将会改变社会和企业的组织形式，不论大公司还是年轻的创业公司，都将湮没在这场时代洪流当中，成为网络中的碎片化节点，抑或成为节点并联而成的平台。

第 2 章

未来社会新力量

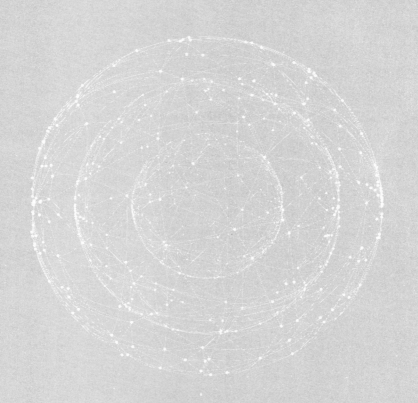

每一代人都想成为过去最好的一代。

——恰克·帕拉尼克

1990 年，从中国香港移民美国的张茵发现了两件事。

第一，美国人常常扔掉堆积如山的废纸、大量的垃圾邮件、成堆未翻阅过的产品说明书以及成堆的《纽约时报》周末版。

第二，她注意到从中国驶往美国的远洋货轮装载得满满当当，而返程时却有一半的舱位是空的。中国制造的商品玩具、电视、钢铁等需要占据空间，而美国出口到中国的电影、专利权和政府债券等商品，通常都没有重量。

张茵将这两个发现变成了价值数十亿美元的生意。在丈夫和弟弟的帮助下，她在洛杉矶成立了公司，从事在美国收购废纸并运往中国回收利用的生意。比起在美国，中国的加工费用更加低廉。之后，她在中国建立了从事废纸加工回收的工厂。

如今，她把美国的废报纸变成了卡纸板，用于装载中国的电子商品并运往美国。她的公司玖龙纸业于 2006 年在美国上市，这使她一下子成了当时中国第一位女首富。她用外来者的发现眼光来到美国，两个国家都因她的发现而获益。

1991 年，李彦宏收到美国纽约州立大学布法罗分校系的录取通知书。在美国的 8 年时间里，李彦宏先后成为华尔街和硅谷公司的高级工程师。当时，同在美国的徐勇想要制作一部讲述美国创新的纪录片，并邀请李彦宏同他一起前去采访。受访者是来自中国台湾的雅虎联合创始人杨致远，这次来访让两个人都备受启发。

1999 年，李彦宏认为环境成熟后与合作伙伴徐勇一起创建了百度公司。10 年之后，百度成为中国最受欢迎的搜索引擎，他也跻身于中国顶级富豪之列。

在中国越来越多的人正像张茵、李彦宏一样，在不止一块国土上留下了自己的足迹。如果说十几年前出趟国还是一件了不起的大事的话，如今已经显得微不足道了。目前通信更方便，机票更便宜，科技更先进，涉及全球化的服务更多。

人类社会在演进过程中，时间和空间的概念有了很大的不同。农业社会，人们日出而作，日落而息，循环往复。工业社会，人们的时间是线性同步的，要求家家户户同时起床，同时吃饭、乘车、劳动，同时回家、睡觉……而信息社会的时间是非线性的，生活和作息不再需要与生产同步，空间的概念与时间相对应。农业社会，人们耕作于一小块土地上；工业社会，人们精确地在几个空间里同步活动；而信息社会，人们的空间活动不再同步，其流动性特点也更显著。

当然时间和空间的概念还不止这些，产销模式、生产方式、经济形式、社会关系以及个体关系等都发生了颠覆性的变化，每个阶段都会涌现出影响社会变革的新力量。（见表 1）

表1　三次浪潮

	农业社会　1650~1750 （第一次浪潮）	工业社会　1946 （第二次浪潮）	信息社会 （第三次浪潮）
产销模式	自产自销+贸易交易	产销分离	产销合一
生产方式	手工生产、按需生产	大规模机械化生产	智能化按需定制
经济形式	分散型经济（家庭分工）	市场化经济（社会分工）	自由共享经济（自由分工）
知识形式	智慧	知识、信息	知识、信息→智慧
信息对称	信息垄断（统治阶层）	信息不对称（国家、企业）	信息对称（零距离、零成本）
个体关系	低水平的相互依赖	高水平的相互依赖	既独立又相互依赖
社会关系	宗教、礼仪、哲学	契约、现实、双重人格	良知、益利
时间空间	循环、狭隘	直线、同步	非线性、不同步
能源利用	人力、畜力、风、水、太阳	化石燃料为主	氢、生物、闪电等可持续能源

（资料来源：阿尔文·托夫勒《第三次浪潮》）

1.“移”民：推动全球化的连接力量

人类比以往任何时候都更具有流动性。现在全球有 2.15 亿第一代移民，比 1990 年增加了 50%。如果第一代移民组成一个国家，他们将会是世界人口第五大国家。[1] 如果算上新近移民的后裔，数字就更加庞大了。

外来移民不断地涌入发达国家，努力打拼的移民也希望子女们得以茁壮成长。谢尔盖·布林是俄罗斯移民之子，也是谷歌的联合创始人之一。巴拉克·奥巴马，是肯尼亚牧羊人的后代，经历了年少的自卑与迷茫之后成为美国第一任黑人总统。

移民的后代往往会受到不同地域文化的冲击，而这常常能够给予他们以跨文化的创意以及全球化的视野和意识。而这种近乎本能的视野和意识对原住民来说是非常难以培养的。

韩国人在培育下一代的全球化意识方面可谓用心良苦。

韩国人口不到日本的一半，经济规模是日本的 1/4。由于国家小，所以要想经济全面发展就必须进行海外贸易，国民也深知这点。因为从小就被教育要多关注国外，所以韩国年轻人非常热衷于外语学习和海外旅行，以开阔眼界。在此环境下历练出来的优秀年轻人，在读完国外的一流大学后，将成为真正的国际人才。用这样的方式，入乡随俗的韩国人亲自培育了下一代的国际化人才。[2]

"移"民和很少移动的人群的另一个不同是"移"民更可能形成跨边网络。这些网络发挥着两种关键功能。

第一，加速了信息的流动。一个在迈阿密的河南人听说当地一个建筑工地需要额外的人手，就会迅速告诉他在周口的表弟。身在南非的中国商人意识到球迷急于购买震耳欲聋的塑料呼呼塞拉，就会立即通知浙江的工厂进行制造。

第二，"移"民群网络促进了高水平的互信。这一点非常重要。生意双方需要相互信任，雇用员工也需要确保他们老实能干。在"移"民网络里，熟人的一句话比得上一千份简历。

"移"民利用他们的网络加速了知识和创意的传播。在硅谷，超过一半的中国和印度科学家、工程师与他们本国的人们分享技术或商业机会。海归所分享的信息量可能更大。美国智库考夫曼基金会的一项研究发现，返回印度的企业家中，至少84%保持着每个月与美国家庭和朋友的联系，66%与前同事保持至少同样频度的联系。而对于中国的海归企业家，这项数字分别是81%和55%。另外，45%的中国海归和37%的印度海归与美国的专业组织保持每月一次或更频繁的联系，34%的中国海归和17%的印度海归与美国母校保持至少同样频度的联系。他们最常讨论的主题是客户（印度61%，中国74%）、市场（印度62%，中国71%）、技术信息（印度58%，中国68%）以及商业投资（印度31%，中国54%）。"移"民与他们的海外联系人分享的商业和技术信息通常是最新的、前沿的、相关的和可靠的，这些信息价值不菲，在瞬息万变的商业世界里，往往能够引发一轮新的颠覆。[3]

"硅谷、班加罗尔和其他技术中心的初创企业'往往从运营的第一天就是全球企业'。"加州大学的萨克森宁教授在谈论科技人才国际流动问题的《新的淘金：全球经济中的区域优势》一书中说道。

网络经济的最重要属性就是连接，以连接为基础的商业模式是互联网带来的最大机遇。"移"民作为一股强大的连接力量推动着全球化的进程。

2. Z 代效应：塑造数字生活的年轻力量

与人口的流动性一样，世界人口的结构也发生了巨大的变化。

"二战"之后的和平时期里，世界人口得以快速增长。无论贫富，每个国家的人口都在不断增长，疫苗的质量有所提高，婴儿的死亡率也有所降低，生灵涂炭的世界大战也渐渐远去，世界进入长期的良性循环。工作人口的快速增长促进了经济的发展。人口过剩产生了巨大的人口红利，庞大的需求反过来创造了更多的工作岗位和税收。

这在一些新兴市场表现得尤为突出，生育率的增长带来了大量的年轻人口。中经数据显示，巴基斯坦人口中 67.62% 年龄低于 29 岁，撒哈拉以南非洲 40% 的人口年龄在 15 岁以下。[4] 年轻人的增长使每家大型消费者服务企业都在考虑如何开发不断壮大的年轻人市场。全球的专家也热衷于为不断发展的年轻世界构建蓝图，翘首期待着年轻一代成长起来。

当 90 后站在奔三的边缘，背负着沉重的房贷、车贷在职场摸爬滚打，终于成家立业、结婚生子，或者仍然深陷北上广深，孤身一人自嘲是"黄金剩斗士""极品单身汪"时，媒体对这批曾经被视为非主流、自私脆弱、"垮掉的一代"的质疑与批判已经少了许多。95 后开始踏入职场，Z 世代（1995 ~ 2010 年出生），成为人们口中的年轻人。

这些孩子是数字原生代以及超高速网络连接的上瘾者。他们的习惯以及对世界的预期将从根本上改变商业。在 X 世代（1965 ~ 1980 年出生）、Y 世代（1980 ~ 1995 年出生）的记忆里，高速发展的科技带来的每次颠覆都曾令他们感到惊奇。而在 Z 世代的眼中，这却是再普通不过的事情。

在 Z 世代呱呱坠地之时，知识和信息便一股脑地包围了他们。对于 Z 世代来说，技术似乎是无形的，只是一种他们接触世界并与世界交互的方式。就像刚出壳的雏鸟会将它第一眼看到的事物认作母亲一样，使用技术是 Z 世代潜意识里的本能。

Z 世代能够很快掌握并习惯新的技术。每种技术往往遵循自己的 S 曲线，最终逐渐减少并消失。这就要求企业需要在 S 曲线的尽头跳到新的曲线上。Z 世代对于新技术的预期更高，这促使企业的行为曲线更加陡峭，以至于企业不得不开挂般寻求指数的增长。[5]（见图 8）

Z 世代只是参与"Z 时代"的一个群体。然而，这个时代还活跃着 Y 世代、X 世代及其以前的婴儿潮一代、成熟的一代。随着工作寿命的增加，到 2020 年，我们将会有五代人并肩工作。但这仅仅是代际发展的初级阶段，加速的变化使每一代之间的间隔时间压缩得越来越短。这么说来，到 2080 年，甚至会同时存在 15 代人一起工作的场景。[6]

长期以来，代际界限一直是人类社会的组织原则。这些界限塑造了我们的组织，描述着我们的市场，定义着我们对彼此的假设。这样的界限使组织具备了高效的等级机制，但也将不同代际带入误解的深渊。代际界限也必将在前浪与后浪之间形成推力。那么为何形成的是推力而不是合力？

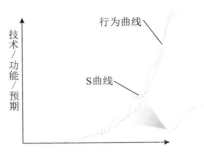

图8　技术的S曲线与企业的行为曲线

（源自：*The Gen Z Effect：The Six Forces Shaping the Future of Business*）

　　Z代效应就是将代际间的推力变成合力。这种压缩甚至消除了将人们彼此区隔的世代界限。在"Z时代"里，科技的发展使技术不再难以接受。手机、触摸、语音控制和可穿戴设备都不再需要经过培训就可以使用。原本以为被时代抛弃的老一辈迅速克服对计算机的恐惧和厌恶，一下子步入了移动互联网、物联网的时代。PC时代将彼此区隔的技术，现在正将人们重新团结起来。接受Z代效应，你就成了"Z时代"的一员。[7]

　　Z世代还未完全成长起来。千禧一代，也就是Y世代，暂时还是年轻人的主体。他们的态度、习惯和追求对于"Z时代"人们的生产、生活和消费观念与方式有着极大的影响。尽管他们很重要，但有一个事实不得不承认，Y世代比他们父母的一代更穷。也难怪他们总是自嘲为屌丝（网络流行语），说贫穷限制了自己的想象力。[8]

　　Y世代受过良好教育，互联互通。他们喜欢混迹在各自的圈子里找存在感。他们不那么信奉宗教，结婚较晚，也不愿意生太多孩子。他们与上一代一样乐观，不喜欢追求品牌、学历或政治地位，喜欢独立思考，绝不可能一份工作干一辈子。他们也不断学习，努力将命运掌握在自己手里。

　　我们可以用很多描述来定义Y世代，但Y世代最反感被定义。不喜欢就是不喜欢，这一代人对待事物总能给出他们鲜明的态度。

　　Y世代不接受也不购买无价值的产品。老套的商业模式在他们那里不再生效，他们对于价值、品质的要求更敏感，也更高。他们会因为想要在沙漠中种植一棵梭梭树而使用支付宝，或微信支付。虽然他们会因为某个产品或功能而成为某品牌的粉丝，但他们不会盲目、持续地信任，因为他们对产品的构造甚至供应链信息了如指掌。

Y世代是不忠诚的一代。Y世代习惯了速度，不容忍等待，对烦琐的流程相当厌恶，他们只想在手机上动动手指就把问题解决。美国生命动力学中心首席战略官杰森·多西说："千禧一代是自立和技术依赖的，但不一定技术精湛，他们期待即时的满足，他们不仅喜欢速度和易用性，他们也对此充满期望。"[9]Y世代对品牌的兴趣不大，更想要创造自己独特的风格。[10] 他们也不太愿意把他们的全部工资用来买衣服，而是想要以较低的成本来塑造一种较高质量的生活方式。

Y世代喜欢发现而不是回忆。智能手机是他们的第二大脑，也是他们最宝贵的财产，而网络则是他们的记忆。他们快速而无情地搜寻，像皇帝批阅奏章一样处理着数字内容。根据SDL的研究，千禧一代每天使用4个不同的设备，平均每天查看他们的智能手机43次。90%的人手机时刻不离身，几乎有80%的人只要有空闲就会拿起手机。[11]

Y世代在生活与工作之间寻找着平衡。70%的千禧一代觉得他们的工作环境不够好。据《福布斯》称，其中一个原因是"大学毕业的千禧一代中，44%被困在低工资、没有前途的工作中，这是几十年来最高的"。毫不奇怪的是，他们中的60%会在前三年内离职。培养和发展自己的能力在他们看来更为重要。千禧一代不是不想工作，而是不想让自己的工作看起来是在"搬砖"。[12]

科技带来的便利使越来越多的人默默地接受了Z代效应。在经过一个恐惧、排斥、惊奇的阶段后，X世代已经习惯了网络通信和移动支付等数字生活方式。而Y世代和Z世代与数字生活方式本身就是鱼水的关系。数字生活方式改变了人们的需求和消费观念，不同世代的人在"Z时代"里更加紧密、一致地追求着同样"年轻的"生活方式。正像那些专家和企业所预期的那样，一个新的消费时代已经到来。

3. 老龄化：生产与消费结构的冲击力量

尽管年轻人口的数量有了很大的增长，但有一个事实必须注意，那就是年轻人在人口结构中的相对数量正在减少。2016年3月26日的一篇《中国90后数量呈断崖式减少》的报道称，中国在 20 世纪 90 年代出生的人口比 20 世纪 80 年代出生的人口少了 30%~40%，而相比前几代人，90 后人口数量 "可以说是断崖式减少"。[13]

社会发展给女性带来了更多的接受教育和就业的机会。但是随着越来越多的女性参与工作，她们会倾向于晚婚晚育、少生孩子。同时，劳动力市场对劳动者技术和学历要求的提高以及教育和生活成本的提高也减弱了父母生育孩子的意愿。生育率降低的副作用很明显：消费者减少，经济增长乏力，劳动力减少，缺乏创新与活力。

一个老龄化的社会正在到来。在发达国家及大型发展中国家，人口寿命变长，但生育率却急剧下降，X 世代即将退休。这种趋势即将达到一个临界点，在接下来的几十年内，很可能导致除了非洲以外的世界上大多数国家和地区的人口在现代历史上第一次进入增长停滞时期。2014 年，信用评级机构穆迪对 "大龄" 国家进行预测，所谓 "大龄" 国家，即 65 岁及以上人口超过总人口 1/5 的国家，预测结果是 "大龄" 国家将从 2014 年的 3 个（德国、意大利、日本）涨到 2020 年的 13 个，而到 2030 年则将增长到 34 个。[14] 这种趋势要求我们重置认知，改变思考老龄化问题的方式——不论他们是消费者、顾客、员工还是股东。

老龄化对未来的劳动力市场将产生更大的冲击。新劳动力补充速率将放缓，今天的人们将来要工作更长的年限。相较于体力工作者，知识工作者的工作年限尽可能被延长。根据现在的趋势预测，全球劳动力年增长率将从 1990 ~ 2010 年的 1.4% 下降到 2030 年的 1%。在中国，大约有 70% 的人口在工作，是世界上比例最高的国家之一。[15] 但在 2013 年 1 月，国家统计局称，2012 年中国劳动人口数量有所下降。随着人口老龄化趋势加剧，到 2030 年中国的工作人口将下降到 67%。社会上会出现越来越少的人参加工作，而越来越多的人在领退休金，面对汹涌而来的退休潮和赤字风险，政府无疑将面临巨大的压力。[16]

人们对退休的态度也开始发生转变。美国一项对 50 岁及以上人口的民意调查中表明，近 1/3 的人认为退休后很可能还会继续从事与现在报酬相同的工作，但是有 1/5 的人表示他们还未到退休年龄却已经面临着年龄歧视，并且很难找到退休后可以做的工作。[17]

在用人市场，雇主一直关注的都是年轻人。在硅谷，就连近 30 岁的高管都常常感觉到自己大势已去。大龄员工报酬更高，所以在结构调整中常常是最先被买断或解雇的。但是在老龄化的世界，雇主必须重置认知，转变观念，老龄员工应该被视为资产和资源，而不是遗留成本。

雇主和雇员的雇佣关系也将发生变化。以往，雇员是全职的，雇主习惯于强调雇用条款和条件，工会习惯于代表全职员工进行谈判。然而，技术的革新、虚拟的工作方式和人口趋势的转变使得这一范式发生了变化。

企业的经营者不能看着员工和顾客变老而无动于衷，而是要适应这种现实，不论是业务运营的方式还是管理客户、员工和股东的方式都要进行根本变革。医疗保健行业就走在了应对人口变化的前沿。在中国，老中医一直都是一种神秘的存在，很多解决不了的疑难症状往往都会求助于老中医。而包括老中医在内的老医师都是老龄工作人口的代表性群体。随着医疗保障制度的覆盖和因年龄增长而出现健康问题的人口越来越多，医疗保健从业人员在各个国家都较为紧缺。但老龄化却会使有经验的大龄专家离开工作岗位，一名专业护士退休时，随之带走的是积累了 35 年的紧急医疗护理经验。在美国，医疗企业已经逐渐意识到可以灵活地安排工作时间，以此来作为延长老龄员工工作的重要方式。护士可能从全职变为按需轮班，而不必像全职一样长时间地工作，这样既能拿到报酬也不用承受太大压力。

日本的丰田等公司过去遵循严格的退休年龄计划，现在也推出了再就业计划，退休员工可以申请在丰田或其附属公司的职位。通过这个计划，一方面，丰田雇用了约一半退休员工，保证了员工的技能和经验不会流失，同时保证了具有弹性的产量；另一方面，退休员工利用兼职时间收获了稳定的收入和社交关系。[18]

老龄化问题也给消费市场带来了很大的冲击和结构变化。据有关数据统计，X 世代拥有美国 60% 的财产和 40% 的消费额。[19] 这一数据虽然不是来自中国，但也可以反映出世界上主要国家的财富与消费市场占比。

面向 C 端的企业往往瞄准 25~54 岁的人群。企业制订了详尽的战略规划，在消费者形成偏好的年轻时代就盯住他们，在他们的收入逐渐达到顶峰、消费成熟稳定的时候紧紧抓住他们，而一到 55 岁以后就不再对他们进行关注。但是随着世界的演进，老龄消费者将成为市场的一大部分，并在很长时期内保持活跃。就像 Z 代效应那样，这些消费者的偏好和需求会随着时间的推进而改变，企业必须重置自己的认知来满足他们真正的需求。

老年群体的消费模式将会有两个趋势。

其一，难以适应退休生活的人对消费会更敏感。例如，法国 50~54 岁这个年龄段和 70~74 岁这个年龄段的家庭年度购买力平均差距为 1.8 万欧元，到 2030 年，这个差距将扩大到 2.2 万欧元。[20] 由于老龄消费者的交易能力降低，所以不得不改变购买策略。在职人员更倾向于"聪明购物",就是在网上寻找廉价的名牌产品,退休人员更喜欢购买超市自有品牌商品,并以此获得更高的性价比。

其二,年长者出门在外时一般都会降低在住宿和食物上的花费,退休后在服装的花费上也会降低,但在家用餐、医疗服务的费用却相对升高。另外,令人惊异的是,他们在电子设备上的花费也会升高。他们对健康的关注、对移动性和独立性的要求也是特别需要注意的趋势。他们更多地接受了 Z 代效应,迈入了"Z 时代"。 也就是说,能够解决这些需求的产品和服务将会占领快速增长的市场。

在未来可预期的几年内,各个行业的经营模式都将随着老龄化而发生结构性的转变。

城市和社会医疗的设计必须重新思考新消费者的需求。社区空间、量身定制的活动、改进的公寓、便捷的医疗服务、步行便能到达的短途基础设施中心或许不久就成为开发商关注的重点。新加坡就是一个很好的范例。自 20 世纪 80 年代起,新加坡的老龄化问题就已提上国家日程,大量交通和住房政策以及"老少宜居城市"等项目逐步使社区变得更适合老年人居住。

私营领域的零售、医疗保健、技术、金融和休闲服务公司是为老年市场提供定制服务和产品的先行者,日本在这一方面已经走在了前面。以往的购物中心常常是青少年和年轻人的天堂,但是 2012 年,零售企业永旺(AEON)在千叶县船桥开了一家以老年人为主要对象的购物中心,这是永旺首次对其 157 家购物中心进行大力改造,以充分挖掘老年人可能产生的 101 万亿日元(1.18 万亿美元)的消费总额。该购物中心的电梯比平常电梯稍慢一些,老年人可以在这里检查身体,买到贴有大字号价格标签的食品。它甚至还为希望结交新朋友的人推出了老年人约会服务,这或许也是开幕日 5000 多人等待进入该购物中心的原因之一。

一个巨大的风口正在形成。中国劳动力人口平均年龄为 37.8 岁,和美国差不多。2015 年,中国 55 岁及以上人口比率已超过总人口的 26%;到 2030 年,这一数字将达到 43%。[21]曾经劳动密集型的世界工厂,不久或许将变成世界上最大的疗养院。

4. 新兴市场: 30 万亿美元的新消费力量

位于英格兰西南部萨默塞特郡的克拉克乡村购物中心曾经默默无闻,更没有多少人将其列入全球必去的购物目的地。

19 世纪，最有势力的克拉克家族和他们的鞋厂成为小街镇的命脉。随着克拉克品牌不断壮大成国际品牌，这个小街镇也随之繁荣起来。它在工业革命和两次世界大战中几乎毫发未损，但是在 20 世纪末，它却未能在亚洲低成本产品的崛起中幸免于难。由于中国和越南生产鞋子的质量提升，克拉克只得搬到海边生产，以保存实力。到 2005 年，克拉克在英国的所有工厂都关停了，小街镇遗留的克拉克工厂被改造成了乡村购物中心。

20 年的时间匆匆而过，现在的购物村有 95 家店铺、1000 多名员工，每年有 400 万来访者，已经成为小街镇新的经济命脉。街边废弃的店铺记录了那段衰退的历史，而此时的克拉克村却兴旺发达起来，它的复兴令人难以置信，因为这要归功于来自新兴市场的消费者。

2013 年，中国游客已成为英国日益重要的零售、休闲、招待的收入来源，为英国经济贡献了 5.5 亿英镑（8.785 亿美元）。克拉克村凭借在旅游路线中得天独厚的位置，组织了游览巴士，并向游客提供商品的退税建议。因此，它不仅吸引了价格敏感的英国购物者，也吸引了数以万计的中国游客，因为这里的商品到了中国国内价格要高出许多。中国游客蜂拥而至克拉克鞋履博物馆，成为推动小街镇繁荣的强大动力。[22]

在大加速的时代背景下，新兴经济体在工业化、城镇化和技术发展的力量不断扩大，数十亿人口的收入增多，7 亿人口脱贫，12 亿人口成为消费阶层。从社会角度来看，消除贫困使人们免受饥饿和相关疾病的困扰，这将比消除天花拯救的人还要多。要知道，消灭天花可是 20 世纪最伟大的医学成就。从市场角度来看，这意味着全球消费阶层的中心已经开始向潜力巨大的东方和南部转移。据估算，到 2025 年，消费阶层将增加 18 亿，总数达到 42 亿。[23] 这将是一个意义更为重大的里程碑，因为新增消费阶层人口数量相当于 20 世纪 60 年代全球的总人口。德意志银行全球分析师圣吉夫·桑亚尔曾指出："未来 20 年将是新兴经济体成长为中产阶级的 20 年，亚洲将是这场转变的主角，其他新兴经济体也会相继完成转变。"

新一代新兴经济体消费者已成为一股势不可挡的力量。到 2030 年，新兴市场年收入 2 万美元以上的人口约为 6 亿，大约是全球总数的 60%，他们在电子设备、汽车等类目上的消费占比甚至比以上数字还要大。7 大新兴市场：中国、印度、巴西、墨西哥、俄罗斯、土耳其、印度尼西亚，在未来 10 年将创造全球 GDP 增长量的一半。[24]

人口超过 10 亿的中国和印度将成为创造这一奇迹的主要发生地。技术进步使得新兴国家数百万人口能够使用互联网和移动通信，这极大地促进了消费。中国的 Y 世代正在成为中国经济的中坚力量。[25] 尽管他们的父母经历了物资匮乏的年代，关注的重点是家庭经济安全，但他们却是在丰衣足食中成长起来的。他们对未来满怀信心，愿意为最好的产品支付高价，渴望体验新技术，并且严重依赖于网络价格信息。

互联网的普及意味着新兴消费者将会参与到互联网中来。中国已经有 6 亿互联网用户，相当于全球互联网用户的 20%。超过 1/4 的巴西互联网用户开通了推特账户，巴西因此成为世界上使用推特的第二大活跃国。印度消费者正试图跨越传统技术的路径，偏僻的村庄或许很难到达，但仅小米就在印度卖出了 900 多万部手机。为了满足 3 亿文盲的需求，印度开发了语音网站和服务。印度有 2.4 亿 Facebook 用户，其中超过 80% 都是通过移动设备登录自己的账户。[26]

2013 年，我们已经目睹了中国电商市场的两个第一。首先，自 2003 年起中国电子零售市场就以超过 100% 的惊人增长率增长，取代美国而成为世界上最大的电商市场，销售额约为 3000 亿美元。到 2020 年，中国的电商市场将是美国、日本、英国、德国、法国的销售额总和。其次，2014 年的"双十一"活动创造了世界上"光棍节"销售记录，是 2013 年美国黑色星期五到网购星期一期间达成的在线销售额总数的 3 倍还要多。[27] 后面几年更不用说了，2017 年"双十一"仅天猫就成交 1682 亿元，比 2016 年多了 475 亿元。

30 万亿美元的消费额由无数细分市场组成。新兴市场的规模不断壮大，进入新发展阶段，消费者来自不同的道德文化背景。他们的品味和偏好也在改变，很多情况下这是由于不断成熟的互联和技术造成的。随着新兴市场和不断壮大，不同的产品种类、价格阶层、营销方式和分销渠道衍生出不同的细分市场。

在过去的范式中，企业通过规模扩张、依托原有优势和坚持核心竞争力，使自身免受颠覆之累。不过，在科学技术迅速发展的今天，灵活性成为企业关注的焦点。这种能力是在全球流动加速时期立于不败之地的利器。能够对突发危机提前预测并做好准备且能够迅速应对的企业具有非常大的竞争优势。

红海只是表面，深入红海之下，永远是一片蓝海。

第 3 章

未来产业新趋势

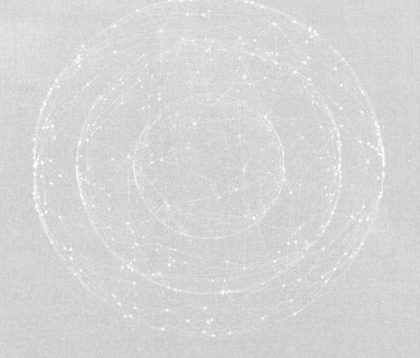

忽略头条新闻，关注趋势。

——比尔·克林顿

打开资讯 App 的科技频道,一条条科技公司新闻瞬间吸引了你的眼球。例如,科技公司又推出了什么技术,收购了哪家公司,挖走了哪个高管,采用了什么战略,运用了什么模式。如果你每天打开科技频道,这些资讯会让你激情澎湃、心里痒痒,甚至恨不得马上离职去创业,开创一家估值百亿美元的"独角兽企业"。

中国创业者和投资人的商业嗅觉在移动互联网时代越来越灵敏了。灵敏的嗅觉使他们一旦闻到食物的气息,就像蜜蜂,或像鬣狗,或像秃鹫一样蜂拥而至。短短几个月,刚被发现的蓝海瞬间就会成为红海,十几家、几十家,甚至上百家创业公司在拥挤的细分市场下奋力厮杀,血流成河。从开始的拼模式、拼技术、拼产品到后来的拼颜色、拼数量、拼补贴、拼资本,这不是一招制胜的现代战争,而更像是真刀真枪、刀光剑影的"冷兵器大战"。中国的消费者见证了一个个新兴产业的崛起,也见证了一个个新产业、旧产业的死亡,而对瞬息万变的新市场我们已经见怪不怪了。

在爆炸式的信息与资讯当中,人们已习惯于快速搜索、快速浏览,具备了快速总结的能力。然而,人们对于事物的看法往往大多趋同,被几种主流观点左右。在数字化媒介高度发达的今天,人们对于一些概念的新与旧、真与伪往往难以深入地思考和辨析。

关注趋势比头条新闻更重要了,这将使我们对产业的现状和未来发展有更清醒、更理智的认识。

1. 基调：任何产业都是信息产业

对于将要成家的年轻人来说,最为漫长和头疼的消费行为就是房子装修了。大家都知道装修的坑很多,可是第一次装修的年轻人一不留神还是会踩下去。就拿购买壁纸来说,到建材市场逛一圈下来,最后在电商网站上找到同款,对比一下价格和服务,发现线上的商家现在都全国包铺贴,价格还比线下商店低一半。购买三天后就送货上门了,预约的铺贴师傅也很快就贴好了,有家居服务平台的监督和管理,每一处细节都要符合标准并拍照上传。师傅的服务态度也出乎意料地好。

为什么年轻人最终在网上买东西?其一,他们在线下店的挑选过程构成了他们对产品、服务的体验。其二,不只是因为电商价格较低,也是因为信息比较透明。在电商网站上，价格都是明确的，运费、安装等费用也都一清二楚，甚至谁给你做的上门服务你都知道。其三，还有一点也很重要，那就是评价权，从线下店购买的产品和服务在你付钱之后就很难对质量进行控制。付钱之前客户就是"大爷"，付了钱之后就成了"孙子"。而对于线上商家和平台上的安装工来说，一个差评就会导致订单的骤减。

那么是电商颠覆了线下店吗？其实并不是。电商只是淘汰了一部分信息不透明、不把决定权和管控权交给顾客的线下店。线下店有得天独厚的地理位置优势，离目标客户更近，让线上店垂涎欲滴的面对面沟通和体验优势使顾客更容易成交。而线下店却将自己的优势丢掉，缴械投降。O2O能够释放线下店的优势吗？也不一定。信息的透明和对质量的管控权力对顾客来说将会越来越重要。做不好这两点，任何新的概念和模式都是噱头。

信息与信任息息相关。更确切地说，信任是数字的信任。美国经济学家卡尔·夏皮罗在《信息规则》一书中说，信息是经验产品，消费者必须尝试才能评价。[1]基于消费者的经验性评价，产品、服务和品牌得以建立起以信息背书的数字信任名片。而在信息时代，信任是企业最珍贵的资产。

不管你承不承认，任何产业都是信息产业。每个产业里的每个企业都在生产、传递信息，只是在数字化和传播技术上比较欠缺。但随着通信革命的不断深入，数字化和传播技术已经没有进入门槛了，未来的每个事物都将拥有自己的数字信任名片。一个条形码、二维码就可以推动自动化生产和产品溯源，一个微信号就可以开始个人的微商生意，更不用说即将改变世界的区块链了。

有赖于通信带宽的不断增长，全世界大等待（World Wide Wait）的时代一去不复返了。智能手机等通信工具将人类带入了一个高度繁荣的通信社会。而将来所有的硬件都将变成通信工具，所有的事物都可以在线。信息得以自由流动，而网络的价值在于它提供即时信息的能力，互联网本身就是信息流动性的胜利。

在信息经济下，竞争不只存在于现实空间，更存在于虚拟空间。

虚拟空间这个概念于1982年由科幻小说作家威廉·吉布森提出，他的虚拟空间与现实世界平行，是一个充满由字节而非原子组成的物质空间。[2]更重要的是，它是一个人们走向交流的空间。随着信息通信技术的发展，虚拟空间的进入方式变得更多，人和物体都可以通过网络设施快速进入虚拟空间。用户界面的出现使虚拟空间变得具象，人们可以通过屏幕、搜索引擎、社交媒体等在虚拟空间里遨游。虚拟空间也逐渐展现出它神秘的全貌——对现实世界的模拟、抽象、再现和修饰。戴上 VR 眼镜，相当于庄子所追求的神游八荒的"逍遥游"境界，你就是那只"扶摇而上九万里"的鲲鹏。

虚拟空间下的竞争更加激烈。一方面，正反馈效应更加显著，以至于形成正反馈循环。但当下人们似乎只关注正反馈效应，却忽略硬币的另一面——"负反馈效应"。这类似于自然生态系统的负反馈调节。我们设想当下的市场经济处于一种动态平衡的状态。在当下的网络经济中，我们可以看到类似的场景：共享单车的出现使电动车和自行车行业受到影响，甚至打车的需求也会减少。但共享单车数量过多，就会引起资本、用户体验、押金、供应链等问题，导致行业自身的代谢。滴滴胜过了快的和优步，让出租车、汽车行业都蒙受了巨大打击。正反馈效应是虚拟空间竞争的天然红利，但负反馈效应也是野蛮生长的必然后果。

信息经济是一种系统依赖型经济。价值被聚拢到网络信息系统，使人无法脱离系统而独立创造价值。这就意味着企业不但要重视竞争对手，还要重视合作伙伴。下一个具有竞争性的优势会成为互惠优势。

在竞争战略主导的商业时代，建立优势就意味着通过竞争建立优势。而在网络时代的语境下，建立优势却不一定要通过竞争，还可以通过合作来建立互惠优势。云技术使得企业与所连接的全球合作伙伴之间创造更多的业务变为可能。云技术将成为世界上最大的放大器。依托于云技术的信息自由流通是互惠的基础，使企业可以以一种空前的规模搜寻、匹配自身与合作伙伴的兴趣、利益触点，从而使大规模的互惠成为可能。

供应链对于大多数品牌来说不再是企业经营者关心的核心问题。就连年轻的创业企业也可以在很短的时间内整合起完整的供应链条，满足巨大的产能需求。如果说把产业链条的整合做好就形成了互惠优势，那也没什么新鲜的。这里所强调的互惠优势，更多的是基于网络的大规模信息流通与资源链接。当下，这种规模的网络还没有形成。但可以期待，未来，将有更多的品牌相继诞生。

2. 收敛：新旧产业的颠覆与转换

需求的变化带动了产业的变化，过时的旧产业会被新产业挤占市场空间甚至被淘汰，除非它们能够跟随需求一起进化，转变为新的产业。导致产业变化的因素有很多，但需求的变化是一个根本性的因素。

衣食住行的生活需求占据了人类社会需求的 80%。回顾我们人生的前半部分就会发现，这些需求都在不断地进行着升级。人们总是不甘于现状，总是会对习惯的东西心生厌烦。就像哲学家叔本华所说的，生活就是一个怪圈，人们总会陷入厌倦当中。

厨电产业的崛起并没有对其他产业形成市场份额的侵占和竞争，而更多的则是产业的升级。这个产业相对独立，与其他产业没有太多的交集。即便是智能油烟机带有一个小的屏幕可以看视频、听音乐，也不会对电视造成威胁。而像汽车、银行、通信、手机等产业就没有那么幸运了，它们不只面对着同行业的激烈竞争，需要不断地进行产业升级，也要面对着网络约车、移动支付、社交媒体、智能硬件等新兴产业的冲击，造成或直接颠覆或跨界打击的巨大压力。以汽车产业为例，传统的汽车产业面临着新兴的电动车产业、互联网造车军团的正面竞争，这股势头来势汹汹，大有天翻地覆的劲头。除此以外，网络约车也对汽车产业形成了跨界打击，本来一个造车、卖车的，跟搞出租的看似没有什么必然竞争，但网络约车的合法化和私家车的大量共享很可能会使车市退热。

产业因需求而存在，满足需求的方式决定了产业的生存方式和产业的边界。当我们从需求端看待产业的变化，一切就有了根源上的解释。科技进步形成的"技术收敛"使人们的需求被迭代、压缩、集中，而产业也随之形成了一次次的颠覆、转换和收敛。

产业的颠覆和转换毋庸多言，每个时代、每个产业都存在这样的进程，这是历史发展的必然结果。"产业收敛"推动着这些进程，并且，由于互联网带来更广范围内的分工和集群，促使产业颠覆、转换、收敛的进程也越来越快。

产业的全球转移和分工随着产业回迁的措施而再次引起人们的关注。长久以来，人们对发达国家站在微笑曲线的顶端，而发展中国家站在微笑曲线底端的情况已经习以为常。在工业时代，这种分工为发达国家节约了巨大的成本，创造了巨大的财富。但随着通信和网络技术的巨大进步，全球资本、人才资源等得以快速流动，这种流动给发展中国家带来了巨大的机遇。以强大的制造业基础为背景，资本和人才的涌入使国家的创新力迅速变强，促使国家从曲线底端向顶端迈进。这也形成了新一轮的全球产业漂移。

技术的进步将使大多数产业向资本密集型产业靠拢，也将创造出全新的资本密集型产业。而需要密集劳动力的制造型甚至服务型产业也正在转向更低成本的国家和地区。不只是电子元件制作、手机制造等职业，就连放射、会计、图形设计、软件设计等职业也已经转移。节约成本是产业转移的一个方面，提高效率则是另一个方面。在发达国家担心产业优势和工作机会被发展中国家抢走的同时，发展中国家的人们开始担心自己的工作是否会被自动化设备代替。（见图 9）

1784	1870	1969	1990
第一次工业革命	第二次工业革命	第三次工业革命	第四次工业革命
蒸汽机促进了机械化生产	电力应用、劳动分工和批量生产	生产自动化的电子和IT系统	信息物理系统

图9 四次工业革命

虚拟经济的发展使产业分工愈发广泛。大规模的远程协作让产业能够 24 小时不间断地进行生产和服务，时差的物理限制被接力式的协作打破。美国的软件协作团队在结束一天的代码写作后，也可以将剩余任务交给印度的工程师来继续。像麦肯锡这样的咨询公司，则将文件处理等任务都交给印度的数字中心。通过数字网络，产业链变得更加灵活，成本更加合理，分散在全球各地的产业链资源也得以系统灵活地整合。原本限于地理位置的集群概念正在扩展到虚拟世界。集群成员之间通过数字网络实现了更远距离的连接，达到共同创新，共享资源。

外部性是数字网络的典型特征，网络的价值取决于连接到该网络的成员数量。集群网络越大，潜在的合作伙伴就越多，向其成员提供的信息也就越多。因此，每个额外的集群成员增加了现有参与者的集群的潜在价值。[3]

集群可以促进良性循环的产生。高度专业化的制造和服务公司的存在吸引了其他公司。在集群环境中，通信和互动不仅比孤立的实体之间更容易，成本更低，还产生了一些特有的集群优势。（见表 2）

表2 集群优势

与……相关的效益	特点
集聚	知识溢出
	交易成本经济
	共享基础设施
生产水平	规模经济
	外部效应
	专业化
相互作用	隐性知识和信任
	竞争与合作

系统互动。集群提供了一个框架来增强相互依赖关系。在一个系统中，互补性和互动机制、规则的平衡，促进了协同作用的产生，并使系统效率得到提升。参与者的相互依赖使得每个参与者在作为独立个体运营时有更好的绩效表现。

隐性知识和信任。数字网络不仅带来了信息、显性知识传递的极大便利，而且使得隐性知识在企业战略中也发挥越来越大的作用。隐性知识是公司资产中的一部分，包含着大量基于特定语境、非正式沟通的随机信息。这种特殊性增加了信息和知识在集群内的传播，但阻止了外部参与者的访问。集群互动可能创造一种有利于隐性知识交流的氛围，因为它增强了商业伙伴之间的信任。

竞争与合作。集群能够连接同行业中互相竞争的企业和具有互补能力的业务伙伴。竞争与合作驱动的集群是理想的孵化器，竞争激发创新，而合作则有助于实现创新。[4]

迈克尔·波特指出，集群可以促进创新发展。理论和实践研究表明，集群间的合作和创新过程中虚拟合作伙伴的合作对创新的成功与否至关重要。创新网络的发展是一股不可阻挡的趋势，而非偶然。大多数创新是由众多公司合作的结果。而有研究发现，创新能力强的公司不愿意加入集群，创新能力弱的公司倾向于加入集群。在一个成熟的、组建完善的集群网络中，公司往往在网络内部寻找知识和研发伙伴，这样就忽略了网络外部的知识和创新机会。

互联网成为一个连接所有产业、所有个体的巨型集群。在这个集群当中，来自消费端的巨量需求将推动各个产业的收敛与变革。但变化越是复杂，越需要我们回归到基本层面。抛开变化的表象来看，知识的富集与流动才是这一切变化背后的基本要素。

3. 知识：边际成本与收益的渐变

彼得·德鲁克说，信息革命实际上是知识革命。[5] 我们说所有的产业都是信息产业，其实可以更深一层地理解为所有的产业都是知识产业。

人们往往将信息、数据与知识混为一谈，而真正的知识是在信息和数据之上的。谈到大数据时，对于大数据这个词的理解其实并不准确。大数据容易让人误以为大就足矣，语言的匮乏使人们不得不暂时使用这个词作为表征。数据是处于底层的，大数据其实更应该是作为智慧结晶的知识。

对于知识的理解，早在文学作品中就已经阐明了。T.S. 艾略特在他写于 1934 年的《岩石》一诗中写道：

生活中，我们消逝的生命在哪里？
知识中，我们失去的智慧在哪里？
信息中，我们遗漏的知识在哪里？

有人又在后面加了一句：数据中，我们丢失的信息在哪里？ [6]

人类的生产生活其实就是在生产和处理知识。人活一辈子，最后能留下什么？除了物质，也就是知识了，而实际上物质也只是知识的载体而已。制造业在生产什么？知识。零售业在贩卖什么？知识。知识的生产、处理和传递方式决定着每个个体和组织的生存方式。互联网到来之后，知识的生产、处理和传递变得去中心化和碎片化，世界上任何一个角落产生的知识都可以迅速传播。以往依赖于纸质的文本变成了超文本，知识的生产、传递和相互交流更加快速。

知识成为人类文明进化的大背景，知识的发展也呈现出爆炸式增长。站在现在回望过去，或站在未来回望现在，我们可以发现，知识是人类最大的财富，是人类进步的发动机。

知识就是一种意识基于信息和数据对于现实世界的模拟与抽象。在数字化时代，信息、数据和知识都是最重要的生产资料。在虚拟世界里，人们也更需要这些生产资料。通过传感器，人们可以通过物联网将现实事物接入数字网络，使之虚拟化，进入虚拟世界。在虚拟世界里，由于极高的传播速度，网络中每个节点的距离都可以忽略不计，零距离使人与事物之间可以随时访问，传播的时间成本可以忽略不计。虚拟世界里生产、服务的边际成本趋近于零，传播、访问、连接的速度越快，边际成本越低。我们也因此在虚拟世界里得到越来越多的免费服务，比如搜索、资讯。

杰里米·里夫金在《零边际成本社会》中写道："每一种伟大的经济范式都要具备三个要素：通信媒介、能源和运输系统。每个要素都与其他要素互动，三者成为一个整体。"[7] 在虚拟世界里，这三个要素的成本都几乎为零。实际上，不仅是虚拟世界，里夫金还进一步描述了一个边际成本近乎为零的现实世界："今后的 25 年内，家庭取暖、电器运转、商业能耗、车辆驱动，以及全球经济的各个组成部分运转所需的能源将几乎免费……可以利用几乎免费的信息，对同样几乎免费的绿色能源进行管理，进而创造一个智能的通信 / 能源矩阵与基础设施，使世界上的任何企业都可以通过洲际能源互联网接入并共享能源，而货物的生产成本和销售价格只相当于目前全球制造业巨头的几分之一……并同样近乎免费地使用电力和燃料电池驱动的绿色能源车辆运送产品……在各行业、专业和技术领域中，随着智能技术逐渐替代传统劳动力，企业得以更智能、更高效、更节约地开展文明的商业活动，使生产与经销商品和服务的边际人力成本下降至接近零。"[8]

数字技术极大地降低了商品和服务的接触、发现和分销成本，减少了地理障碍。更有效的分销系统和更低的准入门槛促使更多个人、企业家和公司参与到数字市场中，进行新型商业模式的尝试。对大多数制造品来说，比如汽车，价格的制定是以研发产品成本（研发、营销）、生产该项目的边际成本（材料、分发及消费者服务等）以及边际利润之和为依据的。而数字技术的应用可实现营销、制造和分发等过程的数字化，使其边际成本接近于零。

像索尼、微信这样拥有数字化用户网络的公司，其边际成本接近于零，而边际效益则不可估量。在这个问题上，海尔的CEO张瑞敏先生的认识非常深刻，他说："传统经济的规律是边际效益递减，生产的产品单件效益很高，竞争者越来越多，单件利润肯定越来越低，只有扩大产量，只有打价格战这一套，所以边际效益一定越来越低。互联网时代因为边际成本一定递减，越来越趋向于零，另外现在不是卖产品，而是让每个产品带来用户，用户资源增值又带来资源商，这可以使我们产生不同于传统经济时代的边际效益递减规律，变成递增。"[9]

当然，网络成员数量的增加也不一定就会形成边际效益的递增。并不是说有用户就可以为所欲为。有大量用户的互联网公司不也照样衰败吗？关键是如何实现用户资源的增值。就连腾讯与阿里巴巴这样的互联网巨头，这也是它们的心头之痛。

腾讯电商之心不死，阿里社交之志不亡。腾讯仅靠微信就收获了近10亿用户，在用户资源增值上，更多地还是依靠金融、支付、保险、城市服务、生活缴费、广告推广、第三方电商与服务合作。由社交到电商的转化并不顺利，腾讯的电商梦于是寄托在京东身上。2014年，腾讯以2.15亿美元入股京东，拿到京东15%的股权以及上市认购5%的股权。QQ网购、拍拍网和易迅网也被一起打包给了京东。在马云看来，腾讯一手王炸好牌，硬是打得稀烂。于是阿里在淘宝和支付宝上都做了社交的尝试。其实，抛开这个业界的陈年老梗不说，两家在用户资源的增值上已经做得很好了。

对腾讯而言，社交的增值并不一定体现在电商上，社交到电商转化的失败案例不止腾讯一家，Facebook、Twitter、Pinterest、Instagram 等社交应用在电商上的尝试也往往浅尝辄止。而游戏和内容则与社交是天然契合、水乳交融的。显然，腾讯在游戏和内容方面很强。

对阿里而言，电商领域的竞争过于激烈，买与卖的交易平台模式太容易被复制和取代。而融入社交、基于社群的电商在用户黏性和可开发的增值能力上，其想象力空间则更为巨大，毕竟阿里在大文娱上的布局已然很大。没有社交何以支撑起阿里的下一个千亿市值？这样看来，对阿里来说，社交似乎是一个刚需。每家公司的精力都是有限的，阿里很难再推出一个独立的社交应用来与微信正面对抗。于是，2013 年 6 月，阿里注资微博，成为其第二大股东。但几年下来，微博对阿里的作用主要还是停留在流量层面。而支付宝和淘宝的聊天功能于社交而言也堪称鸡肋。

其实，微信既然推出了扫一扫、摇一摇、看一看、搜一搜，何不再加一个"买一买"？毕竟 2000 多万公众号加上小程序，就可以是 2000 多万个兼具内容、社交、服务的店铺。京东的品牌资源优势与金融、支付、信用、大数据、推广等平台服务或许将给腾讯带来巨大的机遇。但以张小龙的性格和微信的开放性降低了这个机遇的可能性，毕竟相对于淘宝而言，微信实在是太开放了，公众号和小程序完全不需要微信提供太多服务就可以自己开发、构建。而对于阿里来说，有庞大的品牌资源、内容布局、微博合作和平台服务做背书，千万级别的品牌社群一旦崛起，将形成难以复制和竞争的寡头优势。当然，这只是一种理想状态下的战略推演，对两家公司来说，要挖掘用户资源增值，实现边际效益的指数级递增，还有很长的路要走。

知识经济的形成有赖于互联网的推动。但互联网不是神，它并不产生信息、数据和知识。正是由于世界各个角落被网络连接起来的人和事物，才有了如此庞大的信息、数据和知识网络。在边际成本趋近于零的条件下，如何利用网络成员的知识实现边际效益的指数级递增，是每个产业在知识经济时代所面临的共同问题。

4. 生态：产业边界的羽化与融合

2014 年 9 月，阿里赴美首次公开募股（IPO），此次是史上规模最大的一次IPO。这事件引起了媒体的广泛关注，媒体更关注阿里上市对全球经济变化以及数字化的影响，却忽略了阿里发展的重点和目标。阿里的招股说明书描述了它的愿景、哲学和增长战略，并且有一个词出现了 160 多次：生态系统。[10]

2014 年 7 月，日本软银董事长孙正义在描述他的战略意图时说："通过在平台上提供各种服务和内容，我们的目标是创建一个其他公司永远无法匹敌的综合性生态系统。"[11]

自然世界的"生态系统"一词在 20 世纪 30 年代由英国植物学家阿瑟·乔治·坦斯利创造。商业战略家詹姆斯·穆尔注意到自然与商业之间越来越多的相似之处，1993 年他在《哈佛商业评论》中提出了商业生态系统的概念："成功的企业往往需要迅速并有效地发展。然而，企业创新不是在真空中进行的。它必须吸引各种资源，吸引资本、合作伙伴、供应商和客户来创建合作网络……我建议不能把一家公司视为单独的产业成员，而是作为跨越各种产业的商业生态系统的一部分。在商业生态系统中，公司通过合作与竞争来支持新产品，满足客户需求，最终进入下一轮创新。"[12] 这为商业世界提供了一个强大的隐喻。

穆尔的隐喻先于智能手机的出现，也先于移动互联网革命 15 年。最初，这个概念主要应用在技术领域。苹果公司明确地将其产品和服务作为一个生态系统，为客户提供完美的体验；Facebook 则认识到它必须建立"开发者生态系统"。在知识经济发展的过程中，这个概念早已超出了技术领域，蔓延到了其他很多产业。知识经济带来的零边际成本使企业与企业之间、产业与产业之间的连接、竞争与合作更加便捷、迅速，使商业生态系统更容易形成。

正如自然生态系统那样，商业生态系统也具有各种各样的形态、规模和种类，并且通常呈现出三个特征：第一，生态系统促进并鼓励各种规模的组织形成，它们以超过任何单一组织的能力创造、扩大和服务于市场；第二，参与者以越来越复杂的方式互动和协同创造，以往自上而下的线性流程变成了零摩擦参与的非线性流程；第三，参与者通过共同利益、目的和价值进行结合，并共同培养、维持和保护生态系统作为一个共享共赢的"公共区域"。这种共创、共享与共赢的动态平衡延长了生态系统的寿命。

互联网对于人类来说，就像是电影《阿凡达》里面潘多拉星球上纳美族的那棵巨大的家园树，将每个人、每个物体连接起来，使人们真正地像是一个完整的生物族群那样栖息在地球这个家园。平台就像这棵树派生出的枝干，围绕一个个平台形成了一个个不同的生态系统。研究表明，五大最有价值的全球品牌中，有四个是基于平台商业模式的。许多发展快、业绩好的新公司加入平台的阵营，这种趋势愈演愈烈。越来越多的企业在复杂、动态和物竞天择的生态系统中运营。正如一句话所说，不拥有平台，就被平台拥有。

平台的涌现是知识流动的必然结果。知识的流动体现在表象上就是社会资源、组织、个体的零边际成本的流动、分配与组合。

科幻作家威廉·吉布森暗示，"未来已来，只是还没有均匀分布"。[13] 限定大多数产业与企业的关系、互动和可能性的基本边界正在迅速模糊和消失。（见图 10）近几十年来，许多长期横亘在人类社会上的边界已经模糊不清。我们可以借用 Photoshop 里面的一个术语"羽化"来形容这种模糊。行业和产业之间已经不再像 80 年前那样有清晰定义的明确界线。产品和服务之间的割裂已被打破，就连企业内部和企业之间的界限也被冲刷得只剩残痕。大企业与小企业在能力和影响力上的深刻差距正在稳步下降，个人的工作与追求自由和兴趣之间也不再是截然分开的，甚至企业、公民和政府各自的作用和贡献也在羽化。历史上，企业由市场价值驱动，公民由道德和社会价值观驱动，政府制定规则并提供公共设施。今天，他们正通过新的合作伙伴关系越来越紧密地相互依赖，在共同目标的引导下，社会的公共诉求往往可以在基于市场的解决方案中被解决。

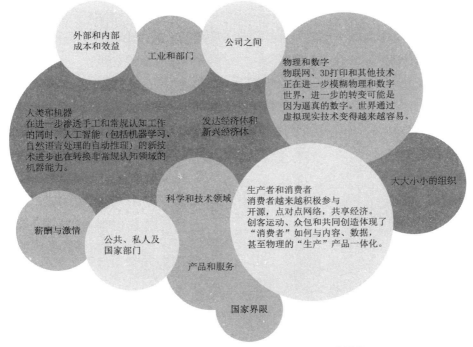

图 10　商业环境和经济中基本边界正在迅速模糊

这些边界的模糊将给整个社会带来一种全新的结构，使各个社会要素水乳交融，而不是彼此龃龉，从而形成真正的人类社会生态系统。在进入预言家、哲学家、政治家或空想主义者所说的乌托邦之前，商业将一直是推动社会运转的经济机器。有三种边界的羽化对产业的融合与商业生态系统的形成起着关键的作用。

一是人机边界。工业革命带来了体力劳动的广泛机械化，计算机的出现则将自动化扩展到认知领域。自从通用汽车在 20 世纪 60 年代引进第一个工业机器人以来，机械已经稳步扩展到非常规手动工作，例如通用电气正在设计可以攀爬并维护风力发电机的机器人。人工智能，包括机器学习、自然语言处理、知识展示、机器对机器通信和自动推理正在快速发展。2009~2016 年，这一领域的投资已超过 170 亿美元，私人投资年增长 62%。[14] 苹果的 Siri 私人助理、谷歌翻译、自动驾驶汽车、电子取证、投资助理、自动写作等正在替代许多认知活动。

二是产消边界。生产者和消费者之间的界限正在迅速被羽化。在 20 世纪上半叶之前，强大的生产者制造和主导了工业时代，消费者是他们产出的被动接受者，而不是积极的参与者。然而，商品经济受到供需关系的制约，过剩的产能必然增加需求端在市场的话语权。在进入消费者主权的时代，任何将消费者拒绝在生产流程之外的产业都是"蒙眼自杀"。积极将"消费者"变为"用户"的企业收获了巨大的成功，成功地将产业变为知识的生产和交流基地。YouTube（是一款手机视频 App 软件应用）数以百万计的用户每分钟创建和共享 300 小时的内容，微信上 2000 万公众号每天生成巨量的信息。全世界前十大最受欢迎的网站有一半主要是 UGC（用户原创内容）。看一下苹果、小米的开发者社区，这里不是实物工厂，而是软件工厂。再看一下乐高，就知道人们的动手能力有多么强大了。当工厂里的设备开放给消费者，你不敢想象会有多么惊人的产品被制造出来。共享经济更是这一趋势发展的典范。只有话语权掌握在消费者手里时，才会发生这样的场景。

三是虚实边界。50 年前，数字化开始影响实体经济，信息技术使许多商业流程自动化。互联网的出现提高了这个进程的速度，扩大了范围和规模。直到现在，人们还在用"电商""实体""线上""线下"这样的字眼将虚拟与现实区隔开来。而当"鼠标＋水泥"（传统商业模式与互联网商业模式）"O2O"（将线下的商务机会与互联网结合）、"新零售"这些概念出现时，人们就开始意识到意识中的虚实边界正在被凿穿。数字与物理不是非此即彼、相互代替，而是融合起来，将既有世界迅速"收敛"。物联网使事物拥有了数字身份，AR 使事物有了数字镜像，而 3D 打印则可以将数字存在轻松地转化为物理存在。

当产业开始像知识一样进行量子融合，生态系统对企业来说将不再是遥远的梦。

距离那个没有条条框框、边边角角的世界已经没有什么阻碍。

请时刻提醒自己，我们活在未来。

第 4 章

未来企业新形态

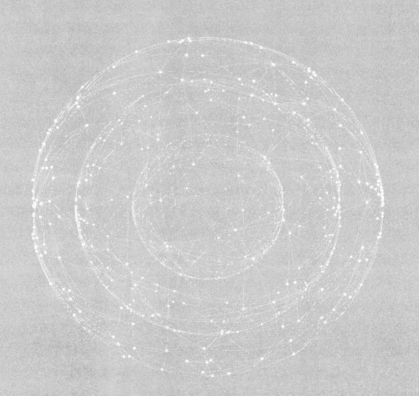

没有改变就没有进步，那些不能改变思想的人改变不了任何事物。

——萧伯纳

翻看人民大学出版社 1997 年出版的《网络文化丛书》，我们可以发现，20 年前人们对于信息时代就已经有了深刻的认识，尽管当时许多后来叱咤风云的大公司还没有成立（BAT 的成立时间分别是 2000 年、1999 年和 1998 年），对于许多概念的认识还不够成熟，但互联网时代与商业世界的基本轮廓已经比较清晰。

学者在 20 年前所憧憬的场景已然到来，那些在当时听来近乎玄幻、痴人说梦般的新概念、新技术已然为寻常百姓所熟知。人们已经习惯于各种媒体形式，随时都能去商场或网上商城花 20 块钱买个眼镜体验一下虚拟现实；网络付费成为主流，而不是盗版横流；在线教育如火如荼，但离天翻地覆还有很大差距；游戏化成为重要的商业模式和管理手段；电商经过一轮又一轮的颠覆与升级；移动支付和互联网金融正在颠覆银行，实现普惠。人们也早已习惯移动互联网、平台、O2O、新零售、共享经济等这些词的一波波轰炸，默默地接受着互联网对生活方式和生活节奏的改变。

有一天一段 2004 年的短视频被扒出，说当时马化腾向海尔总裁张瑞敏推销 QQ 被拒……"标题党"使用了"今天海尔还是海尔，腾讯已不仅是 QQ"[1] 这样的句子来说这件事。事实上，时至今日，张瑞敏还没有使用智能手机，更不用说微信和 QQ 了。但并不能说一个人不用手机、不用社交软件就落伍了，毕竟张瑞敏拥有全球政商、经管等领域的顶尖朋友圈，他所接触到的资源和信息远远超乎普通人的想象。眼界低的人容易见风使舵，而时代却需要逆风航行的实干家。

迅速跟上互联网节奏的企业越来越好，而墨守成规或随波逐流的企业越过越糟。环境变化波谲云诡，企业的经营节奏也越来越快，拖着一身膘而没有肌肉和爆发力的企业都跑不赢这场既需要速度又需要耐力的长跑，匀称、灵活、敏捷而又强壮的形态将使企业跑得更快、更远。

1. 章鱼：信息海洋中的超文本节点

美国计算机科学家泰德·纳尔逊于 1963 年创造出超文字与超媒体这两个名词，于 1965 年公布。那时候没有互联网，当时，在整理笔记或资料时，纳尔逊想要做一个 Xanadu 超链接文件系统。Xanadu 的主要概念就是平行的页面内容之间用可视化的方式链接起来。通过它可以将文本的不同单位联系起来，轻点鼠标就能使读者立即从一个空间转到另一个空间。[2]

　　从文本到超文本链接是一种范式上的变化，就像我们常说的从传统企业到互联网企业的转变。目前而言，对于"互联网企业"仍然没有明确的定义。正如人一出生，就有了名字，但单纯根据这个名字，难以对这个人进行明确的定义，难以准确地说出他是谁。那么使用互联网技术、经营互联网业务的企业，以及融入互联网的企业、有网络化组织架构的企业就是"互联网企业"吗？

　　雷军说，小米是互联网公司，但是更像亚马逊。董明珠说，互联网不是一个行业，只是一个工具。马云说，阿里不是互联网公司，而是一家生态公司。张瑞敏说，应用互联网技术只是必要条件，并非充分条件。互联网企业，应该使企业成为互联网的一个节点。

　　现在人们每天在社交媒体就可以了解新闻头条，而以前人们想要了解新闻内容则需要看电视。YouTube 大有击败好莱坞的趋势，一项调查显示，在 13~18 岁人群中，YouTube 网红比好莱坞明星更受欢迎。而在中国，游戏主播收入不菲，快手、抖音、火山小视频、花椒、熊猫 TV 等一系列短视频、直播平台让普通人有了被大众知晓的机会。

　　数字网络创造了一个公平竞争的环境。普通人可以通过平台展示自己，并获得明星般的关注和追捧。将这种现象放大来看，企业之间的竞争也发生了改变。竞争力不再由规模、国家地区及以往累积的优势来决定。规模小、资历浅的本土企业同样有机会与规模大、资历深的跨国企业竞争。没有哪个企业的地位是绝对稳固的，也没有哪个企业能在市场上保持绝对的主导地位。大企业面对着崛起的创业公司也诚惶诚恐，微软、苹果、英特尔等科技公司不断收购创业型企业，因为像 Facebook、微信、Instagram、优步、爱彼迎这样的创业公司在短短几年的时间内就可以拥有数亿的忠实用户。

　　企业的创新形式从垂直变为水平。在过去，企业的创新是从企业到市场，创意来自公司内部，强大的研发设计是企业的创新机器。现在，他们已经明白，内部创新永远跟不上市场的发展。大宗主流品牌逐渐过时，小批量的细分品牌逐渐受到欢迎。早在 2000 年，宝洁就开始了开放式的创新计划，改变研发模式，依靠外部资源来获得对新产品的构想，然后再通过公司内部的潜能把这些构想商品化。海尔更是直截了当地提出"世界就是我的研发部"。

　　数字网络通过超文本链接将世界连接得更紧密，人们在知识和经验上彼此相互依赖。在做出购物决策之前，人们不再信赖商家所标识的价格、质量标准，而是浏览、寻找别人的评价和经验，同时也会分享自己的意见。每一件商品都连接着这些买家，买家之间甚至可以相互提问、交流，形成一种简单的帮助。企业自身想要呈现的形象不再取决于宣传和营销，而是更多地取决于顾客的评价。这并不只局限于线上，线下也在经历着这种改变。面对信息不透明的线下，人们已经习惯于到线上平台去进行比价，或者到网上去检索品牌的信誉和人们对其品质的评价。在互联网出现 20 多年之后，人们终于发现，哪有什么线上线下之分呢。

工作时间的弹性化和网络企业的兴起，使得工作时间受到冲击和扭曲，生活周期因此而发生节律紊乱，时间的前后关系已与工业社会不同。而空间之所以是流动的，是因为在网络社会，网络信息技术没有取消空间，但改变了空间，它把物理空间分隔开来，又使之变为交互联系。地域空间仍然没有消失，但人们的行为、社会运动和交流都不限于静态的城市空间，而是与虚拟空间相互交叉，形成了流动空间。也就是说，空间不只是物质的土地、钢筋水泥，也包含着虚拟世界。在讨论零售业态问题时，人们经常在 O2O、O+O 这两个 O 的关系上争论不休，但这在数学上只是一个简单的集合问题而已。

很快，地球上几乎每个人、每个设备都会像纸上的文字一样，变成数字网络中的超文本链接。在每一个接入网络的节点都努力彰显存在感的情况下，企业要怎么做才能刷出存在感？

小米、格力、阿里、海尔等企业都面临着这个问题。小米在发展手机及其周边产品业务的同时，也将其商业模式复制到了其他相关产业，甚至在空调产业也要插一腿。而格力则早在三年前就推出了董明珠自己代言的手机，进而又斥资百亿进军新能源汽车产业。阿里作为 BAT 成员，触角早就伸进了数不清的产业，几乎所有新兴产业、所有大企业的合作名单里都能看到阿里。海尔则将自己砸碎成 3000 多个小微企业，在家电、装修、家居、物流、出行、金融等领域开拓着，发展着。

百足之虫死而不僵，提起这些大企业，往往会让人想到这句话，但它具有明显的贬义。或许是人们见惯了大企业破产后的苟延残喘，越大的企业，背后危机也就越大。但这些想法一般是基于此前的经验和印象，并不适合拿来形容当下的企业形态。

八爪鱼的神经系统是无脊椎动物中最复杂、最高级的，包括中枢神经和周围神经两部分，而且在脑神经节上又分出听觉、嗅觉和视觉神经。《加勒比海盗》中的章鱼人力大无比，令人恐怖。这是因为章鱼有 8 条感觉灵敏的触腕，每条触腕上有 300 多个吸盘。这些触腕功能逆天，功能巨大。一是协作能力出色，在章鱼筑巢时，8 只触腕可以运走比自己重 5 倍、10 倍，甚至 20 倍的大石头。二是再生能力强，一旦章鱼的触腕被敌人牢牢抓住，它就会自动抛掉触腕来脱身。而伤口处的血管会极力收缩，使伤口迅速愈合，不久便能长出新的触腕。这些触腕竟然还有安全监控的功能，在章鱼休息的时候，总有一两条触腕在值班。一旦发现情况，章鱼就会一下子弹起来。[3]

面对着残酷的生存环境，动物的感官组织往往比人类要灵敏得多。人们现在所面临的困境往往都是人类自身制造的，残酷的竞争更多是无形地存在于形而上的精神世界里，而正是这样的竞争，使某些感觉灵敏的人或组织脱颖而出。这样的人可以是企业家、艺术家及兴趣广泛并喜欢参与的员工、自由工作者，这样的组织也可以是初创企业或者开放性和创新性很强的大企业或组织。当然，你可以举出无数的动物来作为人和组织的喻体，在这里我们不妨将这样的人或组织称为"章鱼人"或"章鱼组织"。

与生物神经系统相比，人类创造的数字网络显得比较低级。为了模仿生物神经系统，在机器学习和认知科学领域，人工神经网络成为谷歌等高科技企业的重点研究方向。但数字网络的出现已经使人和组织的感官变得更加灵敏了。带有各种传感器的手机、可穿戴设备成为"章鱼人"和"章鱼组织"的触腕，使人和组织在信息的汪洋大海里感知资源、竞争与机遇。当你有了很多条强大的触腕，你就可以像章鱼一样成为数字海洋中的一个节点，搬来你所需要的资源，构筑起自己坚实的堡垒。

2. 雨林：社群与平台中的互惠共生

在巴拿马运河的巴罗科罗拉多岛上，有一些鸟在森林中到处飞行，寻找着数以百万计的行军蚁大军。行军蚁根本不会筑巢，从一出生就在移动和组团侵略。但这些鸟跟随行军蚁只是为了食用那些四散而逃的昆虫。这些鸟被称为蚁鸟科，它们的羽毛布满了蚂蚁似的斑点。

与行军蚁不同，南美切叶蚁不仅筑有庞大的地下巢穴，还掌握着"种庄稼"的技能——种植真菌。一些生物学家认为，热带雨林中每年有多达 15% 的新叶消耗在了南美切叶蚁的巢穴中。[4]

与蚂蚁和鸟类、真菌的共生关系不同，几个世纪以来，科学家对巴西坚果树的秘密都百思不得其解：在非原始森林中培育的巴西坚果树总是不能结出果实。

巴西坚果树高达 30~50 米，果子成熟后的落地速度可达 80 千米 / 小时，其坚硬的果实足以砸碎动物的头骨。因此，它又被戏称为森林炮弹。巴西坚果树的共生现象非常典型，它的授粉和结果都需要一种兰花才能进行，因为兰花的气息可以吸引雄蜂，而雄蜂可以利用这种气息来吸引雌蜂并与之交配。没有兰花会导致蜂数减少，而蜜蜂数量减少会妨碍巴西坚果的授粉及结果。[5]

坚果的壳厚 0.8~1.2 厘米，一般动物的牙齿难以咬开，但像刺豚鼠这样的大型啮齿类动物却可以利用壳上的小孔咬开果实、食用种子。吃剩下的种子会被埋藏起来供以后食用，而有些种子就会萌芽并长出新的树苗。

蜜蜂、卷尾猴在采蜜的同时也为植物完成授粉工作。在热带雨林里，植物往往是最慷慨的馈赠者，它们愿意把自己拥有的一切给予共生的生物，以换得种子发芽生根的机会。

2017 年，张瑞敏在布拉格机场候机时读书的照片引起很多人的转发。他手里的《硅谷生态圈：创新的雨林法则》，书名直译过来应该是《雨林：通向下一个硅谷的秘密》。这本书 2015 年 8 月在国内出版，而外界不知道的是，翻译的中文版本早在 2014 年就摆在了张瑞敏的案头。在这本书里，作者比较了农场和雨林的区别。

发源于工业革命的商业模式可以从多个方面被刻画成"农业"模型，这种模型专注于控制复杂系统，利用最新工具来细致地调整准确度、精密度与生产率。控制程度越高，产出就会越高。公司会因为生产的高效率而得到回报，这一点非常像农民为了提高土地亩产量而采用最好的肥料、农药与耕种方法。你可以在脑海中想象一下纺织工人们在一排排纺织机前的工作画面，或者是汽车工厂的装配线。装配线运转得越快，你就可以赚更多的钱。产品质量越可靠，就会有越来越多的客户不停地购买产品。

相比之下，当我们想到创新系统时，最大的生产力来自类似雨林的环境，而不是农场。本质上，雨林发挥作用的原因不在于原始的碳、氮、氢、氧原子的单一存在，它能够繁荣兴旺的原因主要在于把这些元素融合在一起，从而创造出全新的且不可预料的动植物群。雨林是一个具有独特品质的环境，空气、土壤中的营养素、温度都有可能催生出新的动植物物种，远远大于这些元素的总和。雨林把无生命的无机物创造成欣欣向荣的有机物系统。

自然界的雨林不会预先决定有价值的新物种的进化过程，但是会提供恰当的环境来培育偶然发现的进化过程。在雨林中，最有前途的生命形态以一种不可预测的方式出现在非常富饶的环境中。[6]

这三段文字写得非常精彩，将工业革命和创新系统的差别用农场与雨林的隐喻形象地表达出来。我们不妨把自己想象成张瑞敏，他在读这段话的时候脑海中会出现哪些画面？30年前的海尔，正像是那个精耕细作的农场，那时候作为厂长的他说一不二，逐渐建立起了一个家电帝国。而30年后的海尔，却要变成一片热带雨林，作为 CEO 的他决定把权力还给员工，让他们变成野生的创业者，而自己给他们阳光雨露和土壤营养。

管理大师亨利·明茨伯格将企业内部社群意识的式微视为经济危机背后隐藏的更大危机，他认为单靠政府刺激计划和对最大型、最严重企业的援救并不能解决问题。[7]企业需要重建员工之间的联系，管理行为和领导行为都需要重新思考。如果连企业内部都没有社群意识，那就更不要说企业外部了。正如明茨伯格所说的那样，政府的补贴与刺激并不能够让濒临破产的企业起死回生，除非从根本上对企业进行重构。企业重构需要新的经营管理体系，如果仍然按照以前的结构进行重组，那无异于大清王朝的复辟。

对比一下农场和雨林，观察一下雨林生物之间的共生关系，你就了解什么是社群意识了。蚁鸟科不以行军蚁为食，而是捕捉四散而逃的昆虫。放在商业中，行军蚁就像是一个产业的核心，比如苹果和富士康，而蚁鸟科则是那些手机配件、软件设计生产者。切叶蚁培育了真菌，而真菌则哺育了蚂蚁幼虫。苹果的开发平台吸引并培育了数以万计的开发者，而开发者则构成并增强了用户的黏性。坚果树用营养丰富的种子为刺豚鼠提供食物，用高大的躯体为兰花提供庇护，而刺豚鼠则为它传播了种子，兰花为它引来了蜜蜂。这像极了阿里为商家提供的销售 / 渠道，为用户提供网购场所，商家获取了顾客，而用户产生的数据则使阿里不断开花结果。这也像极了海尔为创业者提供平台，为用户提供产品定制交互渠道。创业者获取了成功，而用户的需求则使海尔平台的创业小微越来越丰富。

雨林生物间的共生是以互惠为前提的，蚁鸟科与行军蚁各自为安，各取所需；切叶蚁与真菌，坚果树与刺豚鼠、兰花，则互为补充、相互给予、相互需要。因为彼此的需要而产生彼此的给予。热带雨林是地球上最复杂、功能最强大的生态系统，也是生产力最高的生物群落，是地球上繁衍物种最多、保护时间最长的场所。物种和生产力的丰富使雨林这一"社群"充满了错综复杂的食物链与互惠共生关系。基于这种强大的丰富性，雨林生态系统具有极强的生态系统稳定性，会减弱某个物种消失所带来的影响，正是因为这样才会不断地有新的物种产生。

硅谷汇集了全球的创新资源，来自世界各地不同种族、不同文化背景的人们聚集于此，用高密度的创新力引领着一次又一次的科技浪潮。可以说，硅谷是最像雨林的商业生态系统。硅谷的 GDP 占美国总 GDP 的 5%，而人口不到全国的 1%。这里不仅有苹果、谷歌、英特尔、Facebook 等坚果树一样的"参天巨树"，更有着成千上万的初创公司、无数心怀创业梦想的创业者。全世界有远见的企业都在这里设立了办事处，各行各业的信息、数据和需求都在这里与科技结合，形成新的解决方案、新的公司。每年都会有很多新物种诞生于此，获得巨额估值，成为"独角兽"。

在深圳南山，区区 182 平方千米的面积，GDP 却高达 4500 亿元。[8] 这绝不是劳动力、生产制造所能够创造的产值，即便在这 182 平方千米的土地上建满工厂，也创造不出这样高的产值。产值的提升依赖于信息、知识、智能所带来的创新密度，而创新密度的提升离不开像硅谷这样的"生态密度"。

一个国家、一个地区如此，一个企业也是如此。既然在互联网时代企业"要么拥有平台，要么被平台拥有"，那么企业就必须学会与生态系统中的其他物种互惠共生。

蚁鸟科的鸟类有很多种，不尽相同。总体上可分为三大类：第一类比较普通，只跟随碰巧在自己领地上觅食的行军蚁。第二类觅食更有目的性，它们会去跟随在它们领地之外集结的行军蚁。如果发现蚂蚁没有觅食，便会通过其他途径寻找食物。第三类是最专业的行军蚁追随者，它们完全依赖于行军蚁来寻找食物。

在雨林生态中，试着像一只专业的蚁鸟那样从其他物种那里获取你的需要来建立你在雨林中的生存优势。当然，也请你记住未来学家鲍勃·约翰森与卡尔·罗恩在《互惠优势》一书中给出的建议：给予以成长，分享以扩大规模。[9]

3. 狼群：合伙时代的所有制与经营权

FISKARS 是世界著名的专业刀具工艺设计品牌，在剪刀、手斧和园林工具的设计上独树一帜，已有 350 多年历史。20 世纪 60 年代，Olaf Backstroms（奥拉夫·贝斯特罗姆斯）设计的橘黄色塑料手柄剪刀为 FISKARS 赢得了世界声誉。但 2005 年，FISKARS 公司却陷入了品牌认同危机。其品牌和产品极少在网上被人们提及，在线交流互动极少。在创意咨询机构的帮助下，FISKARS 很快找到了问题所在。[10]

FISKARS 发现，他们的产品，尤其是剪刀很受剪贴簿收藏者的欢迎，调查后得出了以下几个结论：

虽然没有太多关于品牌的对话，但关于剪贴簿的交流却很多。很多收藏者都在使用 FISKARS 橙色剪刀等工具制作产品。

这个圈子的人都很爱争论，甚至有些较真；新人通常不受待见；网上交流时很多人会言语粗鲁。

FISKARS 的产品一般会成为新人默认的工具。

接下来，FISKARS 单独找剪贴簿收藏者进行了交谈，试图了解他们怎么看 FISKARS 品牌，并了解他们的项目及喜爱剪贴的原因。交谈中发现，这些人并不是热衷于 FISKARS 的产品，而是热衷于他们使用 FISKARS 的产品能创造什么。他们都非常感性，如果能够帮他们创造出更好的作品，那么品牌对他们而言就会更加重要。

这也是大多数公司产品的命运，用户并不是喜爱产品本身，而是使用产品所带来的体验和感受。但 FISKARS 没有感到悲哀和失望，而是把公司关注的焦点从让人们讨论剪刀转移到创造一个让收藏者彼此联系和相互学习的场所。因为在收藏者探讨剪贴簿并创造出更好的作品后，FISKARS 品牌也会受益。

FISKARS 开始着手建立一个令人感到舒服、热情并能够建立群组的博客。FISKARS 并没有经营博客，而是把经营权交给了剪贴簿收藏者。FISKARS 不断了解这些收藏者，并吸引他们发布内容。

"社群是在一个比其自身更大的范围里，拥有共同归属感的群体。"FISKARS 在挖掘社群潜力的工作上没有停滞在博客的经营上，而是想要创建比博客作用更大的东西——活动。

首先，FISKARS 给使用其剪刀产品的收藏者一个身份——卡丝（Fiskateers）。其实给社群成员一个身份是至关重要的，这不仅能让他们有归属感，还可以帮助他们彼此联系。其后，为了加强这种归属感，FISKARS 把博客交给 4 位主要的卡丝"护法"来经营，公司支付他们兼职工资。这 4 位"护法"的选择非常谨慎，他们不仅是博主，更是活动主导者。任何人想要成为卡丝之一，必须经过"某位"护法同意。每位卡丝都会得到一把有个人号码的限量版橙色剪刀。

卡丝的活动不只是发发博客、线上聊天那么简单，线下的活动也很重要。很多卡丝有自己的手工艺店铺，很多是当地手工艺店的常客，FISKARS 用各种办法将他们在现实的各种场景中联系起来，比如公司举办的卡丝聚会、卡丝手工艺讲习班。

这些卡丝活动对 FISKARS 品牌有什么效果和影响呢？我们来看一下这些数据就知道了。

- 在卡丝社区开放 24 小时内，就实现了预计 6 个月才能达到的目标成员数。
- 在活动的前 20 周里，在线交流中提及 FISKARS 的次数增长了 600%。
- 某个卡丝护法介绍过某个店铺后，这个店铺本身的销售额增加了两倍。

聪明的品牌与粉丝联系并给予他们代表品牌去联系其他人的权利。在这种意义上，品牌就成为其社群成员的栖居之所。

然而，大多数品牌却认为与用户分享控制权的想法很可怕。路径依赖性使他们习惯于传统的推式传播的营销模式，停留在费尽心思将产品传递给消费者的阶段。即便是 Facebook、微信这样的社交媒体工具出现的时候，这些品牌还是采取了同样的信息推送模式。殊不知，顾客如果想知道什么，他们很快就能查到。顾客之间信息、想法、观点、评价的传播比品牌自身的信息传播更快，尤其是在 FISKARS 卡丝社群，传播速度更加不可想象。

从一位演讲者的亲身经历我们可以更真切地了解到这一点。这位演讲者去达拉斯演讲时，下榻在喜来登酒店。但市区有两个喜来登酒店，当大巴司机问他去哪一个时，他迅速登录推特，问他的听众哪个酒店承办活动。两分钟内就有 5 个人给了他正确的位置。而在他到达酒店之后，喜来登酒店的推特也给了他回复。即使喜来登在密切监控推特，并在半小时内回复了他，却比其他人晚了 28 分钟。[11]

如果单纯是卖剪刀，FISKARS 不会跟剪贴簿收藏者这样生机勃勃的一个社群扯上关系，那些挑剔的收藏者一般也不屑于提起这司空见惯的工具和品牌。但 FISKARS 打破了路径依赖，没有执着于他们所"拥有"的产品，不是售卖剪刀，而是将产品变为"更好的剪贴效果""美好的剪贴乐趣"，这种更好的使用体验则是所有收藏者共同生产、创造、经营的结果。此外，通过卡丝在店铺举办剪贴教学等活动，使更多人接触并了解了剪贴，也就有更多的人购买剪刀等产品。当然，如果有不购买剪刀就可以获取剪贴乐趣的方式，人们也会去选择，但租用剪刀所耗费的时间成本使得购买剪刀的成本不值一提，毕竟剪刀不像汽车和自行车一样昂贵。

使用体验并不依赖于事物的所有权。可以说，对所有权的过分看重是导致人们路径依赖的根本原因，因为人们对于事物的关注点往往不在于事物本身，而在于它们所带来的结果。而所有权则将人们的眼光定格在事物本身，而不能"超然物外"。这形成了长久以来生产和消费体系所依赖的路径：生产上不断制造并推销消费者需要购买的商品，而消费上疯狂的消费者则不停地买、买、买。

基于生产资料所有权形成的所有制塑造了古往今来的生产关系。长久以来，生产资料归谁所有，就由谁支配。但实际上，人类发展至今仍然没有找到一种完美的所有制方案。每一种所有制总会有人站出来指出这样那样的问题。人类社会如此，企业的所有制更是如此。人类开始将地球上的物质据为己有时，私有制就成为所有制问题的始作俑者。

在企业中，生产资料一直以来都是由资本所有者控制的，但社会团体和阶级是"自私的"，他们利用自己的控制权来使自己获益。只要私有制存在，就不可避免地存在这个问题。所有者控制着生产工具等资料的准入和分配，经理人等企业的经营者则充当了所有者的代理人。企业资金需求的扩大催生了股票市场，代理人的职责就是扩大这些股东等资本所有者的价值。

"自私"的存在带来了股东价值最大化主义的流行。为了避免委托人和代理人之间的冲突，股权激励制度应运而生，经理人甚至员工都可被纳入股东，这样他们就变成生产资料的所有者，并会努力实现股东价值最大化。

全员持股看似是无懈可击的所有制形式，因为它看似避免了私有制的"自私"性。但其实"自私"带来了更多的结果。因为企业是社会的一部分，这一部分人的"自私"必然导致另一个整体的失衡。不管是否全员持股，股东价值最大化主义导致企业看重短期利益和市值增值，因此容易忽视促进长期利益的许多关键因素。

这么看来，如果能够从更大的整体上去看待企业的利益问题，那么似乎这种合理的、克制的"自私"也可以被允许。数字化环境也为合理解决所有制问题带来了契机。

首先，共享经济下，可访问的使用权取代所有权，成为人们新的生活方式。租用、共享的商业模式正在人们消费的首选。为了迎合消费观念的转变，企业也投入巨大的资源将产品变为可租用的基础设施。路径依赖被打破，人们更加习惯于"超然物外"。原本基于所有权交易的生产消费关系得以改变。

其次，企业在数字环境下的边界被开放，也被纳入了一个或多个价值网络当中，更加注重基于合作、对利益相关者友好长期关系的建立，而不是基于竞争、采取损害他者利益来获取自身利益的经营策略。

再次，企业甚至将生产工具等资料的准入和使用分配权利开放，这也降低了资本所有者和企业经营者对企业经营权的控制。海尔提出了创客所有制，据海尔自己解释，这既不是股东委托代理制，也不是简单的承包制，而是每个人都可以成为项目的投资人，自负盈亏。企业的经营权交给了创业者，连同企业的生产系统、营销系统都开放给创业者，由创业者根据用户的需求创造出企业与创客、用户等共享的价值。

在所有制问题上，想要在动物界找到一个合适的隐喻并不简单，实际上，如果我们硬要找到一种完全契合商业需要的比拟，那是不可能的。狼群是在团队性上表现非常好的动物之一，狼性精神经常被企业拿来当作企业文化。如果把狼群看作合伙人团体，那么生存和捕猎食物就是它们共同的利益。狼群的内部秩序非常牢固，每只狼作为合伙人都明白自己的作用和地位，并会据此展开行动。狼嚎时，一切等级界限都消失了，每个成员相互配合发起战斗。在小说《狼图腾》中，几十只狼对上千只黄羊成功地进行了一次围剿，而狼群只咬死一部分黄羊作为过冬的粮食，这就是维持一种平衡的长期利益。

在数字环境下，越来越多的企业、个体、利益相关者被连在一起，成为一种合伙关系。或许，我们能从狼群的生存当中学到更多的智慧。

4. 海豚：非摩擦环境下的组织再造

企鹅在陆地上看起来像是身穿燕尾服的西方绅士，但一双小短腿让它们走起路来一摇一摆，需要将身体的重量都移向一只脚，然后是另外一只，有时还要张开翅膀来保持平衡。遇到危险时，它们则连跌带爬，狼狈不堪。小短腿和小翅膀让它们看起来笨得不太像一种鸟类，是严寒的环境让胖乎乎的它们主动放弃了飞翔的权利，成为游泳健将。[12]

不同环境下的组织与人能够发挥的潜能也不同，就像企鹅一样。在非数字环境下，小企业的生存就像陆地上的企鹅，没有成本、研发、营销等大企业的长腿优势，步履蹒跚。而在数字环境下，小企业则更加灵活，原本由大企业把控的成本、研发、营销等这些阻力都变小甚至消失了，正如纵壑之鱼，畅游四海。在"摩擦型组织"中，个人的能力受到岗位的束缚，对生产和经营资料的使用存在准入限制，政治把戏、内讧、官僚主义、集团主义、沟通不畅等摩擦力重重。但在"非摩擦型组织"中，个体的潜能则不再受岗位束缚，工作会变得像水中的企鹅一样灵活、愉悦和毫不费力。

科斯将摩擦力引入了人们的视线。在他思考为什么企业内部没有市场时，将阻止内部市场交易产生的原因称作"市场摩擦力"。市场摩擦力产生了交易成本。他将交易成本分为三类：第一类是搜索成本，比如寻找不同的供应商，决定其商品是否适宜；第二类是契约成本，如就价格和合约条件进行谈判；第三类是协调成本，是为了协调不同的产品和过程。[13]

非摩擦的确是一种理想形式，并且随着数字网络技术的发展，摩擦也确实在向着消失的方向靠拢。拿无人商店来说，顾客从进入到购物完成，只需要拿手机扫一次码即可。而随着生物识别、人工智能、区块链等技术的发展，相信在不久的将来连手机扫码都可以省了。相比于商超里排着长队结账的场景，零售业在消除摩擦方面的成绩还是有目共睹的。

观察互联网经济的发展过程，我们可以清晰地看到：企业内部市场的形成不是从企业组织的变革开始的，而是在企业边界不断被突破和延伸之后形成的。企业组织的变革也是在这样的推力之下展开的。也就是说，互联网经济的外部性促使企业不断结合外部资源形成平台性的内部市场，并推动企业进行更深层的平台化组织变革。互联网发展前期的研究专家都与勒维斯一样，热切地呼唤着新的时代、新的经济形式、新的商业模式的到来，但平台型组织的出现似乎是意料之外的事情。

企业外部市场的交易成本在数字环境中已然降低，那么在企业不断进行外部连接的过程中，外部市场不断被囊括、吸收而成为企业（平台）的内部市场。内部市场在搜索、契约、协调上的成本很显然比外部市场更低，更趋近于零。换句话说，内部市场的市场摩擦力也就更小。但导致这样的结果是需要有一个组织作为前提。

通过两个案例，我们可以更好地理解组织前提的重要性以及组织再造的必要性。

2000年，雅虎是互联网的王者。当时雅虎是全球流量最大的网站，市值达到250亿美元。不过，一家名叫谷歌的创业公司突然崛起，将雅虎这位互联网"老大哥"挤下互联网的舞台。

雅虎并非技术起家，它最初的服务来自人工编辑。1994年，在互联网兴起之初，从斯坦福大学毕业的杨致远和大卫·费罗利用人工编辑编目了数百家相互没有关联的网站。他们招聘了数百名员工，根据网站的申请将这些网站加入目录中，随后还提供了新闻、电子邮件和聊天室等服务，加强了雅虎在互联网行业的地位。

同样是从斯坦福大学毕业的拉里·佩奇和谢尔盖·布林对谷歌则采取了不同的发展方式。他们开发了复杂的软件算法，抓取互联网网站并收集内容。这种完全自动化的方法迅速胜过了雅虎的人工编目方法。随着互联网规模的扩大，这种方法也随之扩大了规模。

美国科技博客"搜索引擎天地"的创始人丹尼·萨利文表示："谷歌在自动化搜索技术方面积累了丰富的专业性经验，而雅虎仍试图由人工来编目网站。当雅虎想要改变做法时，谷歌作为顶级搜索引擎的地位已得到巩固。"[14]

谷歌的领导团队都是受过良好训练的计算机科学家，他们专注于搜索。高质量的搜索结果吸引了上亿用户，而这些用户的搜索活动暴露了他们的需求和兴趣。谷歌利用这些搜索结果去投放广告，从而获得了巨额收入和更高的广告费，并达到了更多的点击率。

谷歌超越雅虎看似是因为技术上的优势，但更深层的原因是组织上的。谷歌抓取网站内容，这其实就是一种无摩擦参与，这使得谷歌的用户组织、内容体系可以无限制地增长。而雅虎采用人工编目网站，网站的参与过程是有摩擦的，需要申请或者交费用。零摩擦参与使参与者能够快速且轻易地加入一个平台并开始参与该平台所推进的价值创造能力。

无线（Threadless）T恤公司是一家由信息技术服务、网页设计、咨询方面的专家创立的众包设计T恤公司。他们的商业模型就是每周举办对外部参与者开放的设计比赛，印制社区最火的T恤并将T恤卖给日益扩大的顾客群。无线T恤公司不需要雇用艺术天才，因为在他们的平台上有经验丰富的设计师会为奖品和荣誉而设计出好的作品。公司不需要做市场营销，因为设计师会让他们的朋友来帮助投票和销售。公司也不需要做销售预算，因为投票的用户已经标注了他们会买的件数。当然，生产肯定是通过外包进行的。

普通的服装厂生产T恤的过程是通过买手或其他方式决定印制什么样的图案，印制多少件，通过什么渠道进行批发、售卖。再来看一下淘宝的T恤定制是怎样的。买家在经过很长时间的筛选之后通过淘宝网选定一家店铺（即卖家），与卖家联系之后，通过沟通把需要的图片发给卖家，卖家设计、修改、印好之后将T恤发给买家。

无线T恤的成功，不在于它用了什么先进的互联网技术。这种设计众包平台有很多类似的，但是很少有成功的。无线 T 恤成功组建了一个由设计师、顾客组成的平台组织，这使平台内部的交易成本很低，企业也节省了大量的营销、设计成本。而传统的买卖模式显然需要为此付出大量的成本，并且会把自己的利润降到很低。[15]

现在，我们可以看到，"企鹅"尽情游弋需要的非摩擦环境要对组织进行再造，并消灭组织的摩擦力。组织理论上的探索已经非常丰富，有开放型组织、并联型组织、创造力组织、3.0 组织、指数级组织、创意组织、分形组织、网络化组织、流体组织、对话式组织、灵活组织、无形组织、平台组织、社交组织、量子组织……我们可以对组织的未来形态做出无数种假设，每一种形态都是组织进化的可能。那么组织的再造如何进行？正如我们在书中反复强调的：变化越复杂，越需要我们回归到基本层面。从地球上最聪明的动物海豚身上，我们或许能有所感悟。

和猴子之间互相挠背一样，海豚也相互合作、协调并以此来捕获食物，这是它们与生俱来的行为。一个联系紧密的族群一般有 6~10 条海豚，但在太平洋和大西洋的广阔海域，许多族群会临时（几分钟到几小时之间）集合在一起，以形成更大的集体，这样就可以轻松地获取"集体食物"。这样的集体会有上百只海豚，有时甚至会有上千只。它们会包围来自各个方向的大鱼群，用身体形成一个包围圈，大的雄性海豚经常在包围圈的边缘进行保护，以防止掠夺者的到来。在鱼群进入包围圈之后，海豚轮流游在包围圈的底部或游入包围圈进行捕食。捕鱼的海豚越多，捕鱼就越容易，也就会获得更多的鱼，个人和集体的收获也会更大。[16]如果你曾在船尾看到游于长浪之中的海豚，或许会看到它们高高跳起。集体的行为非但没有破坏它们的自由，反而使它们在分享中享受着自由。

第 5 章

未来人类新 Token

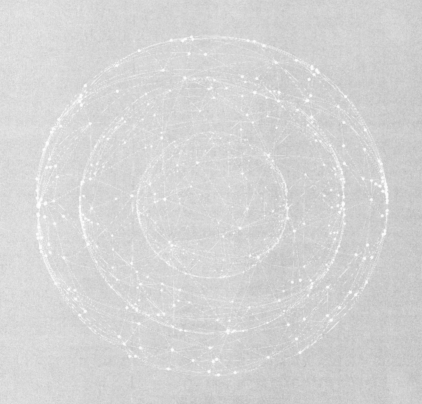

隐含在价值网概念背后的是：有了新技术，未来的价值将会像过去
20 年在互联网中的信息一样进行移动。

——约翰·基诺斯基

煤矿产业在供给侧改革和环保政策的影响下正在缩减规模，煤改气造成的燃气供应不足和暖气不热的问题让人们在 2017 年的冬天多了几分寒冷。当自然矿藏的开采已经到了瓶颈阶段，一批批狂热的人们又把注意力转移到了人类自己发明的数字矿产上。

呼风唤雨的比特币背后是默默无闻的发电厂，在币圈之外，轰轰烈烈的挖矿运动也引起了环境学家的关注。一项发表于聚焦能源材料的学术杂志《焦耳》上的研究认为，在全球范围内，比特币挖矿在一年内所消耗的电量至少与爱尔兰全国的年电力消费量相当，为 24 万亿瓦时；更严峻的情况是，加密货币挖矿的能源使用量每六个月便会翻一番，并于 2018 年年底之前达到 67 万亿瓦时，占全球总耗电量的 0.3%。然而，多数挖矿设备集中于发展中国家，而煤炭发电则是电力的主要来源。[1]

经济学家觉得这无可厚非，新技术的发展带来的泡沫不可避免，市场会调节好这一切。没有人敢尝试将泡沫捅破，因为数以万计的人们每年在电费上已经耗费几百亿元，这还没算上更加庞大的巨额设备的投入。

不断有人入局，就像是 19 世纪中期美国人涌入发现金矿后的加利福尼亚州。2018 年的春节比往常更热闹了一些，人们不是为了春晚而熬夜，而是因为区块链凌晨 3 点无眠。投资界大佬和娱乐圈明星聚集到"3 点钟无眠区块链群"，提问、分享见解和互怼。

正如美图手机蔡文胜所说，"未来一年，睡觉都是浪费时间"，有钱又有闲的大妈们也瞅准了时机，抓紧时间补课。从 3 点钟群举办的世界区块链大会上飘进了红色、黄色的丝巾，大妈们的集体合照在媒体上疯传，这预示着 2018 年的币圈将会出现越来越多的乱象。[2] 5 年前，当华尔街的精英们开始做空黄金时，或许也是同一批大妈们挤进了金店，10 天消费 1000 亿。

进入 2018 年，区块链领域已经吸引了 30% 的风险资本。几乎每一个想要布局未来的企业都宣布要进军区块链，招聘网站上挂着区块链开发人员的招聘简章。区块链、数字加密货币会是下一个财富增长点吗？它们真的能够颠覆互联网、重塑金融和货币市场、重构世界吗？或许，这需要更多的人躺在床上睡醒了之后进行清醒的思考，而不是在焦虑、失眠与狂热中浑水摸鱼。

1. **流动：**货币制度与生产关系的解冻

当中国的大妈们攥着手里在缩水的钱而焦躁不安，炒房团的阵地从海南到雄安再到丹东一换再换时，工薪阶层的年轻人则在"望房兴叹"，用一个个网络热词自嘲着被贫穷限制的想象力。[3]

美国社会极大的流动性和经济自由曾经使得每个人都可能通过自己的努力迈向巅峰，这也催生了无数的创业神话，但随着时间的推移，这个迈向巅峰的过程越来越艰难，社会结构也似乎逐渐固化。当财富和社会缺少了流动性，财富的增值和社会的创造力也就变得困难重重。

对于普通人而言，他们一般不具备直接投资商业项目的能力，并且这种商业项目的投资风险很大，一旦公司倒闭，他们将血本无归。因此，他们习惯于让钱静静地躺在一个负责投资和借贷的机构手里，并被动地接受这些机构提供的微薄利率。而对于有足够闲置资本可以运作的人来说，理财方式就形成了根本的差异，他们理财方式的选择范围更宽广，同时可以获得的收益率也更高。

在银行，这些人可以成为 VIP 客户，得到利率最高的理财产品。房产也是他们的理财产品，全款购房可以拿到更低的价格，而房价的上涨让他们赚得盆满钵满。通过这种稳妥的方式，他们就可以获得较高的收益。他们把资金注入股市或进行风险投资，甚至直接进行民间借贷，收益将会更高。与普通人相比，他们的钱流动得更快，在进入生产过程的同时，又从生产过程产生的利润中获得更大的收益。而普通人的钱是通过银行进入生产过程的。

与银行相比，个体在金融能力上有着明显的不足：一是与生产过程的接触能力。企业作为社会生产的基本经济单位，由生产资料和彼此分工协作的生产者组成，生产过程就是生产者利用生产资料创造价值的过程。生产资料和生产者劳动都需要货币来维持，除企业创始人和参股者外，其他个体的资金在企业上市之前难以注入企业的生产过程中，而企业债务的最大来源一般都是银行。二是风险控制能力。个体对企业的投资基于自身的判断，没有专业风控人士的帮助，对初创企业的投资以及对上市企业股票的购买都具有很大的风险。三是信用和暴力保护能力。民间借贷容易产生诉讼案件，欠债不还的老赖让借贷者无可奈何，增加了诉讼和维权成本。四是集资能力。个体不具备集资资质，吸收民众存款形成非法集资。五是定价能力。个体与金融结构的存贷利率均由金融机构决定，民间高利贷的超出利率不受法律保护，利率的高低直接影响企业投资的成本，由此也会影响股价和股息。

如何使普通人的资产能够快速增值？答案就是让他们的钱快速流动起来，但显然他们不具备这个能力，或者说是什么东西阻碍了他们具备这种能力。从上面列出来的这五项能力来看，除了风险控制能力个体可以通过学习来实现之外，其余四项对个体来说均无可奈何，就连富裕阶层也只能是"富贵险中求"，如果创业更是九死一生、风险重重。实际上，银行等金融机构控制并抑制了个体金融能力的发展，在这种机制之下，财富的不均和社会结构的固化成为必然。

资产的增值是通过债务或者生产过程实现的。这些资产的价值通过货币来表示。货币从远古时代用来交换的贝壳等物件逐渐发展到本身没有价值而只有交换价值的信任媒介，银行就是信任机制的维护机器。然而，银行所维护的信任机制并不是恒定不变的。对金融能力的掌控使银行可以规定并改变货币所代表的信任，从而对资产的价值产生影响。

这种由中央组织控制的信任体系在实际操作上越来越遭受人们的质疑。正如经济学家贾斯汀·福克斯所说："如果价格远远超过资产的基本价值，那么就会出现泡沫。"银行将货币的流动性掌握在自己手里，政府和他们所掌控的银行却常常把钱花完。2009 年希腊政府的实际债务被揭露，没有钱用、还不起钱的希腊陷入了大规模的经济衰退，失业、停电、骚乱和严厉的紧缩措施随之而来。2013 年，塞浦路斯政府竟然限制了人们可以从其银行账户中提取现金的金额。然后他们声称，如果你在银行的存款超过 1 万欧元，他们会拿走一半。当政府、银行和民众手里没了货币，失去了信用，任何福利、生产、生活都将陷入停滞。[4]

当政府和银行在挑选赢家时，其实每个人都是失败者。银行用强大的风险控制机构来保证获得低风险的收益，而很多新兴产业、具有创造性的人却往往具有高风险性。银行剥夺了个体的金融能力，然而在经济价值创造的贡献上，却并没有比个体在高风险中的表现更有效率。

货币的流动性是否应该由银行来掌控？现在看来，这非常值得商榷。如果个体拥有了适度的金融能力，那或许将是另一个场景。

一是人们与生产过程的接触更直接、更紧密。企业的融资与个人的投资将更容易，企业经济价值的创造和个人资产的增值都得以实现。二是更多的人将学习如何控制风险，更多的专业投资组织将会出现。三是基于分布式和法律保障的信用体系，交易更加透明、可信，老赖们无法立足于社会。四是在法律范围内，正规的集资将以更快的速度进行。五是利率定价等将依靠市场化机制来运行。

在货币制度"解冻"之后，货币的流动性更多地受到市场需求的引导，更多的货币流向潜在经济价值创造最大的地方。随着人们风险投资意识的提升，人们对于经济价值的感知将会更加敏感。人们对企业这一社会生产基本单位的成长性能够有更好的判断。如果一个企业真的具有较高的成长性和利润回报预期，那么组织内外的货币就会源源不断地流进来。而当这种情况发生时，组织本身也发生了根本的变化。

首先是所有权的变化。员工也可以是股东、合伙人，与创始人和外部股东一起共同分享公司的所有权。其次是使用权的变化，用户与企业不只是生产—服务—消费关系，也可以是一种投资—使用关系。实际上，这本质上是生产关系的"解冻"，给予没有生产资料的"无产者"以投资生产资料的机会，"无产者"变成了"共产者"，而用户则成为"产销者"，每个人都成为具有金融能力的赢家和弄潮的风险投资者。

比尔·盖茨曾经说："我们需要银行业务，但不需要银行。"当货币制度和生产关系开始"解冻"，财富和社会才真正具有了流动性，财富的增值和社会的创造力也就水到渠成。

2. 止痒：隔靴搔痒的互联网经济反思

20 世纪 90 年代中期，中国出现的互联网思潮并不是个例，而是世界互联网思潮的一部分。那时候人们对于互联网在各个层面的发展都做出了极富想象力的展望，而相比之下，如今，人们对于互联网的灵感似乎有一些枯竭，曾经的展望仍没有在爆炸式增长的互联网产业中得以实现。

如果要拿出一本书来总结当时人们对互联网展望的话，凯文·凯利写于 1994 年的《失控》就再合适不过了。对于网络经济学，他早就全面地做出了设想。

脱离实体，在实体越来越紧张的情况下，"赛博空间已经成为一种越用越丰富的资源"；以联结取代计算，巨大的计算机网络几乎改变了从生产到消费的一切商业行为；信息工厂，"未来的公司形态：它们将不断地演化，直到彻底的网络化"；与错误打交道，"网络式经济的未来在于设计出可靠的流程，而不是可靠的产品"，所有目标只能被"满意化"；联通所有的一切，网络经济具备"分布式核心、适应性技术、灵活制造、批量化定制、工业生态学、全球会计、共同进化的消费者、以知识为基础、免费带宽、收益递增、数字货币、隐性经济"的特征。[5]

然而，人们一觉醒来，发现这个世界还是一如既往，只是枕边多了个装满 App 的手机而已。这个世界的框架并没有改变，甚至由于信息的增多而让无数的人患上了挥之不去的焦虑，正如在上一节一开头描绘的那些大妈们、工薪阶层的年轻人。

看看他们的生活吧，有哪些地方发生了改变？大妈们过着衣食无忧、平静的退休生活，互联网让她们加入了许多微信群，在广场舞和微信群里探听着各种理财的渠道，她们多了许多理财选择，却又常常陷入早已设计好的陷阱。购买了理财产品，她们还是那些大妈，最大的差别就是理财前的大妈和理财后的大妈。而对于工薪阶层的年轻人来说，互联网让他们有了更多的消费选择，手机让他们可以随时随地打车、吃饭、购物、娱乐、社交，这没有改变他们的身份和阶层，却让他们的碎片化时间全部被互联网公司精心设计的推荐算法占满，在博眼球的假新闻和断章取义的资讯中变得愤懑不安，在无效、空洞的社交中变得更加孤独、形单影只，丧失了改变生存状态和实现梦想的勇气。对他们来说，信息的确是过剩了。这早已不是什么新鲜事，人们似乎早就习惯了手机信息的狂轰滥炸。

互联网时代，人们将"零距离"视为企业面临的最大挑战和机遇。但实际上，人们对于"零距离"这个词的认识，却忽略了它的条件——"什么的零距离？"。现在看来，这个零距离，更多的是信息及信息交互层面的零距离，而不是更深层次的零距离。尽管 O2O 能够缩短顾客与更深层次的体验的距离，但这又确确实实不是零距离了。也就是说，人们很难通过互联网真正零距离地接触到事物的体验价值。

信息将人与人、人与商品、人与服务连接起来，但正如在互联网初期的那句话所说，你永远不知道网络的对面是一个人还是一条狗！后来人们发现，你永远不知道网络的对面是利润还是欺骗，是人还是兽，是产品还是垃圾，是真相还是谣言……

信息经济学成为经济学界的热门，传播学也比以前具有了更大的影响。然而，事实摆在面前，互联网无力解决"价值零距离"这个问题，信息再多也没有用。信息为什么失效了？对价值的描述信息竟然也无法将价值完整传递。人们通过电商网站上的评论，很多时候仍然很难有完整的价值体验；在资讯 App 的评论里，人们也很难对新闻事件有一个完整、真实的了解。因为信息太容易产生并难以辨别真伪，信息的信任机制并不完善，在这种情况下，通过信息难以对价值的感知形成接近价值体验本身的共识。卖家可以通过刷好评的方式来伪造这种共识，以获取买家的信任。

如果信息与信任不能结合起来，那互联网经济就是在隔靴搔痒。也就是说，互联网无形中被加了一个前缀——信息互联网。凯文·凯利所预言的一切也都被笼罩在这个前缀后面。当变革不触及核心，无异于蜻蜓点水。

事实上，在信息互联网时代，上一节中讲到的货币制度与生产关系都没有本质的变化，而只是旧瓶装新酒，换汤不换药。尽管支付宝、微信支付更新了支付方式，微众银行、网商银行、天弘基金等互联网金融机构刷新了人们的理财方式，但货币没有变，货币制度也没有变，个体被限制的金融能力没有变，因此所谓的企业组织变革也只是停留在信息化的变革上。观察那些在信息互联网时代做出组织变革的企业，要么只是做了信息化的变革，要么是像华为、海尔那样将金融能力赋能。但客观来讲，即便像华为这样的企业组织变革，也需要一个更大的体制变革来支撑。而当体制变革发生的时候，组织变革将变为一种普遍现象，而不是个别企业的实验性探索。

当凯文·凯利在为"实体消失了，留下的是它们的集体行为"欢欣鼓舞时，他同时也认为人机共栖使"他获得了力量，它获得了实体"，并对朋友"没有实体的状态感到很郁闷"。但他并没有纠结于实体与信息的问题，而是着重对纯粹的信息互联网进行了想象——尽管他说的是"网络化"而非"信息网络化"。[6]

现在，是时候解决这个问题了。如果你的脚感到瘙痒难耐，你不能只是隔着靴子努力抓上几下，而是必须脱下靴子好好抓一把。在互联网到来之后，很多人高兴地看到了距离的消失使交易成本趋近于零，而凯文·凯利所设想的不断扩展的公司网络即将成为现实。但实际上，由于信息与体制上不健全的信任机制，距离仍然存在，交易成本也依然存在。

正如微软企业战略负责人查理·宋赫斯特所说："1995~2010 年，互联网的问题是，它使信息得以传播和沟通，但缺乏任何在个人之间传递价值的能力。"[7]荷兰人类学家兼记者约里斯·卢因迪克在对金融行业进行分析时，整合了几百种不同的观点之后，他得出的结论是，解决这类问题的真正方法是需要一种完全不同的 DNA。[8]需要注意的是，不只是金融业，各类行业在经历了工业时代之后都遭遇了信息互联网的强制洗礼，而在任何产业都变为信息产业的基调中，信息成了痒痒挠，人们不在长了疥疮和疙瘩的地方抹药膏，却不停地挠来挠去，治标不治本。

未来对现在的压迫不是逃避和得过且过就能缓解的。当下人们对于区块链的讨论和思考正如当年通过电话线实现网络连接之后掀起来的互联网思潮。人们迫切地想要抓住曾经错过的财富浪潮，就连滴滴司机、装修工人都在讨论着"币"。但区块链带来的远远不止这些。

3. 拭目：区块链的基本与非技术指南

2009 年 1 月 3 日，中本聪在位于芬兰赫尔辛基的一个小型服务器上挖出了最早的 50 个比特币。

2010 年 5 月 21 日，佛罗里达程序员 Laszlo Hanyecz（拉斯洛·哈尼亚茨）用 1 万比特币订了价值 25 美元的两份比萨。当时 1 比特币价值为 0.003 美分，而短短 7 年，比特币的价值翻了 68 万倍。

短短几年，加密货币风起云涌，据 2017 年的一项统计，当时发布的加密货币有 705 种，每个月会有 45 种产生。即使不算上那些以传销、诈骗为目的的劣币，现在的种类也更多。在中国，这些被称为山寨币。

从中本聪在 2008 年发表的那篇《比特币：一种点对点式的电子现金系统》的论文开始，一种不需要建立在交易双方互相信任的基础上的去中心化的电子交易体系成了人们探讨的话题。

实际上，加密货币和数字支付早就有人做过尝试。唐塔普斯科特在《区块链革命》一书中介绍，早在 1981 年，一些发明家就曾经尝试用密码学去解决互联网的隐私性、安全性和包容性的问题。但由于第三方机构的存在，他们无法完全解决这些问题。天才数学家戴维·查姆在 1993 年就提出了数字化支付系统 eCash（电子货币），使在互联网上安全、匿名地进行支付成为可能。[9]

比特币的出现或许是中本聪对金融危机中政府印钱的一种反抗以及对银行系统的不信任，而它的出现也正迎合了人们心中对银行系统的反感。中心化的信任机制已经让人们的生活陷入了混乱和衰退，而信息互联网的隔靴搔痒在应对金融危机上并没有什么用，人们意识到可以用一种基于算法和共识的可靠系统来取代中心化的机构。

想要破坏现有的货币制度并没有那么简单，这基于比特币的大规模使用，并不是一蹴而就的事情。在比特币处于争议的时期，人们对于区块链这一比特币的底层技术显示出了更多的兴趣。相较于比特币本身而言,区块链的应用空间更大,而第一个应用就是发行山寨币。

区块链巨大的应用空间迅速吸引了资本与技术的青睐,风光一时无两。对互联网早期的错过使人们养成了敏感的神经,不抓住区块链,就得被区块链勒住。这极大地促进了区块链技术的发展与落地,在这期间,人们对区块链的认识也越来越深。

区块链科学研究所的创始人梅兰妮·斯万认为,区块链本质上就是交易各方信任机制建设的一个数学解决方案,而比特币只是这项技术的第一个应用。对"拜占庭将军问题"这一数学问题的求解算法让彼此不信任的多方得以不借助第三方来建立信任关系。

在《区块链:新经济蓝图及导读》这本书中,斯万将区块链的发展分为三个阶段:区块链 1.0,2.0 和 3.0。所谓区块链 1.0,就是数字货币领域的创新,如货币转移、兑付和支付系统等;区块链 2.0 更多的是做一些智能合约方面的创新,即商业合同涉及交易方面的,比如股票、证券的登记、期货、贷款、清算结算等;区块链 3.0 则更多地对应人类的组织形态的变革上,包括健康、科学、文化和司法、选举投票等。[10]

"在区块链中,没有人知道其实你是一台冰箱。"IBM 的缔造者、区块链专家理查德·根德尔·布朗说。在区块链的世界中,冰箱也可以成为一个具有金融能力的自治的经济实体,有自己的比特币账户,可以通过智能合约来销售饮料,也可以给供应商下订单。

互联网彼此陌生的双方难以建立起信任,但在区块链中,你和一台冰箱也能建立起无需第三方公证的信任。只要是值得信任的,和一台冰箱做交易与和一个人做交易有什么区别呢?区块链中的交易发生在网络之中,而不是个体之间。交易的参与者不只是双方,而是整体。每个人都可以向分类账上添加一些记录,但没有人可以从中删除东西。而加密货币与智能合约使交易变得真正没有摩擦。我们可以在一系列的区块链实际应用中感受到这一点[11]。

三星洗衣机 W9000 配备了一个新的基于区块链的 ADEPT【去中心代的 P2P(网络借款自动遥测系统)】信息架构,洗衣机可以订购清洁剂,浏览同行的网站,与合适的供应商沟通、谈判、下订单,提供送货地址并进行支付。如果发现故障,它也可以找到最好的维修工程师。为了节省能源,它可以独立建立与能源供应商或电视之间的对话。为了防止过载,它甚至可以要求电视关闭。

Airlock.me 提供了一种新的开锁方法。你不再需要物理钥匙，但门可以通过加密货币的方式解锁。例如爱彼迎的租户在账户中转出比特币，交易被区块链核实后，在授权约定期限内即可进入公寓。

技术公司 Mojix 与微软合作开发的 Project Manifest 是基于区块链的供应链应用程序。在供应链流程中，如果货物进入了错误的通道，Project Manifest 将通知供应链中的每个相关环节。

沃尔玛宣布与 IBM 和清华大学合作，使用区块链来改善跟踪、运输食物的方式以及将食物售卖给中国消费者的方式。英国 Provenance 公司开发了基于区块链的可追溯工具，以跟踪供应链中的产品。该公司使用这种技术来追踪东南亚海域的金枪鱼以及超市货架上的罐头产品，主要目标是监督供应链的完整性，因为供应链受过度捕捞和奴役劳工等侵犯人权行为的困扰。

Everledger 公司利用区块链创建了一个钻石欺诈检测系统。在这个系统中，"钻石证书被输出到公共区块链，并且经过独立验证"。Chronicled 是位于硅谷的一家初创企业，专注于利用智能标签和加密芯片将具有身份标志的高端运动鞋产品放到区块链中，以此来进行打假。管理咨询公司埃森哲使用区块链的永久数据记录来跟踪药品，并打击假药和篡改行为。

区块链 3.0 的尝试也在进行，澳大利亚尝试使用区块链来构建未来的政党。发起人梅·凯称之为中立投票党。在他看来，这是一个"政治应用程序"，在此，选民从数字排名和文件中学习如何投票。选举中不再有隐藏的议程，所有的政治决策都是公开透明的。他希望以此来达到所谓的"真正的民主"。爱沙尼亚政府也投资区块链，推出电子公民权。从 2014 年底，外国人就可以申请电子公民权，使他们有权使用爱沙尼亚的所有"数字服务"。[12]

对区块链的认可和思考与币圈里的热闹和质疑形成了鲜明对比。很庆幸的是，企业家纷纷选择远离币圈，拒绝投资 ICO（指区块链项目首次发行代币）项目，却对区块链的应用做出了冷静的布局。

马化腾直指盲目发币的核心问题："消耗大量能源计算力，有等价物背书吗？"[13]

马云也说，"比特币或许是泡沫，而区块链作为一种技术手段则是打开金融科技金矿的有效工具"，并将区块链技术视为未来 10~20 年内的三大技术革新。[14]

刘强东积极在供应链溯源方面应用区块链，认为"有了区块链技术，我们不仅能知道供应商是谁，还能知道鸡蛋来自哪个农场，甚至知道是哪只鸡下的蛋"。[15]
王健林将区块链设为自己的小目标，与多家海外区块链公司建立了合作。张瑞敏在 2016 年年会致辞中肯定了区块链的作用，并将其作为一个挑战："互联网不能传递价值，只能够传递信息。什么可以传递价值？信任可以传递价值！怎么变成信任？区块链！它是创造信任的机器。但没有假账不等于满足了用户需求，我们的人单合一应该更进一步，我们的信任是完全站在用户角度的，怎么样实现他们的所有需求？让他们成为不断体验、不断迭代的终身用户？这是我们下一步最大的挑战。"[16]

梅兰妮·斯万将区块链的概念视为一种新的组织范式。在这种新的组织范式下，组织秩序的基础建立在已被证实的数学算法上，而不是基于政治或命令的力量。随着信任桥梁的架通，物理空间不再是横亘在人们与价值之间的阻隔，零距离真正得以实现。原本以降低交易成本为目的的内部行政命令变得成本高昂，因为无摩擦的交易显然成本更低，也更具有生产力。当行政命令失效，传统的组织结构也就行将解体，生产者之间将真正基于合作关系而不是雇佣关系进行协作。

曾经，人们以为互联网带来的巨量连接足以颠覆这个世界，商人和学者鼓吹着范式革命，但事实上，在一个没有互信的信息网络中，颠覆也只是说说而已。《伊索寓言》中"狼来了"的故事，是人们耳熟能详的，现实中却又总是一次次地大喊"狼来了"。在深夜无眠的币圈看一眼，"狼"真的来了吗？

4. 落地：Token 经济的逻辑与机制设计

日本爱知县的一家养老中心被盛赞为"老人迪士尼"。这家养老院是全日本规模最大的一家，有 250 位老人，由 90 名员工提供服务，这远远超出了平均每家养老院 30 名老人的规格。与其他养老院不同，这里的老人并不是懒洋洋地泡着茶、晒着太阳度日。

巨大的养老院简直像个游乐园，除了常见的餐饮、康复设施，还有天然温泉、卡拉 OK、兴趣教室等，总共有 250 种娱乐活动，每人日平均费用仅为 743 円。当然，这并没有什么稀奇的，最神奇的地方是驱动这些活动的东西—— SEED 币。这是养老院的内部货币，SEED 币的出现燃起了老人们的生活热情，散步 100 米就能获得 100 SEED，自己洗脸、刮胡子也能增加收入。年轻时那种赚钱—存钱—花钱的日子好像又回来了。[17]

精神医学领域也有类似的行为疗法，称为代币制疗法。通过某种奖励系统，在病人做出预期的良好行为表现时，马上就能获得奖励，从而使患者所表现的良好行为得以形成和巩固，同时使其不良行为得以消退。代币具有现实生活中货币的功能，可以换取多种多样的奖励物品或患者感兴趣的活动，从而获得价值。这种疗法不仅用于个体，也可以在学校、管教所、监狱中使用。临床实践表明，代币制疗法在多动症儿童、药瘾者和酒癖者等的矫治以及在衰退的精神病人的康复中都有良好的效果。

与养老院里的老人和有精神性问题的人不同，人们不能那么容易地获得收入和奖励。年轻人需要通过辛苦的劳动来获得剩余价值的分配和激励，而进行分配和激励的组织则往往是这样的：

以追求利润最大化为经营目标，经常会以牺牲合作伙伴的利益或者环境为代价。

资本是最大的生产力因素，基于资本投入进行剩余价值的分配。少数人分走了大部分，剩下的大多数人争夺剩下的一小部分。

在雇佣关系的束缚下，人的自由被约束，每个人的生产力和创造力不能充分释放……

这种僵化的组织形式从生产资料稀缺的时代发展而来，暴力成为组织结构依据的共识。哪个组织拥有最强的暴力，就站在了组织的顶端。但在长期和平而又物质富足的时代里，这种结构似乎成为阻碍世界合理运转的根本原因，而组织结构所依据的共识应该发生根本性转变，世界应该朝着最富有生产力和创造力的方向发展。

区块链在新组织范式的转变中被寄予厚望。实际上，互联网虽然是隔靴搔痒，但仍然功不可没。互联网将一切产业都转换为信息产业，使人类社会从工业经济时代彻底进化到知识经济时代。而这代表着人类社会对生产资料的定义发生了改变，知识成为源源不断的生产资料。在区块链中，核心的生产资料变成了"算力"，而不是土地、矿产和能源。"算力"是天然的去中心化的生产资料，任何拥有知识的人都拥有算力。因此，区块链在生产资料的投入上使生产者的身份发生了变化，以往的生产者只是作为流水线或工作岗位上的劳动者，而不参与生产资料的投入，因为资源化的生产资料被权力和资本垄断，剩余价值只能通过货币被剥削，而不能公平地分配。

以知识为基础的算力如何进行核算？这个问题在互联网时代悬而未决。因而大多数知识工作者遭受了不公平的待遇，他们在算力生产资料上投入很多，却只被当作流水线上机械的零部件。经营者对这些问题心照不宣，对员工的智力贡献有明确的感知，但除了研发等部门之外，没有明确的标准来逐个衡量，顶多是对建言献策的个别员工进行榜样式奖励。举例来说，家电工厂里的员工可能会因为一个小的发明创新而受到嘉奖和升职，但这只是少数。这些创新依赖于员工个体的上进心和技术能力，但其他的大多数员工就没有创新能力吗？要知道，家电厂商每年从大学里聘用大批专业人才到工厂实习。或许，他们只是无法克服自己的惰性罢了。

如果没有什么东西激励着养老院里的老人，他们的晚年生活或许就失去了意义。如果没有合理的行为引导，有精神性问题的人就不可能回归正常。如果没有比特币的奖励，矿工们也就不会积极、投入地挖矿。同样，处在惰性中不开窍的员工也需要代币制疗法。

对比特币和区块链的不同态度使比特币世界分化成了链圈和币圈两派。链圈崇尚唯技术论，鄙视币圈的炒作和唯利益论；而币圈的人则鄙视链圈的穷困和学究气。如果跳出比特币的纷扰，将注意力集中在代币制疗上，区块链技术或许更有意义。它与法币一样，只有使用价值，而没有自身价值，但它的使用价值却没有像法币那样与信用体系挂钩。

横亘在比特币与信用体系之间的鸿沟就是物理世界权益证明的数字化。没有数字化的东西就无法在区块中进行记录，如果不对权益证明进行记录，那么比特币就无法作为信用的媒介。因此，人们需要先把目光聚焦在作为"代币"或者确切地说是"通证"的 Token 上。

不以颠覆货币为目的，而是真正地与价值和权益证明紧紧结合在一起，成为价值互联网中的价值媒介，这是 Token 当下的意义所在。在进入以数字加密法币为信用媒介的自由经济之前，人们首先将跨入 Token 经济。

Token，本义是令牌，起初被翻译为"代币"，而现在的主流意见倾向于翻译为"通证"。价值媒介是 Token 的基本属性，当物理世界中的资产、使用权、债权、股权、票据都映射成对应的 Token，包括算力、剩余价值在内的价值都得以在区块链的总账本中被记录。当然，这只是 Token 的基本属性，而当这一属性实现之后，另一属性就得以激发出来。

在所有价值都得以记录在区块链时，价值就具有了强大的流动能力和穿透能力。在共识和信任的基础上，各种不同的 Token 可以通过价值定价来自动转换，这样一来，价值可以被自由交换，快速地流动，并在流动中由于边际效益递增而不断增值。

正如前面所讲的，流动性颠覆了货币制度和生产关系。快速流动的货币化生产资料使人们彼此之间快速建立起合作关系，大规模群体协作形成，而 Token 在这个过程中扮演着举足轻重的激励媒介的作用。流动性早已冲毁了组织的边界，不论你是否在这个组织内部，只要你为组织做出贡献，就可以得到 Token 激励，而且每个人手中的 Token 会随着这个组织的成长而得到增值。

基于 Token 的价值媒介和激励媒介属性的 Token 经济的核心运行逻辑已经很清晰了——自金融＋自组织。[18]

自金融，每个经济单位都可以基于自己的生产力和信用发行 Token，通过创新性的价值创造能力来吸引资源支持自身发展。

自组织，让每个价值创造的参与者都可以公平地分享价值投入的增值，通过智能化的契约体系快速组织，让每个个体可以更自由地进行价值创造活动。互联网时代早已提倡的自组织形态将真正得以落地，使得人类价值创造的广度、深度、密度都进一步得到拓展。

公司的本质在 Token 经济逻辑下发生了深刻的改变。公司获得资金和管理的方式、创造价值的方法、开展营销和会计核算等基本职能，包括政府的监管与服务都将发生系统性变化。抑或，管理将完全为软件所取代。

Token 经济生态的落地不会是自然形成的，这需要无数企业参与这场大型的金融与组织变革实验。事实上，不论是合伙人制、虚拟股权还是员工所有制，人们已经在自组织层面做了许多探索，但目前来看，这些仍然很难说是最有效的组织形式。观察组织的演变历史，现有的组织形式都是个别组织形式的复制与改良，而没有像科学一样从一次次试验中得到真正有效的结论。基于多样本的组织实验比某个企业家自己在内部的实验更有意义。

基于 Token 经济的核心逻辑，打造 Token 经济系统，起码要有一个实验假设——基于 Token 的自金融体系＋基于 Token 的分布式自组织模式能够实现生产关系的重构，实现自由的价值创造与公平的价值分配。

科学实验方案往往包含假设、常量、变量、对照、试验步骤、结论等内容，当下的经营状况就是对照。Token 的设置、生产资料、生产者、组织结构等都是组织实验需要考虑的因素。企业的经营不应该成为实验的牺牲品，而应该成为参考样本。随着实验样本的增多，每个组织的实践总有不一样的地方。每个组织都应该参与进来，设计符合自身特点的实验方案。

对于 Token 如何在组织当中利用以及如何设计组织实验，需要企业、员工、研究机构、商学院等许多机构和智慧的参与。中本聪对比特币算法的设计一直是个谜，谁也不知道他是一个人还是某个神秘的团队设计了如此精致的算法和程序。

改造：从股份公司到Token化组织

案例

10 月份正是内蒙古秋收的时节，虽说仍是秋季，但位于内蒙古草原东部的赤峰市，夜间的最低温度已经接近冰点。西北风渐起，四野空旷的田地尤为寒冷。

海达电器董事长魏景兴来到一片农田来视察。自从将这片 60 亩（4 万平方米）土地的经营任务安排给员工以后，他一年都没来看过。视察途中，农田里一个拖拉机的车斗引起了他的注意，魏景兴好奇地询问这个车斗的用途，员工的回答让他非常惊讶："这个拖拉机斗子上有个帐篷，我晚上就在那里住。"

在内蒙古寒意渐浓的深秋，甘愿天天睡在田地的帐篷里，每日起早贪黑地忙碌，海达的员工为什么敢这么玩命？这得从一年以前说起。

那时，魏景兴一次性租下了 300 亩（20 万平方米）地，准备试验种植药材，但一直没有物色到专业、靠谱的负责人。他正和公司的一名高管商量，准备把这个项目交给公司内部的人来做。这时，这位高管的司机突然开了口："魏总，我想干。"

魏景兴没有迟疑，因为内部合伙的模式早已是公司的惯例。魏景兴给他指派了 60 亩地，这名员工经过一番计算说这片田地一年能盈利 12 万元。魏景兴当时拍板，一年以后，这片地的利润在 15 万元以下都归这名员工所有，超过 15 万元的部分，公司拿 80%，员工分得 20%。

就这样，这名员工在这 60 亩地上昼夜不分地干了一年，有一次深夜还把修水利管道的照片用微信发给魏景兴看。

关于这种大刀切蛋糕分给员工的举措，魏景兴解释说："这就是合伙人机制的魅力，它的核心思想是能调动员工的积极性，他算账，一年一共挣 12 万元，挣一万元你给他 10%，那他能有积极性吗？"

全员合伙人制：企业蛋糕越分越大

在魏景兴的管理哲学里有这么一种认知：企业面临的所有管理问题，其实比较难的是管人的问题，管人里比较难的是管人心的问题，管人心里比较难落地的是将企业利益和员工利益紧紧捆绑在一起的问题，而合伙人制就是解决这一难题的灵丹妙药。

合伙人机制不在于人多人少，它的核心作用是把企业利益和员工利益真正钉在一起，让企业和个人成为一个坚固的利益共同体。

海达电器实行合伙人制已经 17 年了，在魏景兴的推动下，这个机制已经迭代到了 3.0 版本，从最初单一的面向高管团队分享利润，到现在已经成为一项惠及更多员工、内涵更丰富的合伙人制度体系。

魏景兴用五句话总结海达的全员合伙人机制：

- 用虚拟股份制的方式还给员工分享财务成果的权利。
- 用预算的方式还给员工花钱的权利。
- 用编制管理还给员工用人的权利。
- 用预算管理分给员工做事试错的权利。
- 用小集团的作业方式还给从基层到高层所有员工成长的权利。

海达的虚拟股份制主要面向三类员工：第一类是中层以上的管理人员，第二类是综合性的技术人才，第三类是内训师。他们都是海达离不开的人。选择这些员工也是有标准支撑的，分别是岗位重要、绩效达标、经验丰富和能力胜任的员工。

在共享利润的划分上，海达一直坚持每年分享 30% 的利润给这三类员工。关于 30% 的由来，魏景兴笑着解释："第一是我按照这个比例分完后会不会心疼，第二是以能调动员工最高积极性为最高原则。"

2000 年，魏景兴给海达电器定了 1 亿元销售额和 50 万元利润的目标。当时魏景兴和管理团队的 7 个人讲，每人每月定一次绩效，年底目标实现后海达拿出 30% 的利润分给大家。

第一年的结果出乎魏景兴的意料，海达的利润达到了 79 万元。丰厚的利润激励掀起了公司的一场风暴，这种激励每年都雷打不动地继续下去。第二年，80 万元利润的目标最后实现了 150 万元。第三年，150 万元的目标实现了 350 万元……

到 2016 年，海达的销售额增长了 13 倍，参与分配的人数也由 7 个人增长到了 60 多人。过去一个高管可能分到几万元，现在每个人一年的分红都有 100 多万元。

"分你蛋糕的人越来越多，你的力量会越来越强，一定是这样一个规律。"魏景兴总结道。

以激励撬动实现用户价值的杠杆

激发全员活力，海达把员工的热情和努力指向了用户价值的提升。

在最终分红的名单里，海达的内训师占了不少的份额。内训师由海达内部选拔的优秀人才构成，他们业务经验丰富，对海达的理念有很深刻的认知和强烈的认同。这些内训师的主要职责就是培训一线的营业员。

之所以重视营业员的培养，不仅是因为海达电器经销商的性质，其中更有一套传递产品价值的逻辑。

一流的营业员凭借强大的业务能力发现产品的独特价值，在顾客来海达实体店购物的时候，为顾客阐明产品能带来何种实实在在的好处，这个讲解的过程就将产品价值切实传递给顾客，最终通过交易和一系列的售后服务为顾客实现了产品价值。

这一切看似寻常，却离不开营业员出色的专业能力的支撑。"在一个产品从商店到顾客家里的过程中，我们是有发言权的，我们靠专业能力发现、传递、实现了这个产品的价值。"魏景兴说。

在赤峰市，海达电器的市场占有率已经达到百分之六七十，这在全国的家电市场都非常罕见。全员的合伙人机制让海达电器上下紧紧拧成一股绳。绳子的另一端，不仅是企业要攻克的一个个业绩目标，也是用户价值的更好达成。

尤瓦尔·赫拉利在《人类简史》中写道："人类之所以能够统治世界，原因在于我们是唯一能够以集体形式、灵活进行协作的动物。"

陈春花老师在演讲中指出："长期以来，管理强调的是'分工、分权、分利'，但在互联时代，管理需要的是'整体论'。"

股份公司在分工和协作中诞生，成为迄今为止最为有效的经济组织形式。15~16 世纪初的地理大发现和新航路的开辟使世界贸易大为改观，远航贸易需要的巨额资本让单个资本家无力承担，合股经营的经济组织的产生成为股份公司的原型。

知识经济时代，人类社会的基本经济单位还是公司吗？有人说，公司会消亡，而组织永存。更有人说，组织会消失，而个体在崛起。周其仁说，现在创新的最优单位是"群"。尽管对未来的设想很美好，但就目前而言，公司仍然是基本的经济单位。因此，对公司"操作系统"的升级成为知识经济时代基本经济单位转换的路径之一。这种尝试在互联网到来之后一直都在进行。

合伙人制是一种较为普遍的尝试。从海达电器的合伙人制实践中，我们不难发现合伙人制在激发员工积极性、提升企业内驱动方面的作用。应该说，魏景兴对合伙人制的设计已经有了一定的自金融和自组织的迹象，虚拟股份制使员工在一定程度上掌握了公司的所有权，风险项目预算和编制管理使员工有了生产资料的使用权和经营权。但如果对比一下前面讲到的组织实验假设，那么很明显合伙人制还没有真正地实现"操作系统"升级这个目标。合伙人制的本质是"分"，而不是"合"，但这与传统的"分"相比还是有了很大的进步。

虽然合伙人制不具备彻底性，但它可以给"操作系统"升级提供一个思路。因为股份在 Token 的设计中可以扮演一个重要角色。当然，除了股份之外，公司需要改造的地方还有很多，但对 Token 的设计是公司改造的首要任务。

马克·安德森说："软件正在吞噬世界。"如他所言，软件也正在吞噬公司，公司正在成为一种高度自治的软件。企业需要基于股份通过以太坊这样的平台推出自己的 Token，将股权、生产资料、设备、技术、知识产权、创意等全都 Token 化，并设置合理的智能合约来实现 Token 的内部交易机制。

Token 替代股权的激励媒介，股权往往是一种静态的激励措施，而不是流动的货币化资本。股权被分配给员工与员工自己赚取 Token 是不一样的概念，当员工能够利用通过自身的创造性活动赚取的 Token 进行资本的合作和共同经营时，他们就具备了自金融和自组织的自由。

Token 化的改造使组织动力随之发生变化。由原来的"追求利润最大化"升级为追求持有 Token 的增值。Token 成为共赢的黏结剂，使每个 Token 持有者分享生态成长的红利。

结语
在变化中创造变化

本书在写作的过程中，陈南（三全食品股份有限公司董事长）积极参与了进来，当我们将还未完成的部分书稿发给他之后，第二天就收到了他的回复。因为时间的关系，在美国进行考察的他特地百忙之中抽出时间，将他的感悟以录音的形式发了过来。这让我们感动万分，陈南的精神也感染着我们整个团队，使我们对于本书的写作不敢有一丝懈怠，对于每一个数据、每一句话、每一个论述都认真品味、反复考证。陈南对智库的工作也给予了大力支持，元宵佳节特地敦促门店经理为小伙伴们准备了汤圆礼盒，着实让我们每个人感动又惊喜。

对陈南的关怀、激励，我们深怀敬畏，并夜以继日地工作，希望将这本书尽快完成，以不辜负陈南的厚望。

当前，发达国家和一些准发达国家的人口结构正在经历巨大的变化，其中非常明显的趋势就是人口老龄化。作为最发达的经济体，美国的出生率在发达国家中虽然看起来并不低，但仔细分析它的人口结构，这一较高水平的出生率主要是靠后来移民的拉丁裔等少数族裔贡献的，作为最早构成美国主流人群的白人，他们的出生率并不乐观。由此看来，发达经济体低人口出生率的问题仍普遍存在。

究其背后的原因，我认为是在社会生产力提高以后，在人们对生存这一基本诉求更容易被满足的同时，工作的时间缩短了，人们自由支配的时间增加了，对个人自由生活的需求也提升了。生育、照顾、教育子女的活动作为非工作时间外的一大时间支出，成为人们追求个人空间上的最大矛盾，这种情形导致人们生育意念减弱，造成出生率下降。这一客观规律作用于发达的经济体，使得人口老龄化成为普遍的现象。从这个角度来讲，随着生产力的提高，人口老龄化已成为不可逆的趋势。

低出生率带给全社会广泛、深入的冲击，需要我们找到积极的应对之策。站在生产结构和消费结构的层面，我们可以从两方面来着手。

第一，产业的转移和人口的流动。从现在来看，产业转移可能是最简单、最靠谱的方法。从全球视角来看，劳动密集型产业首先从高收入国家向低收入国家流动，随着中国劳动生产力的提高，它们又向东南亚、南亚等一些国家转移。下一步，目的地可能就是非洲了。这个转移的路线非常清晰。在人口流动上，有些国家正在开放人口，引进护士来为老年人服务。其实，中国逐渐开放一些外来劳动力的引入，有些城市也在呼吁引进外佣来解决老龄化问题。

第二，产业的调整和商业模式的变化。各个国家在应对老龄化的过程中都有了一些产业和商业模式的变化，并有许多案例可以借鉴。在中国，我们现在可能在某些领域发展很快，但是在未来，产业可能就是针对整个社会人口结构来进行变化。

事实上，中国目前也在经受着老龄化带来的痛感，这一不可逆的趋势需要破题良策。从国家和政府的角度来看，一方面，中国人口出生率在下降，劳动力增量也在下降；另一方面，各个城市纷纷出台政策，争夺年轻的人力资源。有些先知先觉的城市已经意识到这个问题，通过修订友好的入户政策、给予毕业大学生房屋补贴和就业补助等政策，希望在劳动力没有增量的情况下争取更多存量资源。

站在企业这个层面，产业要适应人口结构的变化。以三全食品为例，三全食品是做快销品的，主要是解决消费者吃的问题。家庭结构的变化其实直接影响着一些消费场景的变化，从而推动企业的不断转型。

在过去的大家庭时代，家庭内部存在明显的分工协作，比如父母在家里带孩子、做饭，年轻人出去工作，带来经济收入。所以当时面粉厂和肉联厂是食品行业的主角，人们买一袋面、一斤肉回去包饺子。

当农业社会向工业社会转变时，家庭小型化趋势凸显，这个变化在某种程度上刺激了快销品行业的出现。由家长、儿童组成的3人、4人小家庭中，年轻的父母需要负担更多职责，自己和面包饺子成为过去，半成品的食品成为更多人的选择。买一些速冻饺子放在冰箱里，需要时用水煮熟即可，这种人口的变化带来速冻食品行业的发展。

现在社会的发展又到了新的节点。生产效率提升带来收入的提高，人们追求自由时间的愿望更加强烈了，年轻人并不愿意在家做饭，即使是买半成品的动力也在衰退，更多的人选择到外面的餐饮店解决吃饭问题。家庭厨房的利用率正在衰减，老一代人一年365天都在家生火做饭，而现在在厨房里动火的时间就少了很多。

这个改变的意义是我们研究的目标人群也发生了变化，最初是家庭人群，现在是餐饮业人群，从个体消费变成集体消费。在新的习惯下，我们过去研究在家里怎么煮一袋饺子更方便，现在就要考虑如何给餐饮业提供这种服务；我们过去提供的是直达消费者的终端产品，现在提供的是中间产品。所以三全的内部也针对餐饮业开发成立了一个新的业务事业部，从过去纯粹家庭的供应转型成对餐饮业的支持。

这个不断转变的过程中蕴含了一个逻辑，企业要根据环境的变化不断调整企业未来的走向，这也是我们应对人口老龄化应该有的基本思维。

陈南对《老龄化：生产与消费结构的冲击力量》这一节的解读既高屋建瓴，又切中肯綮。从家庭结构的变化到消费场景的变化，三全也根据人们消费场景的变化从 2C 业务转向 2B 业务，从研究在家庭里怎么煮一袋饺子更方便转而考虑如何给餐饮业提供这种服务。

在充满巨大不确定性的时代，唯一不变的是变化本身。如何应对变化？要像陈南总那样，在变化中创造变化！这也正是"创变"写作的本意，不只是要给读者朋友们解读变化，更重要的是启发朋友们一起创造变化！

如果您在读完本书后，有任何感悟和指导建议，请与我们联系，让智慧在共创和分享中流动，流进每个企业，让更多的人"春江水暖鸭先知"，让更多的人来创造一个个创变！

参 考 文 献

第1章

[1] 龙多·卡梅2伦，拉里·尼尔.世界经济简史 [M].潘宁，译.上海：上海译文出版社，2009.

[2] 彼得·德鲁克.创新与企业家精神 [M].蔡文燕,译.北京：机械工业出版社，2007.

[3] Richard Dobbs, James Manyika, Jonathan Woetzel. *No Ordinary Disruption : The Four Global Forces Breaking All the Trends* [M]. *PublicAffairs*, *2015.*

[4] [5] [6] Frits van Paasschen. *The Disruptors' Feast : How to Avoid Being Devoured in Today's Rapidly Changing Global Economy*[M]. *The Disruptors' Feast*, *2017.*

[7] Mayday 23 : World Population Becomes More Urban Than Rural，Science Daily，2007-05-25，https : //www.sciencedaily.com/releases/2007/05/070525000642.htm

[8] Cpi Outlook to 2025，Scribd，https : //www.scribd.com/document/328572907/Cpi-Outlook-to-2025

[9] 公安部：预计到 2020 年 1 亿左右农业转移人口落户城镇.唐华，新华网，2014-07-30，http : //politics.people.com.cn/n/2014/0730/c70731-25370778.html

[10] 联合国报告预测：2050 年世界城市人口将再增 25 亿.吴云、李秉新，人民 网，2014-07-11，http : //world.people.com.cn/n/2014/0711/c1002-25267293.html

[11][12] 斯蒂芬·赫克，马特·罗杰斯，保罗·卡罗尔.资源革命：如何抓住一百年来最大的商机 [M].粟志敏，译.杭州：浙江人民出版社，2015.

[13] 太阳能的商业化，上海恩艾仪器有限公司官网，2013-06-05，https：//www.ni.com/newsletter/51760/zhs/

[14] 调查称美国 2025 年锂离子电池组每千瓦时 160 美元，王惜梦，网易汽车，2012-08-20，http：//auto.163.com/12/0820/10/89BJA8TF00084UA1.html

[15] 公平 vs 效率优步欧洲碰壁，颜颖颢，新京报，2015-10-18，http：//epaper.bjnews.com.cn/html/2015-10/18/content_603291.htm?div=-1

[16] [17] Maurie J.Cohen，Halina Szejnwald Brown，Philip J.Vergragt. *Social Change and the Coming of Postconsumer Society*：*Theoretical Advances and Policy Implications*[M]. Routledge，2017.

[18] The Inflection Is Near? The New York Times，Friedman，2009-03-08，https：//www.nytimes.com/2009/03/08/opinion/08friedman.html

[19] 野中郁次郎，胜见明 . 用好员工的智慧 [M]. 罗安，译 . 北京：北京联合出版公司，2017.

[20] A R.Thurik，*The "managed" and the "entrepreneurial" economy*. World Entrepreneur Forum，2008.

[21] 托马斯·弗里德曼 . 世界是平的：21 世纪简史 [M]. 何帆，肖莹莹，郝正非，译 . 长沙：湖南科学技术出版社，2006.

第2章

[1] World-Migration-in-Figures.[R].OECD-UNDESA，2013-10，http：//www.oecd.org/els/mig/World-Migration-in-Figures.pdf

[2] 野中郁次郎，徐方啓，金顯哲 . アジア最強の経営を考える——世界を席巻する日中韓企業の戦い方 [M]. ダイヤモンド社，2013.

[3] Losing the World's Best and Brightest: America's New Immigrant Entrepreneurs, Part V [R]. Ewing Marion Kauffman Foundation. 2009-03-15. https://www.kauffman.org/what-we-do/research/immigration-and-the-american-economy/losing-the-worlds-best-and-brightest-americas-new-immigrant-entrepreneurs-part-v

[4] Pakistan：Average age of the population from 1950 to 2050（median age in years）. Statista，2015，https：//www.statista.com/statistics/383227/average-age-of-the-population-in-pakistan/

[5] [6] [7] Tom Koulopoulos，Dan Keldsen.*The Gen Z Effect：The Six Forces Shaping the Future of Business*[M]. Routledge，2016.

[8] Work/Life Balance for the Generations. Cathy Leibow，Forbes，2014-10-16，https：//www.huffingtonpost.com/cathy-leibow/worklife-balance-for-the-_1_b_5992766.html

[9] [10] [11] [17] [19]Gerry McGovern .*Transform：A Rebel's Guide for Digital Transformation*[M]. Silver Beach，2016.

[12] Kathryn Dill .7 Things Employers Should Know About The Gen Z Workforce. 2015-11-06，https：//www.forbes.com/sites/kathryndill/2015/11/06/7-things-employers-should-know-about-the-gen-z-workforce/#31a29608fad7

[13] 专家：中国 90 后数量断崖式减少，人口红利结束后该怎么办？李跃群，中国青年报，2016-03-26，https：//www.thepaper.cn/newsDetail_forward_1448733

[14] 穆迪预测 6 年内全球将出现 13 个超高龄社会.环球网，2014-08-08，http：//finance.sina.com.cn/world/20140808/142519955529.shtml

[15] 全球劳动力人口将在 2050 年停止增长.吴晓喻，华尔街见闻，2015-06-27，https：//wallstreetcn.com/articles/219889

[16] 人社部：2030 年后劳动年龄人口每年将减少 760 万.杨泽宇，网易新闻，2016-07-22，http：//money.163.com/16/0722/12/BSJ0N6EN00252G50.html

[18] 丰田将为退休返聘人员打造生产线.王欢，环球网，2012-09-26，http：//auto.huanqiu.com/globalnews/2012-09/3150234.html

[20] Consumer expenditures vary by age. Ann C. Foster，Bureau of Labor Statistics，2015-12，https：//www.bls.gov/opub/btn/volume-4/consumer-expenditures-vary-by-age.htm

[21] 网易数读：预计 2050 年中国将有一半人口在 50 岁以上.199IT，2015-09-10，http：//www.199it.com/archives/382615.html

[22] [23] [24] [25] Richard Dobbs，James Manyika，Jonathan Woetzel.*No Ordinary Disruption：The Four Global Forces Breaking All the Trends* [M]. *PublicAffairs*，2015.

[26] 2.41 亿！超越美国，印度成 Facebook 用户数最多的国家.宗迪，36Kr，2017-07-17，http：//36kr.com/p/5083812.html

[27] 天猫双 11 历年销售数据：从 5000 万到 571 亿.中商情报网，2015-11-

10，http：//www.askci.com/news/chanye/2015/11/10/183616a43q.shtml

第3章

[1] 卡尔·夏皮罗，哈尔·瓦里安.信息规则：网络经济的策略指导 [M].张帆，译.北京：中国人民大学出版社，2000.

[2] William Gibson，维基百科

[3] [4] Brigitte Preissl，Laura Solimene. *The Dynamics of Clusters and Innovation Beyond Systems and Networks*[M]. Physica，2003.

[5] 彼得·德鲁克.个人的管理 [M].沈国华，译.上海：上海财经大学出版社，2003.

[6] Richard Dobbs，James Manyika，Jonathan Woetzel. *No Ordinary Disruption：The Four Global Forces Breaking All the Trends* [M]. *PublicAffairs*，*2015.*

[7] [8] 杰里米·里夫金.零边际成本社会：一个物联网、合作共赢的新经济时代 [M].赛迪研究院专家组，译.北京：中信出版社，2014.

[9] 为创建互联网企业而求索 张瑞敏阐释六大要素.张瑞敏.青岛日报，2016-01-25，http：//www.qdxin.cn/Fortune/2016/61824.html

[10] [11] Eamonn Kelly. *Introduction：Business ecosystems come of age*[R]. Deloitte University Press，2015.

[12] 詹姆斯·弗·穆尔.竞争的衰亡：商业生态系统时代的领导与战略 [M].梁骏，译.北京：北京出版社，1999.

[13] William Gibson，维基百科

[14] 人工智能智能领域的价值分析，雪球网，2016-03-23，https：//xueqiu.com/4612581311/66402341

第4章

[1] 12 年前，张瑞敏拒绝了马化腾；今天海尔还是海尔，腾讯已不仅是QQ.钛媒体，2016-08-31，http：//www.tmtpost.com/2452186.html

[2]【访谈美国】访超文本之父泰德·纳尔逊.方东兴，博客中国，2017-07-29，http：//fxd.blogchina.com/742544949.html

[3] 章鱼 – 百度百科，https：//baike.baidu.com/item/ 章鱼 /77798?fr=aladdin

[4] 切叶蚁 – 百度百科，https：//baike.baidu.com/item/ 切叶蚁 /2584467?fr=aladdin

[5] [9] Michael Q. Pink，Zig Ziglar.*Rainforest Strategy*：*The Planet's Most Successful Business Model*[M]. Excel Books，2008.

[6] 维克多·黄，格雷格·霍洛维茨.硅谷生态圈：创新的雨林法则 [M].诸葛越，许斌，林翔，志鹏，王霞，译.北京：机械工业出版社，2015.

[7] Henry Mintzberg.Rebuilding Companies as Communities[J].Harvard Business Review，2009.9.

[8] 太牛了！深圳南山区 GDP 超 4500 亿元，人均超 5 万美元！网易新闻，2018–01–24，http：//dy.163.com/v2/article/detail/D8U18JQA0515B2OA.html

[10] [11] Kathy Sierra，Mack Collier .*Think Like a Rock Star*：*How to Create Social Media and Marketing Strategies that Turn Customers into Fans* [M]. McGraw–Hill Education，2013.

[12] 企鹅 – 百度百科，https：//baike.baidu.com/item/ 企鹅 /66071?fr=aladdin

[13] 罗纳德·科斯.企业的性质 [D].1937.

[14] 都是老牌互联网公司，为何雅虎和谷歌走向了不同命运.李玮，腾讯网，2016–07–26，http：//tech.qq.com/a/20160726/028028.htm

[15] T 恤之王：美国在线 T 恤公司 Threadless 的创立.360 个人图书馆，2013–12–03，http：//www.360doc.com/content/13/1203/11/8102575_334090317.shtml

[16] 海豚 – 百度百科，https：//baike.baidu.com/item/ 海豚 /280?fr=aladdin

第5章

[1] 比特币挖矿耗电量巨大，会致人类三年后无电可用？吴娅坤，观察者网，2018–05–20，http：//www.sohu.com/a/232241335_115479

[2] 区块链大会大妈云集，邓紫棋差点唱《泡沫》，谁还记得那只是一项技术？金融投资报，2018–04–25，http：//finance.ifeng.com/a/20180425/16203705_0.shtml

[3] 直击丹东楼市：炒房客买房就像买白菜，抢房热潮已过.新华网，2018–05–25，http：//www.xinhuanet.com/2018–05/25/c_1122884362.htm

[4] David Conger.*The Prosperity of Revolution*：*The Non-Technical Guide to the Blockchain*[M]. Cognisaya，2016.

[5][6] 凯文·凯利.失控：全人类的最终命运和结局 [M].东西文库，译.北京：

新星出版社，2010.

[7] Alec Ross. 未来产业 [M]. 齐若兰，译. 台湾：天下文化，2016.

[8] How Bankers Live With Themselves. GILLIAN B. WHITE，The Atlantic，2016-09-27，https：//www.theatlantic.com/business/archive/2016/09/among-the-bankers/501458/

[9] 唐·塔普斯科特，亚力克斯·塔普斯科特. 区块链革命：比特币底层技术如何改变货币、商业和世界 [M]. 凯尔，孙铭，周沁园，译. 北京：中信出版社，2016.

[10] 梅兰妮·斯万. 区块链：新经济蓝图及导读 [M]. 龚鸣，初夏虎，陶荣祺等，译. 北京：新星出版社，2016.

[11] [12] Sander Duivestein.*Design to Disrupt：Blockchain—— Cryptoplatform for a Frictionless Economy*[M]. Sogeti Lab，2015.

[13] 马化腾谈区块链：消耗大量能源计算力，有等价物背书吗？新浪网，2018-01-22，http：//tech.sina.com.cn/i/2018-01-22/doc-ifyquptv8696846.shtml

[14] 马云：比特币或是泡沫，区块链则是打开金矿的工具. 搜狐网，2018-05-29，https：//www.sohu.com/a/233316441_785858

[15] 京东刘强东：区块链技术让你知道鸡蛋来自哪个农场. 搜狐网，2018-01-22，http：//www.sohu.com/a/218192410_115565

[16] 张瑞敏最新演讲：新时代海尔企业文化及价值观念. 搜狐网，2016-12-27，https：//www.sohu.com/a/122759494_567016

[17] 这家日本最牛养老院简直逆天了！印钞票，开赌场，老人们都玩疯了！凤凰网，2018-01-27，http：//wemedia.ifeng.com/46750277/wemedia.shtml

[18] 赵大伟：如何设计区块链 Token 经济系统？赵大伟，TokenX 社区公众号，2018-05-17.

創生
Creative Existence
重新定义后消费社会的基本概念

我们会遇到我们已经了解了的东西，因为我们是同一个世界的一部分。

——海德格尔

在《未来的冲击》开篇，托夫勒就指出："从现在到 21 世纪的短短 30 年间，千百万普通的心理正常的人，将和未来发生激烈的冲突。在世界上最富、技术最先进的国家中，许多居民将发现，要适应我们时代变化的永无休止的需求，已经越来越难。"

回望过去的 40 多年，我们不禁惊讶于托夫勒预言的准确。科技的快速发展并没有将人们的需求填满，而是激发了人们更多、更深层次的需求，而这些需求不再是衣、食、住、行这种简单的、表层的生存、生理需要，更多的是形而上的、内隐的精神需要，这些需求扎根于人们的心理与潜意识中，需要深入的交互、体察才可以了解到。这对以追求效率的大规模生产为特征的工业体系产生了巨大的冲击，在旧的商业文明框架下，生产效率的提升带来了巨大的物质满足，但从未来的视角来看，这种文明似乎仍然显得有些野蛮。

人们发明了数不清的工具来满足自身的生存需要，以为自己是世界的主宰，而实际上对于自然和生命的奥秘却并没有足够的认知。就像电影《阿凡达》里所表现的那样，自恃聪慧的人类为了掠夺能源而生硬地摧毁纳美族的生存家园。如果有时间，请你一定把这部电影多看几遍，因为这部电影更像是詹姆斯·卡梅隆对工业时代和共享时代的隐喻。"如果你想跟他们共同享有这个世界，你就要去了解他们。"电影里的科学家给出警告，但得到的回答却是"我要说，我们已经了解得够多了"。

尽管我们知道要探索自然、生命和人类自身的奥秘，但实践起来还是困难重重。对于这些涉及细胞、大脑、神经、生物电磁波、DNA 等方面的问题，人们还是摸不着头脑。就像爱迪生发明电灯泡的时候，尽管知道两个电极接通一段灯丝就可以产生灯光，却还是试验了 6000 多种材料。在衣食无忧的和平岁月里，人们不可避免地要面对并解决这些复杂的问题，因为大加速时代将这些问题快速地推向我们，我们来不及思考，更来不及闪躲。

数字科技给世界带来了新的问题，这值得庆幸。

数字科技带来的就是这样的好问题。英国管理史学家斯图尔特·克雷纳在《管理百年》中说，管理没有最终的答案，只有永恒的追问。不论商业文明的框架是旧的还是新的，都不能脱离商业的基本问题：需求、用户、价值、消费。不同的框架和时代之下对这些基本问题的理解有着根本性的差异。环境变化越是疾风骤雨，我们越要回归根本，越要抓住这些"定海神针"。

在《西游记》里，孙悟空被赋予了无数的解读。但从石缝里蹦出来、拜师学艺、占山为王、大闹天宫、被压五行山、西天取经的剧情始终是不变的。这只石猴的一生大起大落，生存需求在其生命的初期主导着他的行为，为了生存而远渡重洋拜师学艺，占山为王，福荫猴子猴孙，改了生死簿之后甚至连医疗需求都省了。在生存需求被满足之后，这只猴子再也压抑不住他的天赋，对自由、地位和享受的需求使他欲与天公试比高，最终闹得被压在五行山下五百年。从踏上西天取经的第一步起，他那颗放荡不羁的心就已经开始发生变化，求真求善、斩妖除魔、修炼成佛的精神追求成为他的行动指南。

进化论认为，人类从远古的类人猿进化而来，而宗教和进化论的反对者则认为人类是造物者的作品或是由其他物种演变而来。人类的起源尚无定论，甚至也可以说人类像孙悟空一样是从石缝里蹦出来的。但不管人类如何起源，都经历了一个努力满足生存需求的过程。人类偷师万物，占据了山洞、平原，用辛勤耕作战胜了饥饿，用纺织战胜了寒冷，用医学战胜了疾病，甚至已经扬言要自己修改生死簿，获得永生。在工业化的 200 多年里，人类创造了大量的物质财富，就像孙悟空初入天庭尝到了珍馐玉液、蟠桃仙丹。虽然对自然的破坏还没有给人类带来毁灭性的打击，但对于末日的预言总是此起彼伏。人类毕竟没有石猴那样的天生无畏、迷途知返或仍可亡羊补牢。

每一个需求被满足，人就会成为更好的自己。而当需求被满足之后，人们又会意识到自己的不圆满，产生新的需求，继续追求自身的进步。在追求自身的圆满与价值这条道路上，人们从未曾停歇。

当今社会的人口数量比以往任何时候都大，我们的寿命比以往任何时候都长，我们所创造和生产的财富也比以往任何时候都多。与动物不同，人类知道适可而止，而不是像动物一样过量繁殖，最终被动地接受生态平衡的制约。尽管如此，人类还是在最大限度内尽可能地繁殖了人口，也生产了过多的物品。看看大街上斜躺着的五颜六色的单车、塞满停车场的汽车就可以知道，过剩在许许多多的领域都存在，却没有人喊停。

相比于物理世界的拥堵，虚拟的信息世界却像是一个永远都塞不满的黑洞。每个人都拥有一辆汽车是不可能的，但每个人都有一部手机、有一堆网络账号却是轻而易举的事情。在人们的世界被过量的产品、工具挤满之前，是时候认真反思了。人们满足自身需求和追求自身圆满与价值的方式都亟须改变。

在语言诞生之后，人类就进入了信息社会。牛津大学哲学和信息伦理学教授西安诺·弗洛里迪认为，历史是信息时代的代名词，他根据对信息的利用和依赖程度将人类历史分为史前时期、历史时期和超越历史时期。他认为，"人类的进步和福祉主要依赖于对信息生命周期的成功和有效管理"。（见图1）

图1 从史前时期到超越历史时期

人们正经历着从历史时期到超越历史时期的转变。先进的信息社会越来越严重地依赖信息通信技术来正常工作和增长。对于信息的依赖将深深地渗透进人类的 DNA。借助信息的速度，人们也比以往更加迅速、紧密、广泛地联系在一起。通过信息的交互，个体对资源的获取更加轻而易举。只要资源和信息是开放的，那么接入互联网的每一个节点都可以获取全部开放的资源和信息。这使得个体获得了巨大的丰富，人们离自己所追求的圆满和价值接近了。

可共享是信息的基本特征，而共享也是推动信息社会形成的核心机制。人们在共享中创造出巨大的、开放的互联网络。可以说，这是人类有史以来取得的最大成就。在超越历史时期的信息社会里，人们所处的阶层和所扮演的角色不再固定。人们在虚拟空间内的信息生活更加丰富，千篇一律的个性和生活由单向度向多维度延伸。

信息和知识的交流更像是写作当中的引用，并且在网络中人们的引用越来越方便，复制也越来越简单。信息就是实体的网络镜像，通过信息，实体资源也可以得到广泛的共享和利用。共享科研设备的平台已经出现了很多，通过这些平台提供的信息和服务，企业、研究机构甚至个人都可以利用这些价格昂贵的设备进行研究活动，这只是资源开放共享的一个例子。未来，当工厂里的设备也都可以开放共享，那么人们的角色将会变得更加多元化，更多的人将由单纯的消费者变为具备生产、设计、研发、营销等能力为一体的产销者，而设备的所有者也会变成服务于设备使用者的服务商。

超越历史时期的所有制转变是一个非常有意思的研究课题。共享经济发展至今，人们已经普遍认识到，访问比拥有更为重要。所有制的改变使企业所创造的价值不再沿着垂直通道集中到股东手中，而是流向包括用户在内的更多利益相关者。一直以来，企业的经理人实际上是代理人，他们的工作就是管理公司，不断扩大它的价值，而这部分价值可以随时被股东拿走。

杰克·韦尔奇曾经是股东价值最大化的支持者。1981年，成为通用电气CEO不久，韦尔奇就在演讲中概括了他的主张：裁除表现不佳的业务，削减成本，保持利润持续增长，实现全球范围内的领先。之后20年里，杰克·韦尔奇实现了他的诺言。在他的领导下，通用电气的市值从140亿美元增加到4840亿美元，成为世界上最有价值的公司。

然而，2009年3月12日，退休八年之后的杰克·韦尔奇改变了口径，不再支持股东价值最大化。他说："想想看，股东价值真是世界上最蠢的主意。它应该是结果，而不是目的……你的立身之本应该是你的雇员、你的顾客，还有你的产品。"需要注意的是，2009年通用电气的股价与他领导的时期相比，仅剩不足25%。

与垂直的价值二八分配相比，人们更倾向于价值的全员共享。我们可以看到，越来越多的企业正在发生改变，由原来的高管股权激励变为全员持股，由股东所有制变为员工所有制，越来越多的企业正在将自身转变为员工实现价值的创业平台。越来越多的企业正在将用户作为企业安身立命的根本，努力将用户纳入价值创造和共享的范围。

这样的价值流转机制已然超越了传统机制。传统机制下，企业作为价值创造者成为主角，而顾客是价值的毁灭者，从价值创造的过程中被排除。而在新机制下，顾客可以直接参与价值创造，企业在满足用户需求的同时获得了源源不断的经济效益。在超越历史时期，价值创造需要的资源超过了任何单一个体，需要企业、顾客、供应商、雇员、股票持有者及网络伙伴的共同参与。

当人们的需求、身份角色、价值追求、产销关系等都发生根本性转变的时候，通过消费来追求生存需求的提升、社会地位的彰显等行为已经显得十分滑稽。过度的消费限制了人们的进一步发展。每个企业家都要从"原点"出发，迎接一个呼之欲出的共享、生态可持续、没有增长而欣欣向荣的后消费社会。

在"创生"中，我从长期的访谈与案例研究中提出了商业世界的 5 个基本概念，试图通过对"用户""价值""需求""消费""原点"这 5 个基本概念在新社会背景下的重新定义，引导读者朋友们对自身的企业经营、管理基础重新思考，实现创造性地生存。

与 5 个基本概念相对应，本部分也分为 5 章来对每个概念展开叙述。

第 1 章回顾市场与交易的起源，以及人在交易中的角色变化，指出市场主导范式的根本变化，并从信息经济学、管理学等角度对"用户"这个概念深入地辨析，在美联航、Indigo（加拿大的一家连锁书店）、Diapers（美国的一家纸尿裤设计制造商）及国内许多案例的基础上，对于如何成就"用户"以及建立超越交易的用户关系提出建议。

第 2 章从哲学价值论的演变出发，找到了现代商业的哲学基础——现象学价值论。随后，对于商业体系中价值创造的机制、过程和转移进行论述，并以海尔的"用户乘数"为基础探讨价值如何计算。本章系统地阐述商业世界的价值创造体系。

第 3 章从生物学实验入手，分析人类需求产生的根源以及在满足人们日益发展的需求的过程中企业在商业世界中所走入的歧途。在支付宝、Facebook、海尔以及共享经济等领域的案例支撑下，对大数据利用的偏颇进行矫正，并对数字环境下如何在行为经济中实现"浮石效应"提出模式上的展望。

第 4 章与前面几章相比，更多的是对现实的反思与重构。长久以来，消费社会给人类带来了巨大的物质满足，但在幸福感和生态家园的保护上则比较空泛。在新时代的机遇面前，人们需要紧紧抓住机会，重新对消费与生产体系进行改变，通过反思使自己向有意义的、可持续繁荣的后消费社会生活方式转变。

第 5 章从埃隆·马斯克、三星电梯施凤鸣、稻盛和夫、张代理、任正非等成功人士的身上，挖掘他们用以"道生一，一生二，二生三，三生万物"之"道"。从这些人身上，我们可以淡去起跑线，而将注意力集中在"原点"上。本章试图通过对"原点"的叙述，帮助读者朋友们在实践中去寻觅自己的"原点"。

第 1 章

重新定义"用户"

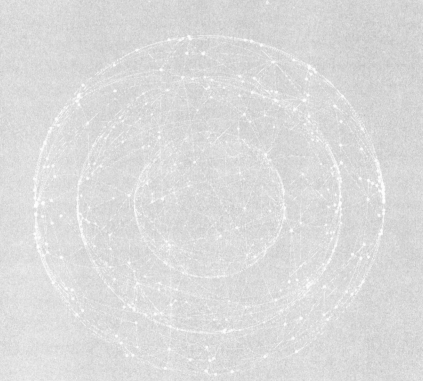

力量的新来源，将不再是少数人手中的金钱，而是大多数人手中的信息。

——约翰·奈斯比特

德里克是美国一家公司的职员，他的妻子喝苏打水上瘾。一天，他经过一家威廉姆斯—索诺玛家居用品店，决定进去瞧瞧。很快，他就看中了一台售价 150 美元的 SodaStream Genesis 的苏打水机，但他觉得有点儿贵，因为这个价格可以买 150 瓶预制苏打水，足以塞满整个储藏室。他麻利地拿出手机，打开扫描条码的 RedLaser 应用，看一下网上渠道的价格。很快，他在 Bed Bath & Beyond 这家家居电商平台发现了同款产品，售价 100 美元。动动手指就节省了 50 美元！德里克从 Bed Bath & Beyond 的线上商城买了一台 SodaStream Genesis 苏打水机。[1]

20 年前，人们通过电视广告或者挑一家城市中心或附近商场的专卖店，按商家的定价购买他们所销售的商品。货比三家意味着从一家店转到另一家店，或者按照电话黄页给零售商逐个打电话。在这短暂的 20 年里，我们已经看到自己在购物方式、如何与企业打交道、如何工作以及如何与他人沟通等方面所发生的巨大变化。

像德里克这样的人其实也就是身边的你、我、他。看一下 1828 年出现在美国《国家慈善家》杂志上的这篇文章你就可以知道，人们在购物时对商家的期待及买家与卖家之间的权力博弈。

尽量是没用的 [2]

我站在水果商的店铺门前，这时一位穿着优雅的女士进来，接下来的对话如下：

女士：从你们这里购买的水果，你们会送货上门吗？

水果商：有时候会。

女士：如果我从你们这里买水果，你们会在半小时内送货吗？

水果商：你想要多少？

女士：要是不能在半小时内送货的话，我就不要了。

水果商：你希望送到哪里？

女士：清华科技园，半个小时。

水果商：我猜我们能按时送去。

女士：你猜？你们必须在半小时内送到，要么我就不买。你能按时送到吗？

水果商：是的，女士。我们尽量。

女士：尽量是没用的。

据记载，最早的客户投诉记录发生在公元前1750年，这些投诉交货错误的文字被刻在巴比伦的石板上，现被陈列在大英博物馆。[3] 商家的一个小错误就被记录在石板上近4000年，在买家看来，这种错误完全不应该出现，而在商家看来似乎不可避免甚至理所当然。买水果的那位女士很有可能就买了水果，不管商家有没有在半小时内按时送到，因为所有的店铺都是这样，她能有什么办法呢？水果商有可能还会跟她讲，这个世界不是围着你转的，不是你想什么时候送到就能送到的，除非支付额外的加急配送费。

在一个不围着你转的时代里，你没有权力进行选择，除非你用金钱额外购买权力。你的身份、角色都是固定的。但现在，你可以很高兴地宣布，这样的日子一去不复返了。

1. 范式：从卖方时代到用户时代

大约在一万年前，当人类开始通过彼此交易来获取各自所需，而不是自己生产或通过偷盗和暴力从别人那里获取财物时，市场就出现了。

当一个人（卖方）给另外一个人（买方）提供交易物品，并且交易被接受的时候，最简单的市场模型就形成了。随后，这个模型所产生的卖方主导范式凭借它的简单有效一直持续了几千年，主导了人类的经济发展，支撑起人类的文明进程。

通常，任何范式都有其适用的限定条件，条件发生了变化，那么结果也必将超出临界值，范式的转移也就会随之发生。正如未来学家乔·巴克所说，范式转移是"当一切都回归于零"的时候发生的。也就是说，当你曾经依靠的规则、边界、实践、杠杆和假设开始变得没有抵抗力、不再可行、不再适用的时候，范式就会发生转移。这种转变可能会持续很多年，也可能在一夜之间发生。

卖方主导范式的核心要素有三个：其一，产品由卖方控制；其二，关于产品的信息，也由卖方控制；其三，购买决定，由客户控制。[4]（见图2）

在卖方的时代，信息是卖方控制的最重要的元素和资产，买方想要了解的产品信息，如选择、应用、实用性、价格、行业新闻和客户体验等，都是由卖方提供、分配并控制的。信息的不对称成为卖方获利的重要手段。产品的具体构成、生产、流通、价格等信息对买方来说都是不透明的，使虚假宣传和假货有了可乘之机。市场经济几百年的发展史都处于不对称信息的情况之下，当人们没有发现信息不对称理论的时候，市场并没有显示出有什么缺陷，亚当·斯密甚至对"看不见的手"推崇备至。

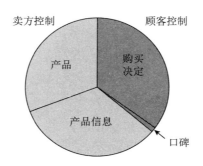

图 2　卖方主导范式

不对称信息也被看作对信息成本的投入差异，消费者往往没有对商品的生产信息投入成本，因而生产者需要利用信息投入差异来获取利润以补偿其付出的信息成本。但在今天，随着信息技术的进步，生产信息所需要投入的成本已经被无限降低，而消费者获取商品生产信息的门槛也基本消失，消费者可以用很低的成本来建立信息优势，因此也就没有必要再付出信息租金。

旧范式还在倔强地抵抗着新范式的冲击，但只要没有剧烈的黑天鹅事件发生，范式的转移就必然会发生，卖方主导范式渐渐向用户主导范式转移。买方的概念太过狭窄，无法涵盖新范式的特征。买方是以交易来划分的，即购买者、潜在购买者，但现在影响卖方的可不只是这两类人。

这样的转变开始于 1993 年 4 月，第一个普及化的浏览器 Mosaic 诞生。在新的用户主导范式下，控制关系发生了改变，用户获得了更多的控制权，而卖方的控制相对则大大减弱。该范式的核心要素有所变更：产品和服务，仍由卖方控制；购买决定，仍由用户控制；UGC 由用户控制。[5]（见图 3）

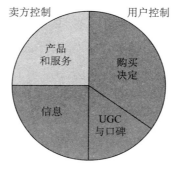

图 3　用户主导范式

我们可以从以下四个方面来理解这种转变。

第一，产品。在新范式下，产品或服务元素的控制仍然掌握在卖方手中，但作为一个控制因素，它的力量减弱了。首先，企业面临的竞争不再是本地化的，而是更大范围的竞争，竞争范围和竞争对手的数量都陡然增多。在北京实体店里卖的商品可能在淘宝上的河南卖家那里便宜 30 元，而广东卖家则便宜 45 元。用户可以从多个渠道以最低的价格购买到想要购买的商品。其次，企业的相对创新频率降低了，虽然很多企业都在大量投资产品技术创新，想不断打造出杀手锏来维持用户的忠诚度和竞争优势，但每当企业推出新的爆款产品，该产品的同款和改良款就会迅速充满市场。

第二，购买决定。在新范式下，用户仍然掌握着购买决定权。但现在的用户在做决定时更加理性，因为他们所掌握的信息更多，与其他用户的联系也更多、更密切。当电商平台把用户的评价和使用体验、图片、视频放到商品下面，甚至用 VR、AR 来呈现商品时，用户对于商品的购买决定比起单纯靠企业宣传、销售人员介绍的思考过程更长，对卖方的要求也就更高，真的就像是买水果的那位女士一样，如果半小时内送不到，用户就不会购买。这促使物流速度不断加快，当日达、次日达、限时达、送货上门已经成为多数卖方的"标配"。也就是说，人们的购买决定已经与其他事物联系在一起了，不只是有关商品本身。这些相关性因素也正是企业、卖方的机遇和挑战。

第三，信息。在旧范式下，某个商品的有关信息在商品被生产出来并推向市场之后，它所包含的信息基本就固定了，这些信息成本由生产者和销售者共同承担，并最终转嫁到每一个消费者身上。而在新范式下，商品的信息是不断增加的，原本固定的商品信息已经公开，并在用户的挖掘之下变得越来越透明，比如小米的米家系列产品，在产品的介绍页面上并不会介绍完整的供应链，但聪明的用户却可以在论坛里将所有的供应链都扒出来，使其成为公开透明的信息。这些信息的增加都要归功于用户，他们也同时参与了信息的生产过程，付出了信息成本，并最终反过来向卖方索要一定形式的信息租金。这些信息租金就是企业的创新、服务与合理价值、价格比的回馈。

第四，UGC 与口碑。在旧范式下，用户体验的传播是口碑现象的一种功能，口碑对卖方的经营具有一定的边际影响。正如那句经典的市场格言，"如果客户喜欢你，他们会告诉 1 个人；如果他们不喜欢你，他们会告诉 10 个人"。口碑对卖方的影响，会随着卖方企业的扩大而减弱。实际上，具有较小用户基础的一个街道小企业将会比大企业更容易受到用户口碑的影响，因为通常后者会有重大的营销预算为品牌口碑提供支持。品牌口碑的优劣则在很大程度上依赖于营销预算的高低。而在新范式下，口碑依然存在，伴随着 Web2.0 概念的流行，UGC 这种"口碑激素"疯狂分泌。此时，经典格言变成了"无论用户是否喜欢你，他们都有能力告诉数以百万的其他人"。[6] 丰富的应用程序和传播技术使得卖家更容易发布与产品相关的信息，但同样，这也给用户提供了工具和平台，允许他们书写、记录和拍摄视频，分享自己的体验，并在市场上分享自己对卖方的态度。

美联航摔坏用户吉他的案例 [7] 已经成为商学院的经典案例。在社交媒体上投诉品牌的事件有很多，但这个案例却是最有名的。重温一下这个案例，对于范式转移的认识可能会有更好的理解。

戴夫·卡罗尔是一个性情温和的音乐家，他的成名却不是因为音乐本身。2008 年的某天，他带着乐队乘坐美联航空的飞机去参加一个演出。当他们降落在芝加哥机场的时候，一位女士喊道："我的天哪，他们把吉他扔到外面了！"这是卡罗尔最珍贵的泰勒吉他，此刻已经被严重地损坏了。

美联航并没有提出补偿措施，而是把卡罗尔困在客服的迷宫里长达 9 个月，像踢皮球似的把他从一个部门踢向另一个部门。最后，有个客服代表在经过几个月的推脱之后才告诉他，他们打算结束这件事，因为卡罗尔没有在最初的 24 个小时之内进行索赔。卡罗尔气坏了，他告诉这个客服代表，他会根据这个事件写 3 首歌，这 3 首歌在一年之内将会产生 100 万的点击量。

美联航对他的威胁没有认真对待，卡罗尔又花了 7 个月的时间进行创作，直到 2009 年 7 月 6 号的半夜，他才发出第一个视频。这个视频的反响完全超出了他的想象，在 4 天的时间里，点击量达到了 100 万，之后的浏览量又迅速飙至 1500 万。

卡罗尔觉得美联舱的补偿太少也太晚了，16 个月里已经有数不清的时间被浪费了。他现在的目的是让美航联改革内部系统。他提议，如果美航联能够改变客户服务方法的话，就让公司代表参加第三个视频的录制，甚至在这个视频发出之前先进行审查，这样他们就可以宣布他们已经改正了，但是美航联却不想这么做。

美航联的排名远远低于美国客户满意度指数的平均水平。而卡罗尔现在是客户服务主题的演讲者，他总是会用一首歌来开始他的演讲。他告诉公司不用害怕社交媒体，它们只有在你不认真对待它们的时候才会对你造成伤害。他说："如果你道歉之后采取措施，改正那个错误，你的品牌就会变得强大。"

2. 相关：从被动的赌徒到积极的影响者

在戴夫·卡罗尔和被机场保安暴力拖出机舱的亚裔医生乘坐美联航的航班之前，应该都看过美联航的广告："每个想法，每个行动，精心策划，协调同步，在共同的目标下协同前进，这造就了世界上最领先的航空公司，友好飞行。"

怀着"在友好的天空下飞行"这种愉快的想法，卡罗尔和医生登上了飞机，却没有想到的是吉他被暴力摔坏，自己被暴力拖了出去。在发生暴力驱逐乘客的事件之后，短短几天的时间里，美联航的股价就蒸发了近 10 亿美元。[8]

美联航花费不菲的营销费用来将"友好飞行"与品牌联系起来，这笔开销最终转嫁给乘客。卡罗尔和医生都没有体验到"友好飞行"，却为美联航的"友好飞行"这个信息的生产与传播付了费。

信息成本包含了信息生产成本与传播成本，而信息成本毋庸置疑会转嫁给消费者。消费者分摊了巨额的信息传播成本，但他们并不想支付这些费用。而实际上这对于消费者来说是一种骚扰。近几年让人印象最深的一个案例就是优信二手车 2015 年在《中国好声音》栏目花费 3000 万元砸的 60 秒广告了："上上上上上优信二手车""二手车二手车优信二手车"。在这个事件结束后，优信网站和 App 的流量的确有很大提升，但网站和 App 却崩溃延迟。随后这个热点也在短时间内被美团点评合并等热点事件淹没。[9]

消费者之所以会相信企业生产好的广告信息，就是对于企业不会愚蠢到花巨资来推销一种无用产品、电视台也不会无底限地不加筛选和监管投下的赌注。斥巨资打广告来推销一种虚假、夸大的产品，制造假象来使消费者产生错觉的案例不胜枚举。在这场博弈当中，企业挑战的是消费者对于信息的判断力，而消费者却被动地成为一群赌徒。

当然不排除有一些广告是有温度的，讲述或温暖或有趣或公益的故事，能够感染消费者，但是在传播渠道上这些广告往往被剪短了，只剩下核心的品牌与产品，而人们从这些媒介上观看完整的广告片时，又主动、额外地付出了搜索、浏览、滑动、评论等信息成本。卖方时代，企业与消费者之间不停地进行着信息博弈。

消费者和潜在消费者对企业和品牌的口碑有着直接的影响。不相信或没有需求的无关者对口碑通常不会产生影响，因为这些人并没有与企业和品牌建立交集。消费者通过自己的经验和体验进行口碑传播，并以此影响周围的人。如果其他人有需求并相信消费者的经验，那么这些人就会成为潜在消费者。潜在消费者在投入更多的信息成本之后，最终变成消费者或转向其他品牌。口碑传播是消费者在企业所生产信息的基础上添加了自身经验与体验，这种自发生成的信息源于消费者对企业和品牌的褒贬态度。但要注意的是，不管消费者接触还是生产信息，都是基于企业所生产的信息，是推力的结果，就像多米诺骨牌一样。

而在用户时代，信息的生产与传播机制发生了很大的变化。与消费者不同，用户所接触、生产的信息，不一定是基于企业所生产的信息。用户对企业的产品、服务、品牌的态度和看法并不完全受到企业推力的影响。比如，用户想要买一个能去甲醛、抑制 PM2.5、噪声低、价格合适的空气净化器，那么用户可能会先到搜索引擎上面搜索什么样的空气净化器值得购买，需要看哪些参数。在这些标准之下，用户再去筛选符合标准的净化器，甚至连企业对机器的描述都不会看，直奔产品参数区和评论区。如果有朋友跟他说家里用的净化器不错，那么他就会着重考虑一下。传统的营销模式仍然在起作用，只不过其作用正在逐渐减弱，这也是范式转移的必然过程。

口碑传播仍然起到重要的作用，并且这种作用也会被放大。用户不只是会向别人推荐好的产品、服务和品牌，也会用 UGC 来分享，在朋友圈和电商评论区的晒图就是典型的 UGC。UGC 是用户自发生成的媒体信息，甚至比企业本身所生产的信息更加生动，更具有感染力。[10]UGC 具有很强的关联性与衍生性，企业所生产的信息成为它的部分素材，比如在用户晒家庭装修的朋友圈里，空气净化器可能只是一个点缀，并不会着重突出，但会提一下屋子里新鲜的空气。空气净化器就与其他的家具、家居环境关联起来了，做了相同装修的朋友可能也会考虑相同的搭配。这只是简单的 UGC，对于忠粉而言，UGC 的关联与衍生就更有趣味了。我们看一下在美联航的系列事件中人们的反面讽刺就知道用户的创造力有多大了。他们有多大的能力贬损你，也就有多大的能力赞美你。

消费者是被选择的、被动的赌徒，而用户却是"不出名的演员，不管有没有观众"。潜在的消费者是被企业以交易为目的定向选择的，而在用户时代，潜在性成为用户的基本属性，他们不喜欢被突然打扰，你有时甚至不知道他们的存在，企业无法选择他们，只能由他们进行选择。他们的隐私性和表现欲极强，不想让企业了解到自己的个人信息，会挂掉所有推销电话并将其拉入黑名单，却又会留下大量信息来表现自己的喜怒，使企业一定要好好地满足自己的需求。信息的博弈失去了意义，丁香医生在《一年狂卖 7.5 亿的洗脑神药，请放过中国老人》的文章里让成本价仅 1.4 元而零售价近 60 元的滴眼"神药"曝光，蒙蔽了无数老年人的眼药跌落神坛,人们知道了"广告页,要看清,莎普爱思不能随便滴眼睛"。
[11] 企业在庞大的潜在群体面前如同透明,一切黑幕昭然若揭。

购买者、潜在购买者仍然是企业用户的核心部分,而那些与企业还没有建立关系,对企业的产品、服务和品牌持怀疑态度,甚至还没有需求的人们也加入了用户群体。基于人与人之间的相关性,每个人都成为主动的影响因子,而不只是被动的购买决策者。无论是购买者、潜在购买者、不购买者,他们都很容易通过网络找到企业的相关信息,并进行鉴定、评价。而且他们之间是彼此相关、相互影响的,比如,某个产品或品牌的铁杆粉丝创作的 UGC 视频非常有意思,那么就会影响很多人,潜在购买者以及没有需求的、不相信企业广告内容的人也会到社交网络分享视频,不经意间,这些人都加入了产品、服务、品牌影响力的场域里,不购买者也成为影响因子。因此,用户是有赖于信息而存在的,而不是依赖于交易。

当企业提供免费的产品和服务时,这种关系就更明显了,因为它不涉及交易,只涉及使用。比如,腾讯并没有耗费巨资做营销来让人们下载使用微信,也就不存在购买者、潜在购买者和不购买者,他们成了使用者或潜在使用者。

影响者单从概念本身的字义上来讲,就已经说明了它不是单独存在的,它必须依赖于群体或者场域而存在。在人类的历史中,促进人类发展最大的两个概念就是社群和市场。在有市场之前,就有了社群。人类的群居生活使组织、国家、社会出现,并使人们学会了做生意。

卖方时代,企业组织却忽略了消费者之间的万有引力,将消费者视为一个个独立的交易对象,向他们单向推送着自己生产的信息。而用户时代,经营者逐渐发现,影响者的社群正在大量涌现,并且信息的产生以用户数平方的速度增长着。融入社群比此前所采用的人口统计学方法更能够了解这些影响者,这不仅包括种族、姓名、年龄、性别、教育、收入,还包括他们的想法、态度、责任、代际、需求、价值观等。因此,作为力量逐渐式微的卖方,参与到社群当中去感受用户的力量吧!

3. 弥散:用户角色的多重转换

TRS-80[12] 是睿侠(Radio Shack)公司在 1977 年 8 月发行上市的第一款广受欢迎的电脑。尽管现在一提起电脑时人们不会立刻想到它,但它曾经是人们最喜欢的个人电脑,甚至比第一代苹果电脑更受欢迎。然而,随着 IBM、苹果等公司的崛起,1984 年睿侠公司停止了对 TRS-80 的升级改造,并完全模仿 IBM 开始推出其他产品。TRS-80 就此消失在个人电脑领域,成为一代人对早期家庭电脑的回忆。

TRS-80 虽然消失在大众市场,却在一些用户的手中重获新生。在被设计师、工程师、制造商、销售人员以及软件开发商抛弃 25 年之后,TRS-80 依旧在为一些忠实用户服务着。不仅如此,这些重度电脑爱好者对 TRS-80 进行升级改造,形成了一个小圈子。现在,这些用户承担起这款旧产品的生产、研发、设计和销售的任务,他们的角色也不再是睿侠的产品设计师设定好的静态的电脑用户。

Indigo[13] 是加拿大的一家连锁书店,它在与亚马逊的激烈竞争中生存了下来。用户小组是帮助它活下来的关键,许多改进意见都来于此。雷妮·拉辛作为数字渠道用户体验副总裁对此深有体会,她在总结公司的经营方式时说:"公司真的需要有一个论坛来与用户联系,并与用户建立人际关系,这样用户就不是你所认为的一个人,而是你深刻了解的一个人。"

她开始在 Indigo 网站上添加一个页面来建立用户小组,要求人们"告诉我们你的想法"。页面不仅发布了社交媒体的渠道链接,还有拉辛的邮箱,并且邀请用户私下里将他们的想法告诉她。不管用户的态度是积极还是消极,只要写过信的人都被邀请加入用户小组。她特别渴望获得一些建议,因为"这些人希望事情变得更好,他们真的为我提出了建议,这些建议都是关于事情怎样才能更好,而不仅仅是我们要如何保持现状"。

她会给每个人回复邮件:"感谢您让我知道这些。这听起来像是一次不好的体验,我深表歉意。"但随后她会补充说,"我有一个提议,我们有一个用户小组,您愿意加入进来吗?您一年内会多次收到我们的消息,而我们也会问您一些问题,因为我们希望在用户小组中听到您的声音"。她吃惊地看到许多批评者回复:"好的。你说得太对了,我想加入你的小组!"

起初有 100 位用户加入小组。然后公司开始张贴邀请,邀请人们加入社交媒体的用户小组,小组成员上升到 400 人,后来这个小组像滚雪球般不断发展壮大。目前小组已经足够大,从而使拉辛能够非常具体地对成员进行细分,知道针对什么问题要调查哪些类型的人。

公司并没有对只要加入小组的人就提供奖励或激励,因为公司希望人们自愿地拿出自己的时间和想法来感受这个品牌。当然,他们也会给小组成员偶尔提供惊喜和奖励,比如节日前的折扣活动。对小组成员最有效的奖励就是能够提前接触到新的想法和产品，这使他们感觉自己像是享受特权的内部人士。比如 Indigo 的新版手机应用会提前发送给小组成员进行内测。

Indigo 也通过 Facebook 邀请用户通过参与话题来说出自己的想法，以"我希望"这个话题为例，截至 2015 年 11 月 15 日，共收到 612 条意见、677 条评论和 8830 个对意见的投票，并且处理实施了其中的 83 个。

小组的交流为拉辛带来许多惊喜和欢乐。比如，她曾经发起一项调研，询问用户对于书店的未来是如何设想的。人们的设想各不相同，有的希望店内应用更先进的技术、更大的屏幕，但另外一些人却希望未来书店就像十年前十几岁时泡在里面的样子。人们将书店作为自己隐世遁俗的地方，只是希望静静地在那里浏览书架、静静地看书。她说："这使我们有能力以超级公开的方式与那些想法进行互动，每个人都能看到，我们确实听到了那个想法，我们确实在回应着那个想法。当我们采纳一个想法时，首次发布这个想法的人和所有为这个想法投票的人们都会觉得他们做出了贡献，而且他们确实做出了贡献。他们是共同创造者，这是非常强大的。"

Indigo 通过用户小组将有创意的用户组织起来，邀请他们参与到企业的经营中来，我们可以看到这些用户在加入小组之后角色发生了变化，他们不再只是读者、消费者，还是建议者、创造者、经营者、贡献者，从只关心书的买卖转而开始影响读书、看书、买书的方式和体验。

在摆脱了交易关系的束缚，从赌徒变为影响者之后，用户的角色也就不再是静态而单一的消费者了。用户的范围脱离了"消费"这个概念，而进入"影响"这个概念的范畴。因此，用户可以是消费者、潜在消费者、员工、粉丝、社交媒体关注者，也可以是合作伙伴、媒体人以及其他通过与公司交互而产生影响的人们。

用户角色的变化与用户范围的扩大对传统的营销手段构成了挑战。传统的营销习惯于创建顾客角色，根据有限的用户资料和关键词对用户进行分类，以此来实现顾客关系管理（CRM），预测每个顾客在未来可能为企业带来的收益总和，也就是顾客的终身价值。

传统营销习惯中，营销部门会提出谁会是他们的顾客、顾客在试着达到什么目标、顾客的动力是什么、顾客怎样做购买决策、顾客怎么购买或互相影响以及其他类似的问题。围绕这些问题，试着给项目一个定义。但这种习惯性做法有两个难以避免的问题：一是顾客角色模型不完整；二是思维局限阻碍了对顾客角色的理解。[14]

技术与生态思维是传统营销模式的天生缺陷，但在数字环境下，这些缺陷正在得到弥补。正如美国《用户体验杂志》中指出的："在过去，顾客角色模型或许是有用的，但是在这个数字时代，它行不通。在这个时代，数据是无所不在的、丰富且实时的。现在不再是通过顾客角色模型去了解用户或者用户使用模式，而是该了解用户数据出自哪里，并使它获得意义。大数据和先进的分析技术的存在，不再需要依赖像采访和焦点会议小组这些传统过程来实施，因为能够产生深刻洞见的数据已然存在。"[15]

传统方法对于互联网的世界来说是不合适的，数字技术能够让顾客跨越行业边界而进行无缝连接。传统营销的顾客角色模型应该转变为数字营销中的用户角色模型。从消费者到顾客再到用户，消费过程中的人物形象更加丰富饱满，消费也真正回归"消费"的本义。

数字商业环境中，某个角色不再是由少数人扮演，而是呈现出一种"弥散"的状态。每个人都身兼数职，每个人的角色与属性都更加多重、多元。不管是企业内部还是外部，都呈现出这种趋势。

在企业内部，小公司的员工身兼数职司空见惯，他们中的很多人是全能战士。大公司也正在经历这种转变，经历扁平化、碎片化组织变革的公司正在把公司变小，而固定岗位上的员工也变得"游离"。不仅仅是员工的角色弥漫，企业的职能也呈现出弥漫的态势。品牌不再只是品牌营销部门的职能，而是成为企业中每一位成员的职责。每位员工都是品牌的代言人。

在企业外部，用户的社会属性得到充分发挥的同时，其创造性也得到充分释放。众包平台是一个很好的例证。在众包平台上，用户不再局限于消费者的身份或社交活动参与者的身份，而是成了经济活动的生产方。很多著名的公司通过众包的方式来提升自己的产品质量和服务水平，比如 Netflix，为了获得最好的协同过滤算法来预测用户对电影的喜好，曾经举行了一个公开的招标，奖金 100 万美元，通过这种方式获得了更好的算法。而众筹则是在众包的基础上发展起来的融资模式。在众筹平台上，用户的角色除了是消费者、社交参与者、生产者之外，还可能是投资者。

合理的用户角色的转换为企业带来前所未有的增长。TRS-80 在多元化用户的共同努力下才得以新生，Indigo 在用户小组成员的共同管理下，在与亚马逊的激烈竞争下得以存活。共享经济浪潮轰轰烈烈，但始终卡在"共享"这个瓶颈上，用户只是乘客、骑行者吗？可不可以成为经营者、投资者？比如，共享单车需要大量的单车管理员来挪动停在角落的车，但可不可以发布一个奖励任务，让用户来做这件事呢？在 "共享" 这件事上，用户可以做的其实还有更多。

在企业增长乏力的情况下，经营者需要经常问一下自己：用户、合作伙伴、竞争对手、员工还可以扮演什么角色？

4. 反哺：超越交易的用户关系重塑

现代管理大师彼得·德鲁克早在 1954 年就出版了《管理的实践》，在这本开创了管理学学科的著作中，他列出了管理的三个关键性问题：一是我们的事业是什么，二是我们的客户是谁，三是我们的客户所认为的价值是什么。[16] 而实际上，他自己已经直截了当地回答了这些问题。大家所认为的企业目前只有一个，那就是创造顾客。

不管我们对 "创造顾客" 这个概念有什么样的答案，德鲁克将之作为企业存在的唯一目的表达了自己的观点：以顾客为中心。也就是说，在管理学学科诞生之初，就已经把顾客放在中心位置了。

谁有选择权，谁就是真正的上帝。身处选择牢笼中的顾客，只能被动接受囚犯或者赌徒的身份，离上帝的身份相差甚远。在选择权真正回到顾客手中的时候，企业才开始意识到它们已经没有选择：它们的注意力注定要从顾客的钱袋子转向用户的真正需求。

Diapers.com[17] 成立于 2005 年，成立伊始就在婴儿产品在线市场上立下了雄心壮志。它首先进入成熟且高度商品化的尿布市场，这个市场已经被沃尔玛、好市多、塔吉特和亚马逊控制。

其创业过程理所当然地经历了很多坎坷，卖尿布需要的不仅仅是一个网站，更要有足够的能力用批发的价格来买入足够的货品。这意味着他们要说服宝洁接纳自己成为固定零售商，但宝洁却不向经营时间两年以下的小企业提供批发销售。无奈之下，Diapers 的员工只好开车去当地的折扣店和批发商那里购买尿布来给用户发货，以此来增加订单数量。尽管每一笔订单 Diapers 都要承担损失，但随着规模的扩大，宝洁也看到了在线市场的商机，并接受了 Diapers 成为其批发商。

"我们需要比那里的任何人都拥有效率。" Diapers.com 的 CEO 马克·罗尔说道。

他与另一位创始人维尼特布·哈拉拉一起聘请了一位核物理学家来帮忙，这位科学家的任务就是运用算法削减运输成本。为了做到这点，他要处理有关典型用户订单、箱子尺寸和 UPS 运输速度等数据，这使得 Diapers 需要准备 23 种不同尺寸的箱子，并尽可能紧凑地包装。这样下来，每次装运都可以节约 1 美元，或者每 100 美元订单节省 1% 的费用。此外，Diapers 对库存和仓储自动化也做了很大的投入。在宾夕法尼亚的一个仓库里，他们就用 260 台机器人进行仓储物流工作。"我们的生死掌握在以尽可能低的成本和最快的速度装运产品的能力上。"罗尔说。高效的仓储物流使得 Diapers 能以低价销售，并能够在两天内做到全国直达，而曼哈顿的订单通常当天即可抵达。

Diapers 取得了巨大成功。在 2010 年，它宣称有望递送 5 亿包尿布，这是亚马逊销量的 4 倍。亚马逊则早就注意到了这家公司，并在几个月后以 5.45 亿美元收购了它。它的成功听起来像是一个奇迹，因为凭借售卖尿布这种 9% 毛利的产品就能使亚马逊产生危机感，这几乎不太可能。

但实际上，将 Diapers 的成功归结于价格和物流效率并不准确，因为它不可能在沃尔玛头上建立优势。Diapers 的核心是，认准了婴儿父母已经过着繁忙杂乱的生活，却还需要购买尿布的现状。经营者花大价钱买了 Diapers.com 这个域名，并为用户提供尽可能友好的界面，让父母更方便地记录购买历史，退货政策也简单轻松。Diapers 不是在销售尿布，而是在减轻父母的头痛与压力。"我们训练我们的员工说，这不仅仅是做生意。我们是在帮助顾客，使他们生活得更好，"罗尔说，"这真是引发了很多病毒式的口碑。"这样的口碑也刺激了折叠式婴儿车、汽车座椅和玩具等其他商品的销售，带来了比主打产品更高的利润。

市场竞争中，赢家不一定是价格最低的那一个。当你盯着用户的钱袋子时，你很难发现用户的真正需求，而如果盯着用户的生活之"道"，那么就会有意外的收获。Diapers 把注意力放在了为生活忙得焦头烂额的父母身上，而不是放在价格的火拼上，因此赢得了用户的信赖。这超越了沃尔玛超市与其消费者的交易关系，给用户一种柔性关怀，塑造了一种超越商品的用户关系，这也是 Diapers 的尿布之"道"。

不只是电子商务公司可以通过重塑用户关系来赢得竞争，像宜家这样的大卖场同样用这种方式占领了市场。很多大型商超、家具城里面有品类齐全的家具，购买之后可以送货上门安装，但走进这些家具城总是被拥挤的环境搞得很不自然。而在宜家的卖场里面，人们可以随意坐着、躺着，随意休息，累了就到餐厅吃饭，人们真有如家一般的感受。当然，设计简洁、方便组装、便于运输、结实耐用的产品也是让用户喜欢宜家的主要原因。

爱琴海北部伊卡利亚岛的命名来自一个著名的希腊神话。很久之前，伊卡洛斯为了逃离海岛制作了两个翅膀，飞起来后他很兴奋，但是飞得高了，他就忘记翅膀是由蜡制成的，靠近太阳时伊卡洛斯双翼融化，坠落殒命。为了纪念伊卡洛斯并警示后人，该岛屿被命名为伊卡利亚岛。近年来，有太多的品牌像伊卡洛斯一样融化了翅膀，无力飞翔，越希望提升品牌档次进行高端化转型，却越发觉得用户流失；飞得越高，却与市场脱钩越严重。正如陈春花教授所总结的，品牌是所有顾客体验的总和。我把这句话改为"品牌是所有用户关系的总和"应该也不难说通，因为体验就是在交互关系中产生的。

长久以来，人们一直在纠结于什么是企业的核心竞争力，有人将品牌视为核心竞争力，有人将战略、产品、供应链等视为核心竞争力，但实际上，核心竞争力正如普拉哈拉德与哈默尔对其概念的定义，"核心竞争力首先应该有助于公司进入不同的市场，它应成为公司扩大经营的能力基础。其次，核心竞争力对创造公司最终产品和服务的顾客价值贡献巨大，它的贡献在于实现顾客最为关注的、核心的、根本的利益，而不仅仅是一些普通的、短期的好处。最后，公司的核心竞争力应该是难以被竞争对手复制和模仿的。"[18]

由此看来，"关系"似乎完全符合这些标准，而在数字及同质化竞争越来越激烈、模式与竞争优势越来越容易被复制和模仿、企业越来越需要考虑长期利益的情况下，越来越多的企业将"关系"作为核心竞争力。

信任是关系的副产物，也是与用户建立情感连接的基础。当用户掌握了绝对的选择权，他们就变成真正的上帝。用户是价值创造的源泉，用户的情感连接和价值反哺正是企业"创造用户"源头的活水。

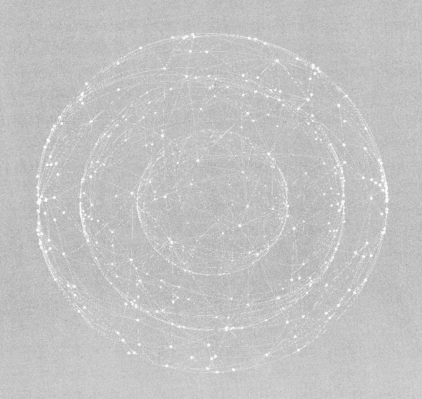

第 2 章

重新定义"价值"

价值会从陈旧的经营策略向新的模式转移，以便更好地满足消费者的最大需求。

——阿德里安·J. 斯莱沃茨基

英国历史学家尼尔·弗格森在《货币崛起》这本书里提到了一些没有货币的原始部落。亚马逊热带雨林的哥伦比亚奴卡克·马库族人没有货币的概念，在许多游牧狩猎式的社会没有储存食物的习惯，他们习惯于掠夺，而不是从事商业交换。就连 500 年前南美洲的文明社会印加人也没有货币，他们用欣赏的眼光看待稀有金属，认为黄金是太阳的汗水，白银是月亮的眼泪。[1]

中国最早开始使用货币的时期可追溯到新石器时代，当时人们使用贝壳作为货币。货币的历史是一个不断虚拟化的过程。在发展过程中，它本身的内在价值逐步减少，发展到现在甚至已经不需要实物形态。

经济学家一致认为，货币起源于物物交换的不便。但这草草的一句话并不能清楚地解释货币起源的过程，这样含糊的解释忽略了一些重要的概念和过程。我们不妨设想一下古代物品交换的场景，一只鹿可以交换多少粮食？交换多少鸡蛋？交换几只鸡？交换什么工具？交换几个贝壳？在交换之前，人们需要对物品的价值有明确的感知能力，这是交换发生的基本前提。食物的交换依赖于人们对这些食物解决饥饿的感觉，工具的交换依赖于人们对使用这些工具所能进行的活动的认识，而像贝壳这类物品价值的评价则需要一定的审美能力，发现物品的审美价值。在贝壳成为货币之前，人们必须普遍认可贝壳的价值。对于价值及其数量的感知是人类区别于动物的高级本能。动物虽然也会用性来换取食物，但这更多的是一种本能性的生存需要，对于性行为和食物的价值与数量并没有清晰的认识。

经济学家似乎并不关心货币本身的内在价值是什么，在他们看来这无关紧要，因为它只是一个符号。不仅如此，其实他们对于"价值"这个词就不太关心，价值在经济学中指客体对主体表现出来的积极意义和有用性，被视为能够公正且适当反映商品、服务或金钱等值的总额。但在新经济环境下，依托这种经济学价值论所建立的生产消费体系却逐渐失去继续增长的活力。

问渠那得清如许？为有源头活水来。几百年的经济学没有源头活水的注入，注定是一潭死水。任何学科、任何理论，在不同的时代都要对最根源的基本概念重新认识。对"价值"的重新认识必将给经济学与商业体系带来新鲜活水，这一时期的经济形态或许将有一个新的名称——价值经济。

1. 回归：现象学价值论的数字重建

价值这个词已经被过度滥用，因为它是一个最基本的概念，难免会被人们广泛使用。对这个概念的任何定义都会受到种种质疑与反驳。我不能断言哪种见解才是价值的正解，只能尽量给出一个最契合具体时代、语境和条件下的解释。

亚当·斯密以来，对价值的经济学解释，也就是经济学价值论，主导了人们对价值的认识。对使用价值与交易价值的强调契合了当时通过工业生产与商业贸易来获取国家财富的需要。经济学价值论可以从古希腊哲学中找到根源。

早在 2000 多年前，哲学家们就开始了对价值的讨论。柏拉图首次提出价值分为两类：外在的和内在的。我们可以理解为，事物的外在价值体现在它对其他人或事物带来的帮助上，而内在价值则是因为其本身的内隐因素，两种价值并不互相排斥。[2]

古希腊哲学家亚里士多德认为杯子不只在使用的时候具有价值，在交换的时候也同样具有价值。经济学价值论正是滥觞于此。亚当·斯密在《国富论》中说："应当注意，价值一词有两种不同的意义。它有时表示特定物品的效用，有时又表示由于占有某物而取得的对他种货物的购买力。前者可叫作使用价值，后者可叫作交换价值。"[3] 在他看来，水比钻石的使用价值大，但水的交换价值却比钻石小。在金钱和财富至上的贸易繁荣时代，想让杯子值钱，就要加一些昂贵的装饰，至于是否将其束之高阁当装饰品，它够不够实用，那不是他关心的事。在这种价值定义的引导之下，18 世纪以来，人们很少再去从哲学上思考事物为什么有价值，而是更多地讨论如何增加物品的使用价值和交换价值。产品生产出来以后，不单单是为了用，更是为了卖。

工业革命加速了商品制造与流通，巨量的财富滚滚而来。久而久之，在人们的意识当中，商品的价值自然与实用性和价格画上了等号。通过生产活动，人们不断创造着这样的价值，围绕商品的生产与交易形成了巨大的消费市场。人们用价格来表示交换价值，并通过交易来获取这些实用商品的使用价值。

但商品的使用价值和交换价值都已经悄悄发生了变化。举一个生活中常见的例子，技术的收敛效应使闹钟、电子表等商品变成了免费的手机软件。使用手机的时钟软件，不仅可以将自己喜爱的音乐设为闹铃，还可以设置多个闹钟，使用秒表、世界时钟、计时器等功能，不占空间，随身携带，还可以联网保证时间的准确性。实体商品消失了，但使用价值增多了，交换价值被取缔，人们不需要通过交易就可以免费获得使用价值。有无数产品被生产出来，是为了免费使用，而不是为了直接售卖。生产方与使用方并不存在直接的交易关系，这是最显著的差别。

其实，无论是强调使用价值还是强调交换价值，都无法让事物真正体现出价值。

强调使用价值导致人们过分注重事物的实用性。对实用性的判断促使我们在商品之间做出购物选择，现在人们倾向于带有大屏幕、抬头显示等功能的汽车，购买具有美颜、语音助理等功能的手机，因为这些功能让人们觉得实用性更强。实用性这一概念并不一定涉及事物的实际使用，在购买商品之前人们往往需要试用和亲身体验才能对实用性做出评判。

简单的试用和亲身体验在很多时候也不能保证人们对商品的使用价值有完整的感知，因为人们对商品的使用往往是长期的，比如对一部相机的试用和亲身体验很棒，但外出拍照的时候会发现有些功能欠缺，有些功能则是鸡肋。因此，这就凸显了产品开发以及产品使用场景的重要性。使用场景存在于人们对物品的使用与体验过程中，单反相机的 Wi-Fi 传输功能更多地被用于拍照之后发布朋友圈，这通常不是在商场柜台购买相机时就能了解到的。精神和情感上对相机的体验是成功留住了美好瞬间，拍出好的作品并获得他人的赞许，引发对于经历的美好回忆。如果因为操作不便而错失了某个瞬间，不能及时将照片发到朋友圈，或是回想起旅游经历时只记得自己在摆弄相机，那么这个相机无疑是一个败笔。

强调交换价值导致人们过分关注事物的价格与性价比。在实用性不一定涉及实际使用的情况下，商品所标示的价格与商家所说的性价比就是脱离实际使用情景的，很大程度上是一种市场对比的结果。比如，在购买电脑的时候，人们会在相同的配置下比较不同品牌的价格和性能，以此来衡量性价比，并在简单试用之后做出购买决策。但在买回去使用的过程中，总会碰到各种各样的问题，比如散热不好，不易清理，容易卡顿等。人们在此时才会有对于这台电脑的价值与价格的经验与明确评价，是物超所值还是一文不值？这绝对不仅仅是一个物理上的评价，更依赖于人们对于使用电脑后的精神与情感体验。用户的真实经验与评价对于商家和其他用户来说意义非凡，但即便是在数字环境下，这样的真实经验与评价还是难以被挖掘和共享。

电商在这方面似乎没有什么建树，商家总是采用发送短信、赠送优惠券、返现等方式来促使用户尽快做出好的评价，甚至会雇用刷手或差评师做出虚假的评价，以此来获得竞争优势。在巨头林立的电商世界，新的电商平台要想获取流量，必然要付出巨大的营销成本。在综艺节目的冠名和赞助商当中，在各类资讯软件的广告里，也有了越来越多电商平台的身影。拼多多让人略感尴尬的广告攻陷了各大卫视，优信、瓜子、人人车、弹个车、车置宝等汽车 App 更是乐于将大部分利润砸向广告。更有甚者，充斥着莆田高仿的鞋类电商 App 闪电降价更是明目张胆地在腾讯的各个产品里打着推送广告。

当城市里的人们对进口食品超市里面几十元一个的白草莓、十几元一个的青苹果不再惊讶，当农村里的人们对摆满大肉大鱼的过年菜看不再愿意动筷子，你就会明白消费观念的转变会对自己的生意产生多么大的影响。消费观念正是基于人们对价值的感知而形成的。在数字环境下，有必要对价值的创造、传递、会计等机制重新思考和定义。

2. 体验：价值产生的情境与触点

鱼，我所欲也；肉，我所欲也；二者摆在过年餐桌上，我所不欲也。不管人们吃不吃，从古至今，鱼和肉都是食用价值很高的食物，它们的自然属性决定了这一点，用科学的术语来说，这是其"外生性"的、"绝对"的价值。与鱼肉相似，从被生产出来开始，水杯、家电、家具等产品都具有这样的"绝对"价值。但人们对这些事物价值的感知却是"相对"的，因为这与使用情境、场景有很大的关系。摆在过年餐桌上的鱼肉在靠地瓜干充饥的饥荒年代是珍馐美味，会让人大快朵颐，摆在桌子上那也是面子。但现在北方过年期间的蔬菜比鱼肉还贵，满桌的大肉大鱼就是让人提不起胃口。人们从这些传统中寻找着年味，既接受又抗拒，毕竟这些传统的演变过程都很漫长，这也正是这些鸡鸭鱼肉的"相对"价值。与这些象征着年味的鸡鸭鱼肉不同，市场上的产品所面临的环境则更加残酷，市场淘汰它们的速度比它们自身的演变过程要快得多。

企业的经营者如果不能切身体会到用户在生活点滴中的感受，也就无法最大限度地满足他们的需求。成功的产品和企业并不总是那些极具颠覆性、惊天动地的发明，反而往往是产生于创始人对于某个小问题的切肤之痛。

通过富有创造性和活力的经营策略来获得更高的市场份额是竞争战略理论强调的重点，而更高的市场份额则意味着产品带来的交换价值更高。增加新功能就会增加产品的实用性，提高产品价值，这就是过去两百年里推动经济发展的商品主导逻辑，符合亚当·斯密经济学价值论的主张。然而，繁盛的商品经济催生的巨头公司却轰然倒塌，也恰好成为价值转移理论的一个例证。

2012 年 1 月 19 号，柯达公司申请破产保护。这家百年企业在它的鼎盛时期（1976 年），曾占领了美国 90% 的胶卷销售量及 85% 的相机销售量。数码相机是由柯达的工程师史蒂芬·萨松发明的，但柯达却没有快速地进入数字时代。

作为商学院的经典案例，柯达衰落的原因众说纷纭，有一种说法是，柯达曾委托某知名商业咨询公司调查照片在世纪之交的发展前景，据其称每年大约有860 亿模拟图像拍摄出来，而只有 1/10 被打印共享，其余的都尘封在了相簿里。[4]因而得出结论：照片可能不会向共享的方向发展。

咨询公司的数据可能没有错，因为那时照片的分享机制是以影印为媒介。而数字化却改变了信息（拍摄什么样的照片）和媒介（拍照和沟通共享的渠道），打破了照片的使用情境限制，将照片变为了商品、内容、信息、社交资源。现在，人们在各种各样的情境下使用照片，手头没有纸和笔，可以用照片来记录文字，开会直接用照片来记录 PPT 作为笔记，在停车场拍个照片方便找车，保险理赔、家具家电安装、银行单据都要用照片来记录，买完东西商家鼓励晒图，不管在哪儿，只要心里有所感悟，就可以拍个照发朋友圈。

相机与手机的关系比较有意思。手拿专业单反的人往往对手机拍照嗤之以鼻。尼康在 2017 年关闭了中国的卡片机制造工厂，人们把原因归结于高像素拍照手机和手机修图软件的影响。[5]像非专业的卡片机这种硬件被智能手机收敛则是必然的趋势，而像徕卡这样的相机商则与华为合作，试图主动将专业的光学影像系统植入高端智能手机。[6]手机变成了相机，并赋予了相机更大的灵活性，使相机能够在各种情境下发挥作用。保险公司、快递员、安装工、银行拿专业单反来拍照并上传系统简直非常烦琐。

即便你送给快递员和安装工一台专业相机，他们也不会用它来创造价值。价值的创造必然来源于使用，这与现象学价值论的主张相吻合。

提到"使用"这个词，我们立刻会想到肢体上的使用，像汽车、水杯、电视，就像"消费"这个词一样，会让我们想象在消耗或购买某个事物。房间里摆的花、书架上摆的书、墙上贴的墙纸不会让人一下子想到是在使用它、消费它。用"使用"这个词表述使用事物所创造的价值容易产生思维局限，更要强调功能上、肢体上的使用。实际上，与其说你在"使用"房间里摆的花、书架上摆的书，不如说你是在"体验化地使用"它们，或者干脆就说你在"体验"。体验更强调事物价值的情境性和精神性。当我们用手机拍照时，不只是在使用相机这个功能，更是在用这个功能与拍摄的景物进行交流，与朋友交流此时的心情类似。可以说，此时不是在使用手机，而是在体验作为某个情境一部分的相机。

借用文学里的概念可以更好地理解使用与体验的差别。使用是主客二分的，而体验则有主客一体的意味。以物动情、以情饰物的审美观在中国称作"物感"，在日本称作"物哀"。

"天地与我并生，而万物与我为一"的天人合一思想正是物感说的哲学基础。读古典诗文，很容易见到"感时花溅泪，恨别鸟惊心"这种情景交融、借物抒情的笔法。魏晋时期的嵇康为人洒脱不羁，和朋友在洛阳城外柳树下每天打铁，以此"审贵贱而通物情"，临刑一曲《广陵散》成千古绝唱。章丘铁锅这口不起眼的器物是如何让国人纷纷"种草"，甚至还有人国外代购？那是因为它历经 12 道工序、18 遍火候、7 道热锻、5 道冷锻、1000 度高温冶炼、3 万 6000 次的锻打，寒光凛凛，滑而不黏。手工匠人的心血凝聚于器物之中，而厨师、食客也可以在食物的烹调与品尝当中体味到其中的功夫。

在日本，那些百年老店里的手艺人将"物哀"发挥到了极致，比如"小竹"羊羹店的店长就说，羊羹的味道会因温度和湿度的微妙不同而有所变化，所以必须用身体感受温度的细微变化。生产精密光学设备的三鹰光器要求员工培养"用身体思考、用身体记忆的能力"，以打磨出最精密的镜片。秋山木工则通过严格的学徒制来使学徒深刻地体味"木之道"。纠结于唯物唯心的哲学争论并没有什么实际意义，因为物就是要为人创造价值，而商业就是将这种价值最大化。

场景这个概念与前面提到的情境一词有通神之妙。单从字面来看，情境包含了情感和环境，而场景包含了场的概念。场是个物理概念，磁场、电场都可以让人想到物质的分布和相互作用。当你拿着手机拍照的时候，你和手机、景物都处在一个场中，也会通过拍照而产生情境。正是因为对情境价值的感知，你才会举起手机拍照。

人们在各种场景和情境之下所产生的体验就是通往商业结果的触点，种种场景和情境来源于细致入微的生活，是人们生活方式和事物价值体现与创造的表现形态。

体验源自真实的时间与空间，包括情境内的所有人、事物及情感。满足情境体验需要可能是使人产生支付意愿的重要因素。曾经有这样一个创业游戏，导师给学生们每人一个蓝色纽扣，并要求他们在一周的时间里将其交易，然后拿回他们最后成交的东西。传说有个学生拿回了 5000 英镑。这个学生先是用纽扣换得一个安全别针，然后又换得一支昂贵的钢笔，如此下去。有人会花 5000 英镑（45余万元）买一个纽扣吗？回答是肯定不会，这 5000 英镑是在一系列情境的交易中产生的。情人节的大街上有人会花 100 元买一朵玫瑰，身陷沙漠的人会花掉所有来换一瓶水。当然，这里不是鼓励乘人之危，而是要成人之美。

我们没必要鼓吹数字化的作用，但数字化确实会提升企业应用情境的能力。举几个例子，当下很火的无人商店，实际上就是一个布满传感器、摄像头，能够随时感知购物情境的应用程序。进入商店你就进入了一个严密的 "监控" 当中，你的一举一动都把你的习惯向零售商泄了底。这与传统的商超有着本质的区别，因为两者在数据密度、技术密度、情境密度上都不一样，传统商超不会把房顶和货架布满摄像头，雇一群人对顾客的一举一动进行监视，否则会把顾客吓跑，这样的监控没有意义。而无人商店则可以根据 "监控" 为你自动结算，你的每个体验细节都成为商家改进产品与服务的触点。受资本热捧的无人货架抓住了办公室零食饮料这个情境，它本应该挖掘出更多的情境，但很可惜，过度的扩张与优惠补贴把它原本的方向带偏了。

芯片、GPS 和各类传感器的应用使智能手机、智能手表、智能家居、智能工厂等智能产品不断出现，更强的连通性为许多组织提供了沟通协作的机会，可以协同满足用户在特定时间和地点的需求。像通用电气、小松机械等企业早就把产品变成了物联网连接件，不管在哪里，企业都可以随时掌握设备的运行情况，为客户提供即时的服务，商业模式也可以由售卖变为租赁，为客户创造更大的价值。从这个角度上来看，智能硬件产业其实本质上是一个数据生意，正如马云声称阿里巴巴不是一家零售公司，而是一家数据公司。但很多智能硬件企业似乎仍沉迷于售卖硬件所带来的直接利润，而忽略了数据的利用。

有了数字化技术和数据的帮助，企业就有能力重新设计情境，使品牌、产品与用户以一种更友好的方式进行互动，为用户创造出更好的情境体验，进而产生新的市场与机遇。

事物的价值在情境体验中被创造出来，我们所说的场景和情境是一种状态，而不是动作。不同事物之间的连接是通过交互来实现的。没有交互就不能形成连接，也就不能构成体验。

交互是形成体验的必要条件，这样可以很自然地导出一个结论：价值的创造从一开始就是在交互中进行的，而绝不是一个单向的传递过程。

3. 转折：从价值的交换到共创共享

服务主导逻辑的概念在 2004 年被提出后，立刻受到管理学界的关注，并受到市场营销大师科特勒等人的热情拥护。有学者批判了整个市场营销理论的发展，认为商品价值的产生不是由于买卖交易而是由于它们所提供的功能。此外，产品的价值不仅仅源自生产者的生产行为，也源自顾客的共同创造。[7] 在此前的商品主导逻辑下，人们认为价值是通过企业的生产行为和消费者的购买行为来实现的，企业是价值的创造者和分配者，消费者并不参与其中。[8]

商品主导逻辑下的商品经济造成了物质的极大富足，而服务主导逻辑则将使服务无处不在。与商品不同，服务必须是双向和多向的、交互的。有学者发现，消费者的角色发生了重大转变，他们不仅购买产品，而且根据自身的喜好、行为、生活经历、知识和技能积极推动价值的最终输出。此外，对价值创造过程的描述也发生重大转变，过去的描述是基于生产者和消费者的线性互动，而时下则同时关注包括企业、消费者、员工和利益相关者在内的不同参与者的多维互动。

随着主体的多元化，价值创造过程必然不再是一个线性过程。线性的隐喻就是"价值链"。迈克尔·波特在 1985 年出版的《竞争优势》一书中提出这个概念，促使企业不断追求成本优势、差异优势与聚焦优势，以此来增加企业创造的价值。当你推出一款橙色的单车，通过整合供应链实现成本优势，通过研发实现差异优势，通过集中占领某个区域实现聚焦优势，这时竞争对手用很短的时间就在同一地区推出了大量相同成本、相同技术的蓝色单车。通过资源投入、物品投入来获取竞争优势和巨额市场价值的做法在生产技术如此发达的今天已经是痴人说梦，产品的价格也不可能只是简单的成本叠加。

波特的价值链本质上是企业通过所有权的交易来获取货币价值，价值链的收入流是垂直的，商品的所有权最终由顾客来买单。但令企业失望的是，今天的消费者已经厌倦了这种交易，转而想放弃所有权。因此，传统的自行车企业一度走向破产的边缘，却又被试图通过价值链的整合而获得共享单车企业的扶持，起死回生。与无人货架结合在一起看，共享单车不就是无人货架吗？受资本热捧的无人货架在用户情境体验上没有深入挖掘，同样，共享单车在这方面也捉襟见肘。

近十年来，市场竞争日益激烈，企业之间的合纵连横与兼并收购也越来越密集地发生，这不同于以往企业之间独立的竞争。对于互通性的强调使企业由重视比较优势转而重视合作优势。合作优势使企业之间互通有无，把商品单一的用途扩展为更大范围的体验情境，收入流不再只是垂直的链条，而是水平＋垂直的立体或网状。价值链对于单一的垂直链条仍然有效，却不再适用于整体的企业经营。这样的例证很多，以一个简单的实体餐馆为例，不与支付宝、微信、饿了么、美团这些公司合作，就有可能会损失掉一半的客源。它的收入流不同于以往垂直的堂食收入，在水平方向上也从饿了么、美团等平台上通过支付宝和微信获得收入。

商品经济带来了物质的极大富足，也完成了它的历史使命，是时候退出历史舞台了。但这并非否定商品存在的意义，而是要求企业重新反思产品与服务，企业不应该被认为是产品和服务的提供者，而是社会资源的整合者，在生产中帮助消费者，通过共享、整合技能和知识等资源而进行价值的创造。企业和消费者是相互依赖的关系，任何一方都没有独立进行价值创造的能力。

经济学家科斯认为，在资本主义经济体制下，社会资源的配置方式是通过价格机制和企业来进行的。科斯认为交易费用是极其重要的概念，可以说，它是产生企业的根本原因之一。企业组织是"价格机制的替代物"[9]，企业的存在是为了节约交易费用，即用费用较低的企业内部交易替代费用较高的市场交易，使得企业能够获取利润和规避风险。

人们把科斯的理论总结为科斯定律：企业的出现是为了减少交易成本。但我们不妨把它补充完整，企业的出现是为了减少基于所有权的社会资源配置的交易成本。也就是说，企业是社会资源配置的一种有效方式，但科斯的时代却不会有人意识到所有权的问题。从约翰·康芒斯以来，制度经济学研究一直认为交易是所有权的转移，是制度经济学的最小分析单位。

基于所有权的社会资源配置导致了商品主导逻辑的流行。商品经济就像瘟疫和梅毒迅速扩散，而商品就像是澳大利亚草原上失去了天敌的兔子，以指数级的增长速度极速繁殖，直到汽车把一条条街道塞满，各类家电器具把房子塞满，铺天盖地的资讯把人们的脑子和生活塞满，垃圾物质产生的藻类把江河湖海填满，肮脏的雾霾用灰色把天空填满，转基因、防腐剂和抗生素把人的血液填满，主导世界的精英才意识到自己的逻辑错误。

企业在长期的发展当中迷失了方向，忘记了有效配置社会资源这一初衷。一摞摞白纸、一通通电话让一个个订单变为真金白银，一道道命令自上而下，像圣旨一样催促着员工完成手里的绩效目标。表面的繁荣背后往往掩盖着深刻的危机，《红楼梦》中宁荣二府"忽喇喇似大厦倾，昏惨惨似灯将尽"的场景总让人唏嘘不已，但有多少空前强盛的企业一朝崩塌？企业组织替代价格机制节省了市场交易成本，却又自己设定了种种障碍且增加了交易成本，组织内部官僚主义的膨胀和沟通方式的落后使得企业这台组织机器耗尽了机油，嘎吱作响。

企业与利益相关者共同创造价值的现象越来越普遍，这是在数字技术出现之后才逐渐出现的情况。网约车软件的出现，使很多人放弃了对汽车所有权的渴望，爱彼迎这类公司让越来越多的房主把自己的房子出租给别人。越来越多的企业去掉了库存，走上了定制化的道路。越来越多的组织建立了数字化沟通系统，进行着组织的改革。在阿里巴巴、找钢网、找塑料网等行业类网站上，企业可以轻松地找到供应商、合作伙伴。当企业和消费者都放弃对所有权的执着，接受服务主导逻辑，反而在商品之外找到了更多的服务盈利空间，服务代替商品成为盈利中心。

合作优势使企业聚焦于联合其他企业和利益相关者，通过满足用户的情境体验来创造价值，而不是把巨量的资源投入获取竞争优势、占领市场上去。这两者有本质的区别，因为通过互动产生的良好情境体验使消费者成为忠实的长期用户甚至终身用户，随着品牌口碑的传播与扩散，自然就产生了竞争优势，占据了市场份额。小米手机就是通过低价而有设计感的产品、优质的服务和口碑营销占据了"米粉"的心，以至于在小米推出电饭煲、净水器等其他产品时，这些忠实的"米粉"也毫不犹豫地选择了小米。当然，像"暖手宝"红米手机这样的产品也会有损品牌的声誉，使消费者粉转黑。

灵活组织体系的变革就像是从悬崖跳下，落地前需要装好一架飞机。而数字化的通信方式就是润滑油，使组织机器能够猛踩油门，有足够的速度振翅起飞。当企业在数字化时代组装好飞机，就进化成了平台。

相对于企业来说，平台是一种更高效的社会资源配置方式。企业内部交易成本如果降低或者消失，那才会使社会资源配置的交易成本真正降低，甚至在内部形成市场。在成熟的平台上，互联网等数字化通信方式、数字化信用体系使得内部组织更加灵活，市场摩擦力消失，平台内部成员彼此之间的交易成本趋近于零。

这样的转变就像是打黑车、打出租车和打滴滴的区别。打黑车就是市场交易，面临风险较大，交易成本也较高，需要一辆一辆地问，最终通过价格机制来达成交易。而打出租车则由于出租车公司的规定和发票金额的约束，不允许价格变动，而是统一的价格，且交易风险很小，交易成本也低，每一辆车都可以直接上，不存在复杂的价格机制和交易风险。但出租车的资源是有限的，交易成本更多地转嫁到时间成本上。到了滴滴打车，交易的成本更低了，首先是用户可使用的资源更多，时间成本很低，还可以有一定的价格机制，车辆的好坏、峰时调价可进行选择，且风险更低。出租车司机服务态度不一定好，而滴滴则可通过评价对司机的行为进行反馈、评价和管理。此外，在组织的灵活性上，出租车公司也明显落后于网约车平台，出租车需要通过一系列契约与公司达成承包协议，而网约车平台则可通过手机很快地注册为平台司机。总之，通过快速的通信网络，平台的交易成本比企业的交易成本更低。

交易成本的降低使得社会资源得以更有效地配置，也使得消费者的总成本降低。科特勒在 1994 年提出顾客让渡价值理论[10]。他认为顾客让渡价值是指顾客总价值与顾客总成本之间的差额，顾客将从那些他们认为提供最高认知价值的公司购买产品。把顾客改为用户，这一理论仍然适用。

数字化技术极大地降低了总用户成本，而使总用户价值得以最大化。总用户成本将会朝着无限接近于零的方向发展，如果哪个平台能够使这些成本得以最小化，就会在互联网时代取得胜利。拿零售业来说，如何使用户能够最快地找到自己想要的商品，减少搜索和体验的时间，这就涉及电商的进化和线上线下的转移。再拿共享单车来说，哪个企业能够使用户的成本最低，比如找车时间、开锁时间、便利性，以及通过单车获取其他服务等，就能取得胜利。而使用户成本降低的过程，也是平台创造价值的过程。

平台的价值创造仍然离不开对用户情境体验的挖掘，而这是在不同角色参与者的多维交互中产生的。由于平台参与者的数量足够大，以至于产生的用户情境体验更加立体、真实，参与者共同创造出的价值显然也就更大了。

平台内部市场也在参与者的多维交互中产生。可以说，平台的本质就是混合多边市场，这也是平台魅力的所在。在互联网时代企业、员工与用户之间的关系发生了复杂的变化，每个人，包括管理者、员工、用户都具有多重角色，他们在多维交互中共同创造着情境体验，并最终转化成共赢的价值。

企业在这个价值共创过程中，要么成为平台，要么被平台拥有。这也是互联网时代的必然趋势。

4. 乘数：用户价值会计系统探索

奥利弗·威廉姆森于 2009 年获得了诺贝尔经济学奖，获奖理由是其在经济管理方面的分析，特别是对公司边界问题的分析。对于公司边界问题，科斯认为，交易成本与管理费用的对比，确定了企业的边界。这就是说，当企业内部组织交易的费用低于通过市场交易的费用时，企业的规模还可以扩大；反之，则应该缩小。当企业内部交易的费用等于通过市场交易的费用时，企业就达到了最佳规模。威氏的研究建立在科斯公司理论的基础上，他隐含地表述出价值创造存在着两种机制和组织形式——市场与企业。[11]

这两位经济学家并没有意识到第三种价值创造模式的存在，也就是企业之间共同创造价值的中间性组织。[12]市场与企业相互联结、相互渗透，企业内有市场，市场上有企业，这种联结与渗透形成了企业间复杂的中间性组织形式。在互联网到来之前，就存在着战略联盟、虚拟组织等中间性组织，但之所以不做论述，是因为即便这些中间性组织的组织结构与企业不同，但从组织整体来看，其边界与交易成本问题仍然符合科斯的观点。真正的转变是从互联网到来之后才开始的。

实际上，当内部交易成本等于市场交易成本时，企业内部的官僚主义等问题就很严重了，达到的不是科斯所说的最佳规模，而是一个很危险的规模。这时的企业规模已经无法再扩展，边界已经固化到无法再移动了。企业只能维持现状，或者说是苟延残喘。企业失去了发展空间，很可能会一夕崩塌。

而在互联网平台内部，交易费用被无限缩小，这意味着平台的边界可以不断地以最快的速度向最大的范围扩展，因为它永远低于外部市场的交易费用。平台组织是当下最典型、最成熟、最普遍的中间性组织，互联网释放了中间性组织价值创造的活力，使其成为互联网时代价值创造的源泉。

平台组织的组织结构类似于恒星、行星与其卫星构成的星系系统。在这个星系中，有两种力在起作用：一种是吸引力，另一种是逃逸力。平台企业、模块生产企业、供应商、经销商、合伙人、用户等角色在两种力的作用下，通过合作共创的方式进行角色与关系的重塑，以一种协同关系创造价值。[13]价值星系的概念很好地诠释了这样一种价值创造的形式，但是鉴于人类对于宇宙的了解太少，人们对天文学的专业术语也难以理解，价值网络似乎是一个更好的隐喻，作为概念也更容易被理解。静态、线性的价值链理论显然无力反映由众多网络参与者共同创造的复杂关系，是时候用一个词对这种"价值范畴"做一个概括了。而实际上，"网络"一直是对互联网最生动的形容。

姜奇平 2009 年在《互联网周刊》中将价值网络的特征总结为三个：由企业替代市场转变为市场替代企业；企业由存在走向消亡；价值由二分走向共享。

此外，他认为价值网络对企业的基本特征也产生了三个改变：要素流动去刚性化，在企业内外自由流动；资本非专用性化，"组件化"分享价值；打破企业边界，与利益相关者共同成长。[14]

在这篇文章中，他认为价值网络用一系列连续的短期临时契约替代了一个叫作"企业"的长期契约，使交易费用降低。而资本专用性的打破使企业不再依靠内部资源，而是内部性和外部性的结合发展，甚至以外部性为主，这挑战了企业理论的底线。在这种情况下，科层制也必将进一步瓦解，企业结构向着类似于市场扁平化的方向演变。

在商学院 2011 年的课件里，管理学教授则将价值网络的竞争优势效应总结为四点：网络经济效应，提供更多的客户价值组合；风险对抗效应，使客户获得更为稳定的价值让渡；黏滞效应，提高客户的忠诚度；速度效应，节约客户宝贵的时间。[15]

企业与市场其他成员的关系不再以交易和契约关系为主，而是强调合作伙伴关系。交易与契约的过程在数字化时代变得更加迅速，信用体系在其中起了很大的作用，区块链技术的应用将进一步加速这一过程。

每个企业开放边界、增加外部性的做法不一，有的从开放功能入手，有的从开放组织入手。陈威如教授认为企业转型成为平台有四种模式[16]：部分功能的向外市场化、部分功能的向内市场化、全面功能的向内市场化、人人平台组织。在经过多年的探索之后，像海尔、温氏集团这样的企业在这方面已经取得了很大的成就。

作为一个近 40 年的企业，海尔可以说是中国现代企业史的参照物，当你把海尔的发展仔细研究过一遍之后，就会感觉宛如读了一部中国近代 30 多年的企业史。海尔之所以能够在 30 多年的时间里一直稳步发展，离不开张瑞敏的一次次"重生"式变革。

海尔从组织变革入手，一下手就裁掉了一万的中层领导。人单合一模式从 2005 年开始提出。管理无领导、供应链无尺度、企业无边界，企业平台化、组织小微化、员工创客化，海尔把全世界的管理专家请来做研究交流，以至于变革中产生的词汇都可以编纂成一部辞典了。从刚开始的自主经营体制到后来的创客所有制，张瑞敏把组织打碎成 2000 多个小微，把员工转变成创客。海尔不培养创客，而是作为一个创客平台，谁有创业想法，谁就可以来。企业不再以生产价值为使命，而是以生产创客和 CEO 为使命。

海尔有几种模式：企业的员工在海尔平台上创业，合作伙伴可以在海尔平台上创业，社会资源可以在海尔集团创业，创业联盟也可以在海尔平台上创业，甚至消费者也可以在海尔平台上创业。海尔还权给员工，薪酬权、用人权、决策权都还给员工。敢于放权，这也是许多企业学不会的原因。（见图4）

图4　海尔的"小微"创业模式

温氏集团将合伙制延伸到产业，温氏集团有6800多个股东，有56000多个家庭农场加盟。通过合伙制度建立的平台，把56000个家庭农场用互联网连接在一起，实现集约化管理+分布式作业。

像这样的案例我们还能列举很多。但要注意的是，有些企业混淆了多元化与平台化的概念，用野蛮成长来形容它们一点都不为过。当我们讲"无边界"的时候，是以有效配置社会资源作为前提条件的。攻城略地建立一个帝国容易，但"马上得天下，不能马上治天下"。

梅特卡夫定律为网络经济的外部性提供了理论依据。它含蓄地将价值网络内所创造的价值用网络价值来概括，认为网络价值以用户数量的平方的速度增长。当企业、顾客与相关利益者都被连接在同一个价值网络，对这一网络的价值会计评估就是对承载某种商业模式的企业、平台进行估值、投资、经营的依据。

当然，要想对价值网络的网络价值进行会计评估，首先要搞清楚价值网络中价值创造的过程，这样才能有的放矢。在价值网络内，用户的价值需求是驱动价值创造的起点。（见图5）

科特勒在《营销革命4.0》中说："经过了从产品导向的营销1.0向以顾客为中心的营销2.0这一重要转变后，在以人类为中心的营销3.0时代，顾客变成了有思想、有内心和有灵魂的人类。因此，我们认为，未来的营销4.0在于能创造信奉和反映人类价值观的产品、服务和企业文化。"[17]企业要以用户的价值需求为核心提出自身的价值主张，并在产品、服务、企业文化等所有经营管理行为中体现这些价值主张。

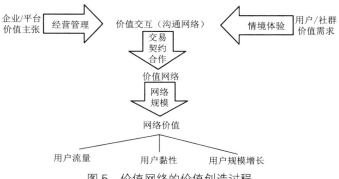

图 5　价值网络的价值创造过程

价值主张与价值需求的碰撞与适应就是价值交互的过程，在互联网时代，这一过程借助于数字化技术形成的网络沟通。目前市面上涌现了大量的智能产品，没个 Wi-Fi 远程控制、智能模式都不好意思拿出手。但仔细分析这些产品，就会发现其实所谓的智能，只不过是概念的混淆。

数字交互的含义比电商购物、远程操控更深刻。当企业收集并利用了空气数据，则能开拓出更多的使用情境。在智能家居场景中，空净配合空调、加湿器、香薰、新风等设备，可以一起塑造出多种多样的空气，比如有人喜欢森林的空气，有人要感受沙漠的空气，有人想要闻一闻内蒙古大草原的气息，甚至在看电影的时候能够自动调配出合适的空气氛围。当然，这只是一种设备联网后的假设，用户可能并不想要这些，这有待于企业深入用户生活中进行了解和挖掘。

企业的价值主张在获取用户认可和信任后，可以通过沟通网络深入用户的生活场景与社群，甚至可以吸引用户参与到企业构建的品牌社群当中，通过数据与深入的交互了解用户的情景体验，获取深层的价值需求。

根据企业对价值需求的满足能力，《营销革命 4.0》将价值交互的过程分为三个层次：“在用户旅程中，公司和品牌应该提升他们的创造力并增加与用户的互动。从用户的角度来看，共有三个层次，享受、体验和参与。那些专注于产品优势的公司和品牌只会给用户带来享受，它们注重开发能满足用户需求的产品与服务。但是，那些进一步推进的公司和品牌会在产品与服务上实现令人信服的用户体验。它们利用服务蓝图来增加与用户间的互动，并将店内体验和数字体验差异化。最终，那些在最高层次的公司和品牌会让用户亲自参与活动，使用户能够自我实现。

在用户体验的基础上，他们设计了能改变生活的个性化服务，以解决用户的焦虑和所需。"[18]

价值交互的过程发生在价值网络内。通过交易、契约和合作，价值网络参与者的规模和范围不断扩大，价值网络的边界也得以不断延伸。随着网络规模的扩大，网络的价值也呈现指数增长。网络价值的基本单位包括同边网络价值和双边网络价值。

同边网络价值，即一边利益群体的数量增加和互动增强，会引起同边利益群体的网络价值放大。

双边网络价值，就是一边利益群体的增加会引起其他边利益群体的增加。双方的良性互动会为双方带来价值的增加。在一个品牌社群中，品牌与用户在社群中的互动及用户自己的互动都会使企业和用户同时获利。双边市场的复杂化就是多边市场。价值网络内也会发生换边效应，当作为玩家的用户以创业者的身份参与企业经营时，能够将双边网络价值放大。比如，雷神是海尔平台创业的一个典型案例，高端游戏在本领域汇聚了一大批忠实而挑剔的游戏玩家，在长期的交互过程中，用户自己拿钱参与到雷神的创业过程中，组建起了雷神的电竞业务。

虽然我们对价值网络及其网络价值的意义有了明确的认识，但长期以来，它们却停留在概念阶段，难以在财务、考核上落地成明确的数字。企业的财务报表里不会有与用户交互了多少次、交互出了多少解决方案、同边网络价值多大、双边网络价值多大、形成了多少次换边，对于部门、员工的考核也难以用这些标准来进行衡量。（见图6）

图6　网络价值的计算

对于网络价值，我们只能用梅特卡夫定律来计算。网络规模的大小成为一个计算依据。在投资公司对创业公司进行评估时，网络用户数量、流量的大小理所当然是一个核心数据。但毕竟投资风险极大，他们更关注网络规模的发展前景，所以估值并不代表真实的网络价值。计算网络价值还是要回到用户这一价值的源头。

网络价值的增长最终离不开用户，用户是价值之源。虽然价值网络的企业与供应商、经销商等合作伙伴之间也产生价值，但如果这些价值不体现在用户的情境体验价值上，那就失去了意义。不管是同边、双边还是多边网络价值，也就是说，价值网络内的所有网络价值都要以实现用户的情境体验价值为目的。用户情景体验价值的提升必然会促进用户流量、黏性、规模的增长。因此，用户流量、用户黏性、用户规模的增长可以反映企业与员工创造的价值并作为财务与考核的衡量标准。

这也就是海尔提出"用户乘数"[19]这个概念的原因了。这个概念是根据货币乘数的概念而来的。货币乘数的大小决定了货币供给扩张能力的大小。简单来讲，100元可以通过先后借给甲乙丙丁，而实现400元的作用。那么这个货币乘数就是4倍。用平均报酬率10%来推算，100元的基础货币将社会总收益率提高到了40%。货币乘数越高，交易越频繁，使用的基础货币相对就越少。那么如果将用户代替货币，简单来说，以前卖出100台冰箱只能收100台冰箱的钱，但如果卖出去的是100台智能冰箱，则可以通过服务和生态收益来提升100台冰箱的收益。用户流量越大，使用频率越高，那么用户乘数就越高，用户规模增长也就越大，产生的社群和生态价值也就越大。用户乘数越高，说明单个冰箱和单个用户的"价值密度"越高。也就是说，这些智能家电（在海尔叫作"网器"）就成了基础货币，而企业成为价值银行。当然，这是以冰箱作为基础货币，如果把用户作为基础货币，100个用户通过"网器"的情境挖掘能力能够实现以往400个用户的价值和收益，那么这个乘数就是4倍。对于什么是基础货币，海尔并没有具体说明，但既然是"用户乘数"，海尔的原意应该就是以用户为基础货币的。但不管基础货币是什么，乘数效应的实现必然是通过"网器"来实现的。

基于用户乘数，海尔也推出了对产品价值、用户交互、用户交互价值、生态价值的计算公式，以此将用户价值、生态价值纳入企业的财务报表与员工考核。这是对企业财务转型和绩效考核转型的一个探索。当然，这在刚开始不可避免地会让很多员工一头雾水，纳入考核也会增加员工的绩效压力。但这种探索是值得肯定和赞许的，我们也期待着更多企业有更多这样的不懈探索。

以下附上这些计算公式[20]：

可测数值：
产品价值、顾客流量、用户流量、终身用户流量
可计算数值：
用户价值用户、终身用户价值、用户黏性、用户规模

比率乘数：

用以衡量顾客到交互用户再到终身用户的转换比率，
测量平台的吸聚用户的黏合力

➤ 顾客比率乘数=顾客/引领顾客

➤ 交互用户比率乘数=交互用户/顾客

➤ 终身用户比率乘数=终身用户/交互用户

比率乘数的目标是终身用户比率无限接近于1

价值乘数：

用以衡量产品价值到用户价值到终身用户增值，
反应社群共创价值的乘数效应

➤ 产品价值乘数=产品总利润/实际达到三高（高盈利、高份额、高价值）
的产品利润额

➤ 用户交互价值乘数=产品价值乘数x实际达到三高的产品利润/与用户交互
共创的产品实现的利润额

➤ 生态价值乘数=产品价值乘数x用户交互价值乘数x与用户交互共创的产品
实现的利润额/社群生态圈实现的生态利润

生态价值乘数的目标是小于1且无限接近于0

　　注：顾客就是咨询产品、参与产品活动、了解过产品的用户，引领顾客就是购买过或者积极参与产品活动、接近要买的顾客。交互用户就是正在使用产品并持续与企业交互的顾客，因为有物联网组件，比如智能冰箱，如果有数据返回，就是交互用户。而终身用户就是有长期使用习惯、不断迭代、参与产品改进的用户。

　　对于网络价值的会计评估，要从可测数值中用计算来测量。

　　产品价值可从价格、利润等方面来衡量，这里的顾客是指可能形成一次交易的人，也就是接触到产品并且可能购买或使用的人，这可以从营销数据中得到。用户则是使用或购买过一次产品的人，而终身用户是达到一定复购或复用次数并给出反馈或意见，且包含对产品升级迭代没有意见的大多数用户。

　　根据这些数值，我们就可以用计算来衡量用户流量、用户黏性、用户规模的增长。根据梅特卡夫定律就可以计算出网络价值，也就是总网络价值的变化情况。

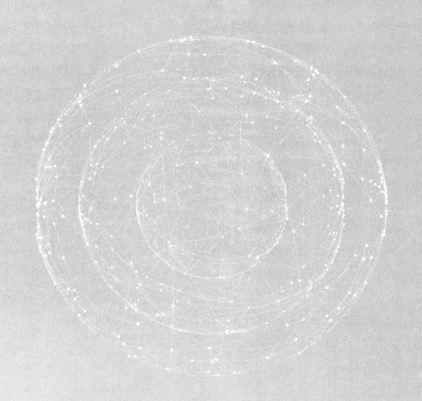

第 3 章

重新定义"需求"

生活基本上就是一众期望。

——贺拉斯

　　"9·11"事件加剧了 2001 年后美国的经济衰退，美国人随着安全感的降低，生活也开始低调起来。许多经济学家预计，由于经济的低迷与恐怖主义造成的大规模恐慌，美国人的消费活动将大幅减少。不过，事实恰恰相反，人们购买的物品比以往多得多。[1] 这或许就是心理学中恐惧管理理论最重要的假设之一——"死亡凸显效应"的作用，人们对世态无常的感受推动了人们对商品和服务的渴望，消费活动为人们提供了一种舒适和稳定的感觉。

　　从公元前 400 年的罗马集市到巴黎和伦敦的大百货商店，再到西雅图第七大街的 Amazon Go 无人商店，人类购物的历史已经随着市场的出现经历了数千年。在脱离了自产自销的小农经济之后，人类进入了分工细化、产销分离的消费社会，购买、消费成为人们不得不面对和选择的生活方式。长期的消费生活使人们的大脑喜欢上了购物，购物体验的神经反应会产生一种叫作多巴胺的化学物质。

　　斯坦福大学生物学、神经科学和神经外科教授罗伯特·萨波尔斯基对猴子大脑多巴胺的研究使人们对购物上瘾的癖好有了更好的诠释。在一项实验中 [2]，猴子被训练完成一项短期任务。每次训练开始时都有一盏小灯亮起，提示猴子开始进行任务；每完成一项任务，猴子就会得到一次食物奖励。

　　萨波尔斯基的假设是，猴子大脑中的多巴胺会在得到奖励时处于最高水平，然而结果并非如此。事实上，在看到灯亮起以后，多巴胺分泌水平立即上升。实验表明，促使大脑释放多巴胺的不是奖励本身，而是对奖励的期待。

　　实验变得有趣了。在接下来的实验中萨波尔斯基发现，如果猴子在完成任务后 100% 获得奖励，它们的多巴胺就保持在平均水平。而一旦获得奖励的概率下降，猴子的多巴胺水平就会上升，在概率变为 50% 时，多巴胺水平就会飙升。也就是说，得到有风险的东西比确定得到某个东西更能刺激大脑分泌多巴胺。

　　这样很多事情似乎就说得通了，比如员工激励计划，打折商店、清仓处理、商场折扣的持久吸引力似乎都是风险与未知促使多巴胺在作怪。当然，人并不是被实验的猴子，完全受脑部多巴胺的控制。人们熟知这些彼此之间惯用的伎俩，这样看来，人的主体意识起到了很大的抑制作用。

　　陀思妥耶夫斯基在《死屋手记》中写道："把所有经济上的满足都给予他，让他除了睡觉、吃蛋糕和为延长世界历史而忧虑之外，无所事事，把地球上的所有财富都用来满足他，让他沐浴在幸福之中，直至头发根：这个幸福表面的小水泡会像水面上的一样破裂掉。"[3] 让·鲍德里亚在《消费社会》中引用了这一段，用来批判无节制的消费社会。但如果将这段话与后现代哲学家彼得·毕尔格所写的《主体隐退》联系起来看，则是对主体自我意识的一种肯定。

德国哲学家曼弗雷德·弗兰克在《个体的不可消逝性》一书中说："世界在个体间性互动中开启的空间中呈现，互动的主体是有自我意识的个体，其动机每次都是不相同的。"[4] 尽管彼得·毕尔格等后现代哲学家在忙着像尼采宣告上帝已死那样宣告主体的隐退，但世界好像并没有按照后现代的方式运行，而在"个体间性互动中开启的虚拟空间中，得以更加生动而宽广地呈现出来。

1. 多巴胺：失控的购物与连通的需求

"我整天都想着购物。我喜欢寻找美妙的、完美的东西，喜欢那种因为太满意而心跳加速的感觉。"美国多渠道电商 HSNi 公司 CEO 明迪·格罗斯曼在谈起她的购物体验时说。[5] 看看大街上逛街购物的女人们满脸喜悦的表情，就知道多巴胺这种物质有多么神奇了。

事实上，零售商凭借他们的经验也了解到了这样的规律，像好市多这样的超市就采取了单品备货量极大的囤货策略，以至于人们购实这些大包装的低价产品时都用小板车。尤其是自有品牌的产品，很快就会被人们抢光。其实，人们到那里去可能只是想吃个猪排，但是出去的时候却塞了满满一车厢的物品。

零售商精心设计了这些恐惧、骚乱、惊喜的实体购物体验来增强人们的兴奋感，模糊了人们对商品的可靠性和价格、需求之间细微的界限，从而促使人们陷入购买的狂喜当中，甚至经常购买很多不需要的东西。如果人们迫切需要某个东西，他们一定会明确列个购物清单，而很多时候人们只是漫无目的地闲逛，因此主观上并没有对购物做出严格的控制，其行为有时甚至是失控的。

像淘宝、亚马逊、京东这样的电商平台，巨大的品类选项和孤独、单调的购物体验往往降低了购物时的多巴胺水平。人们总能找到他们想要的东西，并选择一个价格较低的，这种确定感及随时都可以进行的便利降低了人们购物目的愉悦感。因此，电商企业在造节、内容、社交、线下持续发力，以期待能将线下的购物体验带给消费者，让人们不再禁欲。

猴子的行为并不能完全解释复杂的人类社会现象，比如萨波尔斯基的实验并没有涉及人类的社会性问题，但观察人们的行为就可以看出多巴胺的影响了。当人们购物时，可能会抱怨拥挤的人群，但人们对人群的先天反应却恰恰相反，反而会下意识地被人群吸引。

托儿不止出现在某些魔术的表演中，餐饮店雇托儿排队的把戏更是司空见惯。其实即便是不雇托儿的商店也这样，好长时间没有人的商店里，只要有几个人进去，就会有更多的人被吸引进去。

简而言之，这就是购物的社会本质。人群是最清晰、最直观的社会认同形式，从数万年前我们能在地上行走后，这一事实就没有改变过。在一个空间里，其他人的存在仍然是人们的最佳原始指标，指示着这边可能存在有价值的东西。

苹果是在实体店创造这种人群效应的代表。想象一下每年苹果发售新机时在苹果店外带着帐篷通宵排队的人群，以及"苹果粉"用机器人或什么花样的排队方式都会登上新闻。苹果也意识到了网购让人感到枯燥和孤单的缺点，为了提高网络体验中的集体兴奋感，苹果为其网站申请了一项"增强网上购物气氛"的专利，并重新设计网站，将新品活动、服务活动等着重加入网站的架构，以此将线下的体验移植到线上。集体兴奋感也会促使多巴胺的分泌，使人们产生愉悦的感觉，在人声鼎沸、摩肩接踵的集市上，人们不仅多巴胺激增，连肾上腺素都会激增。

除了生理本能和人群效应影响多巴胺的分泌之外，对于发现新奇事物的快感也会让人们兴奋。然而，讽刺的是，当我们的生活变得越来越被科技和数据驱动的时候，我们周围的世界就变得没那么多新奇事物被轻易发现了，遇到意想不到事物的概率变得很小，这听起来可能违反直觉，却是事实。

数据、算法正在控制人们遇到的人和事物，在你注册 Facebook、微博这样的社交媒体时，它们要求你填写你感兴趣的人和关键词，导入你的手机、邮箱、通讯录，然后它们就会给你推荐这些你意料之中的人和信息，而将那些你不太"感冒"的人、地方、事物拒之门外。除非你像一个分析师那样刻意回避、主动搜寻，否则社交媒体就像是一个回音室，包含相似的思想、信仰、好恶的信息将不断在你耳边回荡。同样，新闻、视频和购物应用也在不断了解我们的喜好。

尽管通过算法和数据计算好的推荐替代了那些乱七八糟的广告，但这种方式对于购物体验来说就像是一针麻醉剂，逐渐削弱了人们购物时有意外发现的兴奋感。研究购物成瘾行为的印第安纳大学的恩格斯教授经研究称，人们在所居住的社区之外的其他地区购物时会更加挥霍无度。这也就不难解释内容电商的崛起与国人在海外的疯狂囤货了。

多巴胺的化学结构并不复杂，这种简单的神经递质让人爱恨交加，连爱情都受它的控制。田鼠是终身一夫一妻制的表率，研究表明，雄性田鼠在与雌性田鼠交配之后会分泌大量的多巴胺，而将这些多巴胺注射到未交配的雄性田鼠体内，这些可怜的小家伙就立即停止了对其他雌性田鼠的追求。令人遗憾的是，人们常说的七年之痒，其实只有三四年。多巴胺的大量分泌会使大脑产生疲倦感，因此，大脑需要对它进行回收或新陈代谢，激情退却后只剩下理性和美好的记忆。[6] 这可以解释爱情，也可以解释为何一个人购买了鞋子后却从来不穿，双"十一"后忙着退货。我们不妨停下来看一看自己身边的物品，想一下它们都是从何而来，一切显得很矛盾，却又极其自然。

每个人到底拥有多少物件，网络上有多种不同的说法，无论具体数字是多少，通常它都比人们认为的数字大得多。人们拥有的每个物件都是一种帮助我们解决问题的资源，都为满足某个需求而存在，在无形当中让人们生活得更好。这些物件都是"我"的一部分，多多少少地体现出"我"是谁。人们不断购买东西，也是在不断地丰富、满足、表现自我。

人们的生活通过物的增加而积累起来，这在我们参观名人故居的时候能够真切地感受到，从名人身后留下的物件中不难品读出这个人生活中的点点滴滴。但生活的方向和方式只能这样吗？很显然，人们可以从你拥有的物件中拼凑出一个"你"，但这并不是一个完整的、鲜活的你。每个物品都是一种"潜在"的资源，因为你不可能把所有物品带在身上，人们购买了物品，放置在家里或办公室里，它不能即刻满足一种需求，因为只有使用才能满足需求。

这些时候，"多巴胺后遗症"开始发作，明明家里的伞已经多得没处放，却要被迫在下雨时再买一把，买的那些可能有用的东西却一次也没用到，自己是有多蠢才要买它，当时怎么没有想到！这时候你会想，这些东西邻居可能会有，没必要买，也可以借给需要的人，却不知道谁需要。最好物理世界就像虚拟世界一样，想要什么，输入信息后手头很快就能用得上。

随着对数字环境的习惯，你会越来越感受到"只有使用才能满足需求"这句话的必要性。满足需求与购买没有必然联系，因为购买不一定能够随时满足需求。人类采取了现在看来很笨的方式来解决"随时满足需求"这个问题，那就是生产、放置数量足够多的物品。雨伞容易忘拿，那就在家里、办公室各放一把；车不好打，那就每人开一辆。当数量与便利之间的临界点被打破，这个方法就不再有效。

把物理世界虚拟化为解决这个问题提供了新的思路，物联网的世界呼之欲出。当需求之间、物品之间被连通起来，我们就可以减少物品的数量，使之维持在算法的最优范围内。数字技术带来的技术收敛也正在将人们从物的桎梏中解脱出来，人们需要较少的空间来存放物品，不需要耗费巨资维持一个大房子或拥有一辆汽车，却可以像哆啦 A 梦那样神奇地把 1500 件物品"揣进口袋"，随时使用。

未来每个人可能都需要一个物品管理助理，哪些物品已经买了、放在哪儿了，哪些物品必须买、去哪儿买，哪些物品可以借、去哪儿借，哪些物品可以租、在哪儿租，都可以很方便、智能地告诉你。

2. 异质：极权推力与需求向度转变

2018 年的第二个工作日，支付宝推出的用户个性化年度账单让人们惊讶于自己过去一年的"战斗力"，本来得意洋洋酝酿出来的一场"全民自我秀"，却被较真的法律人士指出了"授权漏洞"，质疑支付宝故意缩小字体不让用户留意授权内容。

此后，芝麻信用官方微博对此做出了回应，称这个做法错了，虽然初衷没错，却运用了不明智的方式，同时宣称已经调整了页面，取消了默认勾选，如果已经被默认勾选，可以在授权管理页面中取消该授权。[7]

支付宝对用户的质疑反应足够及时，态度也足够诚恳，但 Facebook 在用户信息的保护方面却备受指责，受到了大规模的用户赔偿起诉。这次，小扎一脚栽在了英国剑桥分析大坑里 [8]。在爆出丑闻后短短两天，Facebook 股价大跌，市值缩水 500 亿美元，甚至可能面临 2000 亿美元的天价罚款，这相当于它市值的近 4 倍。

剑桥分析是一家数据营销公司，为了获得精准的个人数据画像，在 2014 年说服剑桥大学心理学讲师亚历山大·科根加入他们公司，并以开发者的身份将他进行学术研究用的心理测试应用发布到 Facebook 应用中心。每个注册该应用并拥有至少 185 名好友的 Facebook 用户都可以得到 5 美元，这一举措刺激该应用的用户很快暴涨到 27 万。而在注册该应用的时候，用户并没有注意到默认勾选了授权应用获取个人及好友信息的条款。也就是说，该公司获取了 5000 万 Facebook 用户的信息、数据，包括他们的状态、照片、分享、点赞等。

据前员工爆料，对于第三方开发者如何使用数据 Facebook 缺乏监管，秘密收集数据已经是惯例。数字时代，像蚂蚁金融、Facebook 这些使用网站开展业务的企业时刻接收并处理着用户的数据，而这无形中就形成了一种"信息极权"。

人们刚从工业社会的极权主义当中解放出来，转而又进入了一种新的极权圈套。

在 20 世纪 60 年代，赫伯特·马尔库塞就敏锐地指出 [9]，工业社会使人成了单向度的人。人们追求房子、车子、票子，追求工具理性，而忽视了精神上的价值。人们追求同样的东西，失去了批评和超越性，这种物质上不假思索的接受是一种虚假的需要，人们是被他人胁迫，而不是追求自我个性的真实需要。

人们的需求被异化，劳动和消费也被异化了。人们作为勤恳的、螺丝钉式的、不自由的生产者，在消费时却想要成为上帝，人们劳动是为了更好地消费，追求一种统一的、上帝般的生活。这种情况下，市场的权力掌握在企业手里，企业不想让你有个性化的、自由的需求，你只需要接受它给你的东西，那就是潮流。你看大家都在用，你买了就跟大家一样了。

只要是极权，就必然存在推力逻辑，将人们以同化的方式推向一个既定的甚至妄想的目标，这与资本主义竞选的政治手段如出一辙。如今，牢牢掌握选择权的人们不愿再成为极权一端的木偶任人操纵，给人们灌输想法的做法只会让人们感到羞辱、恼怒，最终失去人们的信任。

在脱离了极权环境之后，人们开始发生从单向度到多维度的转变，人们摒弃了同质化的生存与生活方式，转而开始追求一种强烈的异质性。工具理性逐渐向价值理性过渡，对于企业摆在自己面前的产品，人们表现出一种批评的态度，而不是不假思索地接受。这也就是赫伯特·马尔库塞所说的从虚假需要到真实需要的转变。

在人们为自己所获得的自由与解放欢呼不已的时候，回到工作中以后却又愁容满面了，因为人们总是对世界抱有不切实际的幻想，很多时候人们并不知道自己想要什么，却总是在事物出现之后说这不是自己想要的。63% 的美国人认为他们的智商高于平均水平，这在数学上是不可能的。因此，经营、管理一个民主的、个体间性互动中的世界比极权体制更有难度和挑战。

尽管用户的需求像经典的冰山模型一样，大部分潜藏在水底，但企业在数字时代绝对有能力动用"声呐"等设备去进行探测工作。在Facebook数据泄露事件中，我们不只可以看到人们对信息极权的反感，也可以看到企业如何在个体间性互动中生存。

抛开其卑劣的动机，剑桥分析公司通过开发心理测试应用来吸引用户参与，不失为一种好的互动方式，并且也取得了不错的成绩，在红包的激励下，短时间内便吸引了 27 万用户群体。如果应用到品牌营销当中，也会产生不错的品牌交互效果。如果保证信息的安全性，光明正大地让用户选择信息收集权限，那么既可以增强用户对品牌的信任，也可以名正言顺地收集到大量有效的用户信息。如果 27 万用户中有 7 万选择授权品牌查看自己及好友的信息，那么就会收集到1000 多万的用户信息。这对于一个企业而言将是一次非常成功的营销事件。

随着被数字网络连接的人与终端的增多，数据泄露的风险也在加大。我们的生活越数字化，就越容易受到攻击。对互联网的威胁就是对一切事物的威胁，这是连通性所带来的难以避免的威胁。人们希望保持信息透明、通畅的同时，又想要把自己的信息蒙上一层薄纱，就像是一个神秘的领导者，发号施令却不抛头露面、不显山露水。正如马尔库塞所说的那样，人们的真实需要是基于自我个性的追求，因此这就不是一个显性的问题，而是一个潜在的隐性问题。

交通工具只是显性需求，但一个高效的交通系统才是人们没有表达出来的隐性需求。人类有能力设计出更高效的交通工具，巴克敏斯特·富勒在 20 世纪 30年代就设计出了铝制轻量、安全、环保的小型车辆[10]，但需求的错误定位导致现在的汽车产业仍然跟 100 年前如出一辙。在汽车、信号灯、路灯、车位、道路都能够实现连接、对话的时候，智能交通系统将反过来逼迫汽车、汽车产业的变革，汽车的产生有其历史的必然性。但现在的汽车厂商是太不思进取了吗？

对用户需求向度的判断将从根本上改变产业与企业的发展战略，苹果公司的一位营销经理曾表示，苹果公司的市场调研工作居然包括"史蒂夫·乔布斯每天早晨看着镜子里的自己，反复揣摩自己需要什么"。像苹果这样以颠覆式创新为特征的企业，人们往往误以为它们得益于"大师效应"，不可否认，历史上有很多惊天发现都来源于某个偶然的灵光乍现，但这种灵光乍现必然是基于某种积累才会出现的。没有前期的思考，苹果砸在头上，牛顿可能会气得把苹果树砍了。企业的发展和创新也是如此。

正如罗伯托·维甘提在《设计驱动式创新》一书中所说："采用设计驱动式创新模式的企业具有较为广阔的视野，它们并不单纯地只关心消费者，而是用更长远的目光来关注企业的发展。它们不断探索所处的市场环境，不仅关心技术层面，关心各种产品与服务的更新换代，还关注整个社会环境的转变，关注消费者购买心理的发展变化。这其中，它们思考最多的问题就是如何让生活变得更美好。"[11]

"新技术提供商业、科研人员、设计师与艺术家等群体似乎都在研究消费者是如何赋予产品以独特内在意义的。"[12] 对内在意义的探寻就是对需求向度的深刻理解。这种基于设计思维的思考是企业只能被模仿、从未被超越的终极法宝。

如果企业的经营者能够对需求向度进行多方位的挖掘，那么竞争格局可能就不一样了。当下的共享汽车就是一种汽车和时间的租赁，与其说是共享，不如说是投资。一小部分人投入汽车与时间，以期望获得较高的投资收益，但大部分的汽车仍然是作为消费品而不是投资品。家用车辆在购买之后一般不会开到 60 万千米的报废标准，普通家庭一年一般 2 万多千米，一辆车不会开 30 年，一般开 10 年左右就会换车，并且由于长时间闲置，发动机损耗比长时间运行的出租车要大得多，物未尽其用则为浪费。但如果专职司机租用这辆车，那么购车就成为一种理财投资方式，车主就成了 "出租公司" 的股东。

很显然，现在的平台还是想要维护自身的极权，拒绝需求向度的转变。但我们相信，极权的直线发展必然会有极限，总会有颠覆者出现。

3. 传感：行为经济中的价值与需求

智能手表不再只是手表，运动手环不再只是装饰品，智能跑鞋也不再只是跑鞋。在物联网世界中，人们可以使用 "智能化" 工具去做比普通工具更多的事情。实际上，很多时候人们对智能手表的第一印象是它不是一块表，人们购买它也不是主要为了看时间。无论是从卖方还是买方的角度，对工具本质的定义与商业模式都发生了变化。

三星见证了智能手表的诞生。在 2013 年秋天，三星的第一款智能手表 Galaxy Gear 抢先上市。在当时，宏碁、苹果、黑莓、富士康、谷歌、LG、微软、高通、索尼及东芝也都在设计智能手表。三星希望抢先占有市场，领先了苹果差不多 18 个月。然而，与预期不同，消费者没有像买智能手机那样购买智能手表。最常见的问题是："智能手机的功能越来越多，我为什么还要购买一块智能手表？"

就在市场遭受冷遇的时候，苹果在 2015 年 4 月 24 日推出了第一款 Apple Watch（智能手表）。按照苹果的标准，最初发布的是限量版。在美国上市 3 个月时就卖出了 290 万只手表，有很大一部分卖给了名人。而三星在 18 个月内卖出了 140 万只手表，很明显在边场角逐中苹果赢了。Apple Watch 与 Galaxy Gear 有什么不同？为什么会在销量上有如此大的差异？

对比这两款产品的产品功能参数，不难发现，三星的手表支持免持电话、短信、邮件、相机、备忘、蓝牙等功能，这些功能在手机上全部存在，人们确实没有理由再花那么多钱去买一块功能重复的手表。而 Apple Watch 除了支持电话、语音、短信、天气、音乐等功能外，还可以连接汽车、Nike+ 等设备，具有测量心跳、计步功能，并有 HealthKit 系列健康管理应用，使之成为一款全方位的健康和运动追踪设备。人们购买苹果手表不是想要更精确的时钟，而是想要一款跟踪生物反馈并改善健康的工具。

据市场调研公司估计，自从推出以来，Apple Watch 的总销量为 3300 万块，并创造了 120 亿美元的收入。2017 年，销量达到了 1800 万块，比 2016 年增加了 54%，单第四季度的销量就达到 800 万块，这样的销量足以超越整个瑞士钟表业的总和，而苹果也成为全球最大的手表制造商。[13]

1982 年，卡内基梅隆大学的一位计算机科学家对办公楼里经常被喝空的可乐机感到非常恼火，于是他在机器上安装了一个传感器来检测是否有可乐，这个传感器与他的计算机相连。这或许就是第一个物联网系统。

以下现象中，我们可以看到行为经济与工业经济的显著差异。机械的工业经济中，价值产出依赖于投入的数量。想要有更多价值产出，就要不断增加投入。佩戴普通手表时，如果想要了解自己的心跳和运动里程等信息，还要再添置其他专业设备。普通温室扩大规模时必须增加成倍的人手。使用普通冰箱就要花费时间来查看和清理冰箱。工厂没有传感器，就要增加人力和废品率。用地球仪来学习地理，每个人都要买一个地球仪。而在行为经济的价值产出却不依赖于投入的数量，而是依赖于人的行为，价值会随着行为的增加而增加。Apple Watch 创造的价值随运动量而增加，却不需要再添置其他设备。使用物联网系统扩大了每个人对温室的管理范围。智能冰箱节省了用户的时间和精力。无人工厂减少了人力成本和废品率。谷歌地球使用越深入，学到的地理知识也就越多。

如果进一步深究就会发现，差异不仅存在于价值上，也存在于需求上。用户对智能手表有需求吗？事实证明，用户对手表本身的需求并不大，而是需要有一个设备来满足生物跟踪的需求。农民需要的是物联网系统和温室吗？并不是，农民需要的是高产的蔬菜瓜果，进而需要一个高效的温室解决方案。以此类推，工业产品只是行为需求的载体，而它们却往往不能真正地满足这些行为需求，因为它们不具备信息的传感器，而信息则是行为发生的关键组成部分。

物联网将一般的工业产品转变成信息发生器，也就是"网器"。提到"网器"这个词，人们很容易想到互联网，指的是接入网络的终端。终端的意义就在于其信息能力。一个"网器"需要具备何种信息生产能力，就涉及企业对需求的把握和对价值的定义。

行为经济快速展开，人们生活的各个方面也被划归行为经济的范畴。随着信息化的深入，人们对信息的需求也越来越大。一方面，信息正在过剩；而另一方面，人们需要新的信息来提升生活质量。三星智能手表给人们提供的是过剩的重复信息；而苹果智能手表则提供了新的信息，满足了人们对新信息的需求。

实际上，苹果并没有为用户生产信息，而只是提供了生产信息的工具。信息与价值是由人们通过自身的行为而生产、创造出来的，企业只是帮助人们更好地进行生产、创造。一旦信息和价值的生产工具和处理平台构建起来，就会有巨量的信息与价值被生产、创造出来。用户不仅是信息和价值的生产者，还是分享者。企业越开放，可访问性越强，用户也就越多。当尽可能多的用户汇聚到一个平台进行信息与价值的生产与分享时，企业也就有机会为他们提供更好的帮助，为他们的广泛和深度参与提供更多的机会。

这种情况下，企业无须再进行大规模的投入，而是需要增加与用户接触的深度，体验持续时间的长度。人们不再只是通过购买东西与品牌联系，这种关系更加复杂多样，人们会搜索、浏览、参与、评价、讨论品牌，通过种种不同的行为与品牌发生千丝万缕的联系。用户的体验与态度就存在于这些多种多样的行为与千丝万缕的联系当中。

理查德·芬伯格是普渡大学的一位消费者心理学教授，也是消费者行为经济学领域的先驱之一。他用了很长时间研究信用卡对人们消费决策的影响。有个早期试验是在当地的餐馆进行的，他记录了 135 位顾客的消费金额、小费金额还有付款方式（现金或信用卡）。试验发现，用信用卡付款的人比那些付现金的人给的小费要多 2%。[14]

用信用卡付款的顾客比付现金的顾客富裕吗？为了确保这并不是个例，芬伯格接着在实验室里做了一个控制变量的试验。他随机分派了一组大学生到一个有着万事达卡标志的实验室里，并且在角落里故意放上了信用卡的标志。他告诉这些学生这些用品都是另外一个实验要用的，不用管它。第二组作为控制变量，没有放与这些信用卡相关的标志。他给这两组学生都展示了各种东西的相同图片，有连衣裙、帐篷、还有一台打字机。对每一件物品，他都问了："你们愿意为它付多少钱？"很明显地，看到过万事达卡标志的人比控制变量的那组人愿意为此多付两倍的钱，并且回答问题要更快一些。

芬伯格的试验只是在实验室中进行的。后来，麻省理工学院经济学家雷森·普雷勒克和邓肯·西美斯特做了实地试验，这个研究后来被称作"永远不要带着它出门"。试验中，MBA 硕士参加了两个真实的拍卖会，拍卖的是两场比赛的门票。试验的其他条件都严格控制，只更改了支付方式。结果很明显，那些同意用现金支付的学生对门票的平均出价是 28.51 美元，同意用信用卡支付的学生的平均出价是 60.24 美元，比现金的出价不可思议地高出了 113%。

这些试验证明，把购物的行为与付款分离开来会让交易变得不真实。脑成像实验也得出类似的结果。卡内基梅隆大学的神经经济学家乔治·洛温斯坦指出："信用卡的性质让你的大脑在面对付款疼痛的时候变得麻醉了。"我认为我们可以把这种现象称作"去耦合"。

实际上，这种"去耦合"现象正在变得越来越普遍，像亚马逊在人们购物的时候会直接从 Prime 账号中绑定的支付账户扣取费用，滴滴打车也会自动扣取人们的打车费用，人们无须再进行支付动作。这种方式使人们更多地关注消费和体验的过程，尽量减少付款带来的心痛感。这也是零售商极力想要达成的一个目标：让人们关注体验与价值，而不去关注购买与交易。

然而，已经有太多的东西与所有权的交易耦合在了一起，以至于人们习惯于在乎交易过程并对交易费用斤斤计较。信息与价值的生产创造真的需要与交易耦合在一起吗？或许，吃够了"藕盒"（耦合），你可以尝试一下"茄盒"（去耦合）。

4. 竞速：需求与创新的浮石之谜

1998 年，在一次中层管理会议上，海尔创始人张瑞敏向大家抛出了这么一个问题：怎样让石头在水上漂起来？

中层经理的回答五花八门。"速度！"终于有人站起来说道。张瑞敏脸上露出了满意的笑容："正确！《孙子兵法》上说，'激水之疾，至于漂石者，势也'。速度决定了石头能否漂起来。"

20 世纪 90 年代，迈克尔·哈默与卡洛·阿泽利奥·钱皮合著了《企业再造：企业革命的宣言书》一书，提出要把分工理论挪到一边去，取而代之的是合工理论，把企业的各个流程连接起来，以此来应对互联网时代的挑战。[15] 当时的海尔是传统的事业本部制结构，复杂烦冗的组织结构让张瑞敏意识到自己的企业患上了哈默所说的"大企业病"。张瑞敏在一些讲话中反复提到："为什么要提出合工理论呢？因为时代变了，现在是互联网时代，用户在网上要什么，个性化需求是什么，你要能马上提供。你总归不能告诉用户，我内部有很多部门，等我把它们协调好之后再提供给你，用户是不会等你的，你必须第一时间提供给用户。这里的'合工'不是说把所有部门都合起来，而是要为同一目标协同一致，以最快速度满足用户需求。"[16]

从 1998 年开始，海尔开始了业务流程再造，把原来各事业部的财务、采购、销售业务全部分离出来，建立海外推进本部、商流推进本部、物流推进本部、资金流推进本部，再将企业内部原先分散的、各自对外的各种资源整合为全集团统一创品牌服务的营销（商流）、采购（物流）、结算（资金流）体系。

几乎同时期，供应链管理模式的概念被引进中国。这一模式通过协调企业内外资源来共同满足消费者需求，把供应链上各环节的企业看作一个虚拟的企业同盟。张瑞敏固执地认为："互联网最大的作用就是消除了距离，世界是我的研发部、人力资源部，我为什么一定要有这个边界？企业在互联网时代是没有边界的。"于是海尔提出了市场链，企业各个流程之间的业务关系由行政机制变为平等的买卖关系、服务关系和契约关系，外部市场订单转变成内部市场订单。从研发和生产到营销与服务，每个流程的出发点都是为了顾客满意，有学者将此称为"彻底的拜用户主义"。

20 世纪 90 年代中期成为全球市场格局的分界线，将历史粗略地分为产品短缺与产品过剩两个阶段。在产品短缺阶段，企业最关心的事情是能否扩大制造规模；而在产品过剩阶段企业则需要关注三个速度：准确感知需求的速度、满足需求的速度、持续创新的速度。

当我们理解了海尔的业务流程再造、市场链和自主经营体这些概念后，也就不难理解张瑞敏在 2005 年提出的"人单合一"了。海尔在感知需求、满足需求和持续创新上的速度都保持了一个较高的水平，典型的案例就是海尔推出了为农民设计的洗地瓜的洗衣机、为巴基斯坦人设计的便于洗长袍的洗衣机、为印度人设计的不弯腰的冰箱。但在互联网企业如雨后春笋拔地而起的时候，这样的速度还是显得太慢了，而慢下来的结果必然是要沉底。

《维基经济学》《长尾理论》这些书给了张瑞敏很多启发，互联网时代的组织模式、商业模式都发生了颠覆性的改变，以海尔当时的组织结构可以承受互联网的冲击吗？正如他在一次讲话中所说的："像托夫勒所说的，知识就是力量的时代已经过去了。运用你学到的知识再产生新的力量，才是最重要的。"必须把决策权、用人权、分配权归还给自主经营体，让他们成为倒三角的顶端，自主进化成一个个充分接触市场、具有上市公司潜力的小微公司。

人人创客，没有单就被散出企业。每个人都必须创造用户，哪怕不是市场一线的销售人员，坐办公室的人也要跟用户交互，没有交互的话就没有单，没有单的话就要被散出企业。这样决绝的变革激活了每个海尔人的神经，像烤熟的鹅一样，没有什么神经，也不会把市场的情况反映出来的中层被陆续裁掉了16000人。在人单合一提出后的十几后年后，实施了网络化战略的海尔有惊无险地实现了从"航母"到"联合舰队"的转变，这块慢下来的巨石在碎裂成一片片石片之后速度就提了起来。

为什么小型企业比大型企业更具有创新意识呢？人们的回答也经常显得矛盾。一方面，常见的回答是因为小企业更加敏捷、灵活，能够更快地应对不断变化的机遇和风险，而大企业的规模与历史使其习惯性地受到官僚主义的束缚；而另一方面，人们普遍认为在创新项目的成功率上，小型企业比不上相对成熟的大企业，因为大企业在资源与能力上具有不可忽视的明显优势。因此，小企业要想克服这些下沉的阻力，就必须付出几倍于大企业的创新速度。

如果小企业面临的困难被资本的力量轻松化解，那么大规模的老牌企业就更加无法追上小企业的步伐了。而事实正是如此，这些"正规国军"在"装备精良的游击队"眼里不过是纸老虎，一击即溃，躺在舒适的环境中妄图想要建立百年基业显然是痴心妄想。没伞的孩子已经穿上了雨衣；有伞的孩子为了努力奔跑，现在需要把伞给扔了。

持续的创新速度建立于准确感知需求的速度、满足需求的速度这二者的基础之上。任正非把华为的员工全部推向前线，"让听得见炮声的人呼唤炮火"；张瑞敏也把企业交给直接交互用户的创客来经营；董明珠不断给一线的安装工人涨工资；腾讯的项目都是由团队来发起、执行。当经营者把自己的企业像石头一样扔进水里，就知道企业的速度需要多快了。

第 4 章

重新定义"消费"

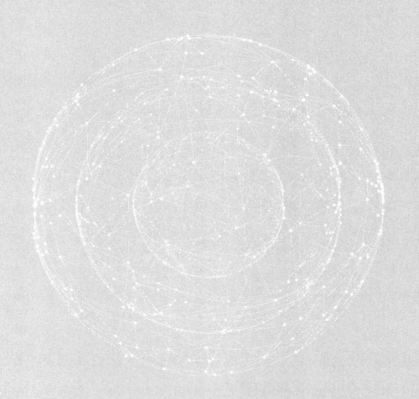

消费社会的消费就相当于消费社会本身。

——让·鲍德里亚

1893 年，当历史学家杰克逊·特纳宣布美国边疆消失 [1] 的时候，"后边疆时代"的美国将何去何从的疑问摆在了人们面前。在随后的一个世纪里，人们步入了一个更加宏大而"繁荣"的历史性时代，即大众消费时代。

在这一个世纪里，以消费为基础的经济文化主导着世界，给一些地区带去了大量的财富和商品，而另一些地区则随着劳动力商品化及原材料的开发而日益贫穷。直到今天，消费文化仍在持续加速扩张，越来越快地使越来越多的人变成消费者，原本贫穷地区的人们也进入了商人的视野。企业一直不遗余力地创造替代经济，将人们的不满与异议转化为新的商品。同时，营销行业也削尖了脑袋促使人们一直消费，将人们没有时间使用的东西填满整个储物柜、房间、车库、阁楼。

消费文化基于自然资源的消耗，能源基础就是碳基化石燃料的燃烧。数百万年来，生物一直在悄悄地、缓慢地释放碳，而人类的生产和消费则极大地加快了这一进程，向空气中不断增加着各种"调味调色剂"。空气净化器、净水器、防雾霾口罩成为人们生活的标配，而在更大的视角下，海平面上涨、动植物灭绝、气候变化、臭氧层空洞等恶果比陨石撞击地球结束白垩纪时代带来的影响还要糟糕。曾经让消费阶层舒适富足的发动机正在毁坏起初使它成为可能的物质基础。

互联网加快了消费文化的扩散，加快了替代经济的步伐。从软件行业引发的快速迭代的理念深刻地影响了实体制造，比如，每个手机企业都在不断升级机器的配置和功能，马不停蹄地想要赶在其他对手之前发布新机以抢占市场，但很少有人了解这些手机制造原料从哪里来，是什么人制造的，有没有产生污染，旧手机最终去了哪里等环保问题。

尽管对于消费文化已经有过很多批判与反对运动，很多人在寻找消费文化的替代物，但现在看来，不管人们接受过多少教育，仍然还是不停地追逐着消费的浪潮。社交媒体不仅没有将反消费主义放大，反而成为商家的营销阵地，使消费热点迅速传播到全世界。商人将传感器放到世界的各个角落，收集人们的消费数据，密切观察着人们生活中的每个瞬间，用精心准备的商品、内容、广告将每个人的碎片时间填满。互联网带来的颠覆性和引爆性有多强，它所产生的反面效应能力也就有多大。

想象一下，挑战这个每年花费将近 6000 亿美元做广告宣传的系统需要多大的勇气和能量？这绝不是一个组织、一个企业、一个个体就能完成的事情。但请不要灰心，因为改变世界的重担不会落在你一个人的肩上，当然，也不要妄想着天塌下来会有个儿高的顶着——还记得海洋里面力大无穷的章鱼、在雨林中数量庞大的蚂蚁、没有等级界限团结的狼群、集体捕鱼的自由的海豚吗？

1. 知足：物质过剩时期的消费与幸福

2015 年 3 月 5 日，彭博社公布的 51 个经济体 "痛苦指数" 报告中指出，泰国以低于 1% 的超低失业率，成为全球最幸福的国度。[2]2015 年被外界普遍认为是泰国经济的下行时期，但泰国的幸福指数却一跃成为全球之先。研究机构将此归功于泰国政府宣导的 "知足经济" 理念以及该理念宣导的处世原则。

而在 2011 年的一则报道 [3] 中提到，泰国 ABAC 大学国民幸福研究中心称，能真正运用泰国国王倡导的 "知足经济" 生活模式的泰国人仅占 21.6%，主因是控制不住日常的消费行为，特别是购物后发现买来的东西根本没有用过几次。

近十年来，泰国历届政府均大力推崇 "知足经济" 理念，并将其作为制定国家发展计划的主题，强调任何人做事、购物、发展都要量力而行，有理有据，理智地选择发展道路或生活方式，不要贪婪。这一理念在物质条件落后、金融危机时期为普通的泰国人指明了方向。

物质条件和收入水平较低的泰国人都控制不住日常消费，发达国家的消费狂潮就更不用说了。日本的消费发展过程很有代表性。消费、投资和进出口为拉动 GDP 的三驾马车，而消费是经济最根本的动力。消费的增长使日本的零售业极其发达，业态繁多。自 20 世纪 50 年代起，日本的个人消费一直都占国内总支出的近六成，高于挪威、瑞典等欧洲福利国家，且并未随着日本经济的衰落而出现收缩。

日本的消费发展呈现出从大众消费全面崛起到个性消费涌现的特点，走过了从大众到个性、从奢侈到简约的百年轮回。这种消费追求上的返璞归真与日本人极简主义的生活方式息息相关。从俳句、简笔水墨画等日本的文化艺术作品中，我们可以很清晰地看到，极简主义根植在日本人的精神内核当中。极简主义在无印良品、优衣库等品牌的推动下形成了新的消费浪潮。

虽然日本人在消费追求上表现出了克制，但在消费量上并没有减少。日本商场里的产品品类多到让人惊讶，你会发现每一个生活细节都会有不同的产品。问题来了，物质条件、收入及消费水平很高的日本人幸福吗？

经济水平的高低与人们的幸福感没有必然的因果关系，国王买不到乞丐的快乐，这样的童话故事我们耳熟能详。与此相似，消费水平的高低与幸福也没有必然的因果关系。

长久以来，政府习惯于采用 GDP 来衡量国家的发展，并想当然地认为高 GDP 带来的物质富足能够带来居民的幸福。但经济的过快发展所带来的种种问题已经让各国政府都意识到 GDP 这个指数的狭隘性。一些替代方案通过计算更广泛的成本和收益对 GDP 进行调整。比如，"绿色 GDP"包括环境外部性和资源消耗的成本，而 GPI 则包含一系列社会和生态因素的货币估值。有些综合指数，如人类发展指数、社会进步指数、不丹国民幸福指数（GNH）和加拿大幸福指数等，是将几个社会、生态指标综合成一个数字的综合指数。还有些指数则是将多项措施综合成一项指标，再进一步的指数就是调查个人的主观幸福。尽管许多替代方案是对 GDP 的补充，却并没有直接挑战经济增长的优先地位。但这些努力是值得肯定的，因为这样的指标有助于引导经济从线性、破坏性的状态向可持续的、稳定的方向发展。[4]

以不丹国民幸福指数为例，不丹国王于 1972 年提出这个指数，旨在建立一个以佛教精神价值观为基础的不丹经济文化体系，基于政府善治、经济增长、文化发展和环境保护这四个等级，从身体、心理和精神健康、时间平衡、社会和社区活力、文化活力等 9 个方面来评估幸福。在旅游业上，不丹采取了一种限制规模的旅游发展模式，每年从旅游业获得的收入仅 300 万美元，却足以保持旅游业稳定发展，而对自然社会的影响则很小。

2009 年，Facebook 的工程师曾利用社交数据对用户状态更新数据中的积极和消极词汇进行算法统计，以此评测美国用户的幸福指数。以人们的情绪来反映他们的幸福感并不科学，2012 年，Facebook 联合康奈尔大学、加利福尼亚大学对 70 万不知情的用户展开过一项有关"情绪感染"[5] 的测试。这项调查使 Facebook 备受质疑，也说明社交情绪容易被感染，而不能作为幸福评测的依据。实际上，喜怒哀乐等情绪与幸福的感觉并没有必然的联系，高兴并不能与幸福感画等号。企业可以操控用户的情绪，却不能操控人们的幸福感和幸福观，因为幸福感和幸福观更多地与人们的自身有关。

幸福感来源于人们的幸福观。如果企业或其他人的行为影响与人们的幸福观一致，那么人们就会有幸福感。在《指数型组织》一书中，积极心理学家马丁·塞利格曼提到了对三种幸福观的区分："愉快的生活（享乐主义、肤浅）、美好生活（家人和朋友）和有意义的生活（寻找目标，超越自我，致力于更高的追求）。

回顾过去一个世纪以来的需求与消费变化，我们进入了一个物质富足的时期。

物质的富有并不能让人们幸福。有句话叫作"人生最大的痛苦，是想要得不到；人生更大的痛苦，是拥有却失去。"《不差钱》这个小品将消费与需求讲得很通俗，过度消费与需求得不到满足，给人们带来的都是痛苦。但幸福来源于何处？亚伯拉罕·马斯洛试图将幸福的来源解释为人类物质需求之上的心理需求。

制度经济学鼻祖托斯丹·邦德·凡勃伦发现，商品价格定得越高，越能受到消费者的青睐。在其 1899 年发表的《有闲阶级论》一书中，他提出了"炫耀性消费"[6] 的概念，认为随着社会越来越富有，人们的空闲时间越来越多。公开的消费成了显示经济实力和社会地位的一种手段。不同的时代有不同的生活方式，在追求马斯洛需求层次的过程中，人们的生活方式也在悄然发生变化。在物质极大丰盈、人们联系越来越紧密、信息越来越发达的时代，生活方式必然朝着更具包容性、将人与环境置于道德罗盘中心的方向转变，由此也带动了消费方式和生产体系的转型。

企业不能操控人们的幸福观，但并不代表企业在幸福观的发展上就无能为力，因为消费观念、生活方式的转变以及由此产生的企业经营行为的转变是人们幸福观不断发展的必然结果。弗洛伊德认为，人的潜意识得到释放，幸福感就会增加。也就是说，人们的幸福观往往根植在潜意识里面，难以完全表达出来。当企业准确解读了人们的幸福观，就可以形成与人们幸福观相契合的行为。通过这些行为，人们感受到了幸福，也释放了自己的潜意识，唤醒了自己的幸福观。

对于潜意识的解读，精神分析学已经做出了巨大的努力，并取得了很多成果。抛开特殊的个体差异，从人们的言谈举止、成长记忆、文化背景、环境影响等因素可以对人们的潜意识以及观念做出较为准确的解读。日本人的幸福观包含着简洁，这一文化元素已经深深融入了日本人的潜意识当中，他们的行为不由自主地就是日本人的行为。当人们遇到无印良品、优衣库推出的极简主义产品之后，潜意识里的幸福观不由自主地就被释放了。人们确认自己想要的生活方式就是这样的，自己并不明确的消费观念也就变得明确了。

人们的幸福观、消费观念和生活方式大多数不会发生自发性的集体转变，人们面对着不同的经济、社会、自然环境，总会发生行为的变化。比如，经济危机时期，人们必然会减少开支，尽量购买必需品，减少炫耀性消费。但文化、艺术、商业、社会研究等领域的先知先觉者往往能够从这些表层的变化之中察觉到底层的本质变化，对文化艺术的表现形式、企业的经营管理、社会研究的重点做出调整，以便让更多的人了解这些本质性的变化。新的文化艺术及学术流派、消费倾向、生活方式由此形成。

约翰·梅纳德·凯恩斯在 1930 年曾预测，未来的一百年里，人均所得将稳定增长，人们的基本需求将获得满足，没有人需要每周工作超过十五个小时。[7]很明显，他说错了，虽然人们的所得增加，但人们的欲望和工作时间也在不断增加。法国哲学家让·鲍德里亚在 1970 年出版的《消费社会》中就已经提出："消费社会的消费就相当于消费社会本身。"[8]长久以来，人们的生活一直在不停地做着加法甚至乘法，而很少做减法或除法。圣雄甘地曾说，地球可以满足人们的需求，但满足不了人们的欲望。是继续贪得无厌还是适可而止？

罗伯特·史纪德斯基和爱德华·史纪德斯基在他们的《多少才满足？决定美好生活的 7 大指标》一书中指出，如果我们的七种需求可以得到满足，并且成为每个人的"生活必需品"，我们就会过上"优越的生活"。这七种需求是健康、安全、尊重、人格魅力、和谐、友谊和休闲 [9]。我们的这些需求得到满足时，就不再需要消费更多，也不需要工作更多，我们就有时间享受生活了。

企业在这场生产消费变革当中需要承担起以往他们拒绝承担的责任。实际上，企业对物质过剩的形成难辞其咎，以往他们一味迎合人们的消费欲望和需求，而没有真正地去解读人们的幸福观。现在，时机来了，很多企业做出了改变和尝试。

帮助人们走向知足常乐的"知足经济"，你能做些什么？

2. 均衡：可持续繁荣的生活方式

与人们的幸福观一样，由于地理环境和文化背景的不同，不同的人对生活质量好坏的看法是千差万别的。"贫穷限制了我的想象力"成了人们经常拿来自嘲的一句网络流行语。客观上来说，生活质量的确关乎贫富，但人们的看法却不一定，正如幸福感与消费并不直接挂钩一样。

当然，在谈论人们的主观世界时，很容易让人感觉虚无缥缈，可能性和变化性太多，难以进行把握。但实际上，主观世界也受客观世界的影响，人们对生活质量的看法存在很多共性。比如让一群人来讲述他们对自己生活质量的看法，那么你会发现，他们会说出一些相同的东西，像有时间陪陪朋友和家人，参与社区和网络活动等，有足够的时间做有价值的事情是人们评价生活质量的一个简单标准。但现代社会，时间的复杂性却让人们连这个简单的标准也难以达到。

数字化加剧了人们对时间的恐慌，互联网把人们都变成了一个个在线的终端，与公司和其他人时时刻刻相连，互联网公司在抢占人们的碎片化时间，还堂而皇之地告诉人们是在帮助人们节省时间。为了节省时间，人们开发出了高效的机器和工具。而时间就是最珍贵的奢侈品，人们把时间货币化，等价于知识、财富和价值。相比于以前，我们的工作时间看似缩短了，但实际上我们花在与工作相关的活动上的时间却增多了。

时间如此珍贵，于是人们总是说自己很忙，但是真的如此吗？2010 年，英国智库新经济学基金会提出了"二十一小时工作制"[10]。他们在报告中称，在一个正常的工作周里，21 小时就可以解决一系列紧迫的、联系紧密的问题。过度工作、过度消费、高碳排放、缺乏时间无法使人们可持续地生活、互相关心和简单地享受生活。实际上，当人们能够计划自己的时间时，却常常不知道有哪些有意义的事情可以去做。

美国作家乔纳森·弗兰岑在 2013 年发表了一篇名为《现代社会出了什么差错》[11] 的文章，将当代社会的困境清楚地展示了出来："当我们忙着发微博、发短信和消费的时候，我们的社会正逐渐走向灾难。"弗兰岑指出，"在我们沉溺于现代媒体和科技的时候，我们忽略了应当迫切关注的问题，我们只关心现在的事情。就是说我们遗忘了过去，也不去想象未来"。数字科技对人们时间的挤占在不知不觉间稀释了时间和生活的意义感。

数字科技错了吗？我们需要戒掉手机、戒掉社交媒体、戒掉网购、戒掉网络游戏、戒掉视频应用吗？其实并不是科技的错，而是人们对于消费社会的生活产生了路径依赖。数字科技放大并加速了以往的消费生活方式，使人们能更快、更全面地掌握信息，同时使人们也有了更多的选择。在互联网诞生以前，看报纸、吃饭、工作、购物、休闲的时间都是相对固定的，人们的生活和社会组织方式都是线性的。数字网络使人们的生活与组织所依循的这条直线（横轴是时间）的斜率变大，但并没有改变直线的形状。

在"消费社会"里，买卖消费型商品和服务是主要的社会和经济活动。《牛津英语词典》里的这个词条在 1920 年开始使用，直到现在，它对政治话语、意识形态、文化意义和主要制度的影响仍然普遍且根深蒂固。

现在，我们不妨放下手机，回顾一下过去，也展望一下未来。

消费社会的主导地位始于 1945 年后的美国，并且发展速度很快。在政府、工业企业、工会的帮助下，用了不到一代人的时间，它便成为当代生活主要的组织方式。消费社会地位的转变带来了前所未有的国民经济的增长，促使国家大部分的人重新定义了自己的生活方式。

消费主义生活方式的普及也促使文化变迁，大众消费深入人心，成为人们的共识。消费品也成为社会实践、闲暇时间、公共礼仪、日常庆祝活动的核心部分，同时还与自由、独立和民主等政治观念联系在一起。大众消费和经济地位之间成为共生关系，尽管美国是战后最先得以发展的国家，但不久，西欧、日本等其他国家也开始转型，步入了同样的发展轨道。

现代化和工业化的转型彻底改变了社会，在资本主导的高消费面前，政治家口中所说的可持续发展往往只是一句空谈。这些转型具有突出的共同特征[12]：中央控制、线性创新、资源依赖。这样的发展方式迅速创造了巨大的财富，由此形成的国家福利大大改善了 20 世纪尖锐的社会问题，如贫困、疾病和公共卫生等。然而，在这个过程中，生产和消费发生了分离，大型企业通过资源控制和高效率的生产方式垄断了人们生活中的商品来源，并通过广告不断刺激人们进行消费。消费者完全处于被动状态，而企业却还口口声声说顾客就是上帝。

早在 20 世纪 70 年代初，未来学研究组织罗马俱乐部就在报告《增长的极限》中详细描述了资源开采率、全球人口增长规模及其相关消费、持续经济增长的生态影响[13]。资源的枯竭与生态的破坏就是经济线性增长的极限。要想摆脱这一悲观的宿命，就必然要放弃对资源的过度依赖，而被釜底抽薪的社会生产、创新与消费体系也必然要发生系统性的创新变革。

面对这一庞大的系统性困境，从 20 世纪 70 年代起，许多可持续性替代方案已经被探索和实践。探索者通过自下而上的方式对既有的体系发起挑战，随着这一群体的数量越来越多、分布越来越广泛以及持续的专业化，逐渐成为与现存体制对抗的结构性力量。在这些解决方案当中，我们也不难发现其中突出的共同特征[14]——自组织、系统创新、资源再生。

自组织。探索者很多的组织形式是分布式的自组织形式，这些群体所产生的巨大能量让人们对传统的组织形式产生了质疑。机器化的组织没有智能化思维，只是按照既定的程序指令运行。环境的变化将对它们造成严重破坏，因为它们没有能力去适应。人们希望组织成为具有适应性、灵活性的，能够自我更新、富有弹性、智能的，而这些属性只存在于富有生命力的系统中。自组织内更多地体现出一种柔性的领导力。

系统创新。自 20 世纪 50 年代以来，全球经济日益紧密的联系促进了复杂系统理论的形成。在这一领域的研究人员普遍认为，仅靠新技术和新产品本身不足以有效解决我们的可持续性困境，特别是硅谷涌起的一波波破坏性创新倾向于采取社会技术或系统变革的形式，产业创新在新的环境下不能再依靠某个机构的决策。在系统创新模式下，新知识、新技术与新的社会要素的结合没有固定来源，新的颠覆可能来自名不见经传的初创企业或社会团体，这也破坏了线性创新模式下的知识生产体系。

资源再生。到中国的农村去看一下就会知道，对可再生能源的利用在近几年内已经有了巨大推进。巨大的风力发电机、屋顶上成片的光伏发电设备宣告着驱动社会生产与发展的动力正在彻底发生转变。新能源汽车、绿色建筑、生态农业等产业都迅速获得关注和支持，吸引了大量资金。不仅是技术层面，新的商业模式也不断涌现，不管是低塑低碳还是共享租赁，都引导着人们逐步习惯于一种均衡的、可持续的生活方式。

人们的时间、生活和消费从未均衡过，人们已经对消费社会所带来的不均衡习以为常。在新的系统变革之际，有一个问题摆在所有人的面前，不可回避：均衡的时间、生活和消费的新模式将会是怎样的？

斯堪的纳维亚半岛国家在联合国幸福国家排名中高居榜首，在均衡的文化设计上成为成功的典范。《经济学人》2013 年年度的一个报告中曾指出："北欧人可以让全世界人借鉴的不是其意识形态而是他们注重实际的做法。"斯堪的纳维亚没有地理位置上的优势，但是为了经济上的自给自足并保持可持续繁荣，它通过实实在在的措施发展形成了自身良好的内部生态体系并制定了长期规划。他们提供了另一种管理方法以确保包容性经济增长，为人们谋求了更多的福利。[15]

政府、产业政策的制定者和企业的经营管理者都要思考自身职责，以及如何进行可持续系统变革。扭转消费社会的巨大惯性需要长期而艰巨的协同努力，任重而道远。

3. 倒逼：重新连接消费与生产

市值 9000 多亿的苹果在 2018 年一开始就笼罩在了"降速"的阴影下。[16]

在苹果手机升级 iOS 时，为了防止设备意外关闭，如果 iPhone 安装的电池比较老旧，苹果会对处理器速度进行限制，从而导致 iPhone 性能下降。2017 年底曝光的这一事件愈演愈烈，美国本土集体诉讼上升到 17 起，而韩国的集体诉讼申请者则达到了 18 万人。

首尔消费者主权公民联合会起诉苹果，认为苹果之所以故意压低 iPhone 性能，其实是想引诱用户早早升级设备。苹果则坚决否认，并将电池更换费用降到 29 美元。更换电池的人们络绎不绝，世界各地的苹果店里又响起了电池的爆炸声，让人不禁想起反恐大片里面的手机隐形炸弹。

如果苹果机不这么昂贵，苹果公司的利润率没这么高，或许也没那么多人关注降速这个"计划报废"的"阴谋"。

计划报废 [17] 的商业战略早在 19 世纪就有人提了出来。1932 年伯纳德·伦敦在《通过有计划的过时来结束萧条》一书中提到，工程师和设计师被要求让生产出的产品具有有限的使用周期。一个例子就是尼龙长袜，过去的尼龙长袜牢固地可以当拖车绳，但是后来生产的尼龙长袜就会出现抽丝现象，这样人们就需要重新再买。在加利福利亚州利弗莫尔的一间消防站里，一个百年灯泡一直亮了 116 年，你甚至可以在一个网站上通过每隔 30 秒更新的网络摄像头看到它。

在 20 世纪 50 年代，计划报废成为社会的主流。批评学者万斯·帕卡德在 1960 年出版的《垃圾制造者》一书中指出："企业正系统地让消费者变得浪费、债务缠身、总是不满足已有的。"[18] 他的主张引起美国消费者的关注和共鸣，该书连续几个月被列在畅销书单上。尽管当时没有引起多大改变，但是 20 世纪 60 年代就有了早期消费者运动，比如美国消费者协会。那时候的消费者运动主要是维护产品有效期和安全标准的利益。

法国哲学家让·鲍德里亚在《物体系》一书中说："我们文化体系的整体建立于消费之上。"的确，不需要去阅读探讨消费问题的哲学和理论著作，观察我们的生活就可以发现，一直以来，我们的经济靠的是取代和更新旧产品而不是重复使用。人们普遍想要更智能、更新、反应速度更快的产品。与需要维修的旧产品相比，人们更喜欢购买新的产品。

但鲍德里亚同时也指出，"我们过去只是在购买、拥有、享受、花费，然而那时我们并不是在'消费'……消费并不是一种物质性的实践，也不是'丰产'的现象学。它的定义，不在于我们所消化的食物，不在于我们身上穿的衣服，不在于我们所使用的汽车，也不在于影像和信息的口腔或视觉实质……"与我们前面对于需求和价值的认识一致，鲍德里亚认为，"物"只是"真实的关系或一个实际体验情境的中介者""要想成为消费的对象，物品必须成为符号"。"单纯简单的消费已经转换成了个人和集体表现的一种手段。"[19]

但是，现实中的物品没有符号化，消费往往停留在物品所有权的交易、物品的使用、消耗和更新换代上，而没有通过消费去使人们自我实现、相互联系、完成情境体验，因此这也就不是真正意义上的"消费"。

如何改变这个社会一直以来所依循的消费模式？消费者协会和消费者运动并没有解决这个问题，个体或局部的松散消费者组织并不能够从根本上改变消费模式，而企业只有在市场压力下才能有足够的决心做出改变。

市场压力是在危机和机遇的双重作用下产生的。金融危机削减了人们的需求，造成了消费观念上的转变，但企业的产能和库存则已经达到了空前的高度，危机带来的产能过剩让企业领教了线性发展的恶果，而反观提早布局的红领、尚品宅配等定制型企业，则避免了这场教训，并在风波过后成为许多企业争相参访的对象。

互联网企业的崛起、新商业模式的威力、智能终端的出现给了企业更大的市场压力，使企业原本习惯的竞争环境发生了本质性的变化，不只是要在实体环境下竞争，更要在无边无际的虚拟环境下竞争。智能手机、传感器的广泛应用预示着一个万物互联世界的到来。由此带来的压力将一直伴随着企业的全部经营管理活动。

实际上，在这样的市场压力下，企业已经开始在推动消费模式的转变上有所行动。典型的转变有三种：定制、免费和租赁。

第一，定制。顾客不再只是接受企业"推"出的产品和服务，而是与企业一起"拉"。企业注重顾客的个性化需求，在充分了解顾客的需求之后，给顾客一个满意的解决方案。这样也就减少了顾客对产品或服务的不满，减少了再次购买和更换的频率。定制服务成了制造企业转型的一个方向。典型的两个例子就是红领的个性定制和海尔的大规模定制。

由于服装这一产品的特殊性，红领的制造模式无法完全去除人力，不能实现无人化生产。不过红领最大限度地将工作流程和制造标准模块化和标准化，一件衣服七天内就可以定制完成。顾客与工厂直接对接，没有库存，顾客只需要专注于自己的穿着体验即可。

海尔与红领虽然都是 C2M（客对厂，新型的电子商务互联网商业模式），但由于家电产品可以不要人力，所以海尔的智能工厂可以实现无人化。通过预约、预售和社群交互满足用户的需求，海尔可以针对某一类用户定制产品，比如孕妇群体、年轻群体。这种定制属于大规模定制。大型家电产品不适合针对单个用户的个性化定制。个性化定制一般体现在图案、颜色等方面。

第二，免费。互联网时代，免费的产品和服务越来越多，免费成为互联网时代吸引流量的基本法则。新闻服务免费提供浏览资讯；视频网站免费提供视频，还会给用户提供免费上传的工具；QQ、微信提供免费的交流工具；装修免费设计装修图；就连冰箱、电视等硬件也在尝试免费。免费带来的流量给企业的其他产品和服务提供了盈利的想象空间。当用户获得了免费的硬件终端，企业就可以收集用户的使用数据，基于用户的使用习惯和场景提供更多的能满足其需求的产品和服务。

企业运用免费产品盈利也有多种方式。凯文·凯利在《必然》中说："当复制品变得没有价值的时候，那些没办法复制的东西就变得有价值了。"他介绍了八种无法复制的价值：即时性、个性化服务、增值服务、可靠性、便利性、实体化、可赞助、可寻性。企业需要努力为用户创造这些难以复制的价值。

第三，租赁。当前市场上形成的共享经济实质是一种按使用付费的租赁经济。租赁与共享的一个共同特征就是不需要为所有权付费。物品真的成了"真实的关系或一个实际体验情境的中介者"，成了一个符号。当消费的过程无关乎所有权的交易，人们就可以尽情地把"消费"的精力真正放在"消费"上，也就实现了"消费"的本质。人们之所以觉得当前的共享与租赁无类，其实是在关注存量市场与增量市场的区别。

圣弗朗西斯科州大学心理学助理教授瑞恩·哈维尔的研究[20] 表明，由购物所产生的快乐会随着人们习惯于周围有它而减退，但是体验却会通过记忆长时间地持续提供快乐。哈维尔发现，体验评级相对高不仅因为体验时常与社会联系相关联（一种外加的快乐来源），还因为它会给人一种"活着"的伟大感觉，这贯穿于体验与回味的整个过程。

当人们不再纠结于所有权的交易，"消费"的过程也就真正回到了解决需求、创造价值、用户的自我实现这个角度上来。正如在"重新定义'价值'"一章中我所提到的，事物的价值在情境体验中被创造出来。

在《体验经济》一书中，约瑟夫·派恩和詹姆斯·吉尔摩提议："公司无论何时都要用一种私人、显著的方式吸引能连接顾客的体验。"[21] 通过从产品到服务再到经验的提升，品牌可以获得更多的利益和竞争优势。

4. 益利：后消费社会的意义回归

无论是巨大的欢喜还是深刻的悲伤，抑或难以抹去的平庸与无聊，都会让人冥冥之中感到生活的空虚，对活着的意义产生疑问。在余华笔下艰难活着的福贵，当生命里难得的温情被一次次的死亡撕扯得粉碎，只剩下老了的福贵伴随着一头老牛在阳光下回忆。在歌手郝云的《活着》里面，年轻人则"拿着苹果手机，穿着耐克、阿迪，上班就要迟到了，他们很着急，可怜的吉普车很久没爬山也没过河，他们在城市里过得很压抑"。人们对于生命的终极意义的理解千差万别，如果没有研究过哲学和文学艺术，可能有人一辈子也不会明确地将自己所理解的终极意义表达出来。但如果对每个人的生活、想法做一下研究，就不难发现他们所认为的意义是什么。

人们对自身存在意义的探寻往往通过物化来表现。历史是一个巨大的包袱，人们需要努力地"过得比过去好"，但欲望就像《荷马史诗》中西西弗斯推动的那块巨石，通过物来得到的满足；每每在满足之际，便陷入不满当中，又需要重新去满足。

正如一些未来主义者所言，我们正在接近一个"后消费社会"。在这个社会中，对于比邻居买得更多、更豪华的驱动力将会被难忘的个人体验代替。有学者提出，在一个经济萧条的时代，为了从现实中得到短暂的逃脱，人们不断地寻求着体验。当然，人们寻求体验的目的就是在回答为什么活着、如何活着的问题。

美国市场营销专家辛迪·盖洛普说："我看到在未来，广告变成一个非常不同的概念。它变成一个不再去说而是去做的事件。不依赖说，而是依赖存在。"[22]在后消费时代消费的意义回归，塑造富有意义的体验成为企业的产品与服务设计、市场营销、组织管理等全部经营管理行为的终极目标。

耐克创始人菲尔·奈特的看法与此不谋而合："在 21 世纪，耐克及其他全球公司的绩效，将会被它们对人们的生活质量、收入增长和利益空间的影响衡量。"[23]2006 年，耐克公司在没有得到重大广告支持的情况下发布了 Nike+ 系统，利用安置到鞋子中的一个传感器来监测速度、时间和位置，另一个传感器监测消耗的卡路里，传感器与用户的 iPod 连接，当用户同步 iPod 时，这些信息就会被上传到 Nike 网站。跑步爱好者非常喜欢在日志里记录，并回看他们取得的进步。当人们可以通过网络看到这些信息时，他们明显上瘾了。30% 的 Nike+ 用户每周会返回这个网站 3~4 次，这对于一个市场营销网站而言是一个前所未有的胜利。

在完成 100、500 和 1000 英里后，耐克会在用户登录时奖励他们徽章，这些徽章会出现在用户的个人主页上。网站为用户提供可以下载的动感音乐，也有为跑 10000 米和马拉松而设计的辅助和训练计划。用户甚至可以为他们自己和朋友们创设个性化的挑战，将跑步的价值发挥得更大。

其他的品牌也启动了相似的系统，想要获得耐克一样的成功，比如阿迪达斯在 2009 年 4 月推出 miCoach。但是在 2008 年底，Nike+ 的用户已经一起跑完了 1 亿千米。这不折不扣的 1 亿千米不仅体现在跑步数据上，也展现在产品销售上。整个 2008 年，耐克售出了 1300 万 Nike+iPod 运动套件及均价 59 美元的耐克运动手环 50 万个，累计总价值 5600 万美元，这还没有算上耐克跑鞋的修补量（从 2006 年的 48% 增加到 2008 年的 61%）。[24]

耐克通过 Nike+ 产品套件为用户创造了更好的跑步体验，并将这一体验与人们的生活质量、收入增长和利益空间结合起来，实现了利与益的双赢。

同样，波士顿一家精酿啤酒公司推出的啤酒杯也受到了极大的欢迎。一般来说，生产啤酒的公司都会关注如何提升啤酒的口感，市面上的啤酒杯也是由玻璃制造公司设计生产的。但作为一个资深的啤酒专家，三姆啤酒（Sam Adams）的创始人吉姆·科赫却把饮酒体验作为一个整体来看。他说："我们想造一只杯子，它能带给爱喝酒的人们一种完全知觉性的体验，能够完全品尝出啤酒中麦芽糖和啤酒花味道复杂的平衡关系。"

在 2007 年 2 月，三姆啤酒发布了一组啤酒杯，其售价为 30 美元（一套含 4 只杯子）。在此之前，科赫收集了几百只杯子进行取样，并且撰写了一份 300 页的产品分析。一些世界知名的玻璃制造公司也被邀请递交样品，最后的胜出者是德国 Rastal 公司，他们设计的杯子棱角分明，激光刻蚀使气泡源源不断，在饮酒口感上也有所提升。三姆啤酒的市场营销代表透露，酒杯的销量远远超出他们的想象。

在数字时代，就连巨头企业也很难单独完成富有体验意义的塑造工作，而反过来看，企业之间通过伙伴关系能够更好地创造意义和体验，并巧妙地将用户的享受体验转换为品牌消费体验。

在 2007 年夏天，7-Eleven 冒险与 20 世纪福克斯做了一次营销合作。为了宣传电影《辛普森一家》，他们将美国、加拿大的 12 家便利店换成了 Kwik-E-Marts 商店。7-Eleven 的 logo 被换成了黄色、褐色，店里的墙面涂成了黄色，产品也换成了电影主题冷饮、甜甜圈等难以储存的即食产品。

起初，7-Eleven 是反对这个主意的，因为这可能会对便利店的品牌形象产生影响，但结果显示，这样的合作取得了不错的成功。便利店与辛普森电影的核心观众得到了完美融合。商店开业后的几天里有数千条新闻报道，通常每天只卖出100 个甜甜圈的便利店现在每天卖出 4000 个主题甜甜圈。辛普森电影则在首映周就横扫市场，拿下 7400 美元的票房。

美国著名 NBA 球星杜兰特曾经与“神龟”威斯布鲁克一起进行在雷霆队阻击勇士的连续夺冠之旅，却连续败北，难求一冠。2016 年夏季联赛期间，杜兰特决定降薪加盟有着“水花兄弟”曾连夺两冠的金州勇士队，并在这个赛季以总比分 4∶1 击败骑士，夺得总冠军。

2013 年发表的哈瓦斯全球专业用户报告《数字生活》中提到：“我们现在看到的是一种结合了过去和现在优点的‘混合’生活方式——既有现在的便捷，也保留了即将消失的传统和价值。人们想用一种更有意义和更多无形回报的生活方式来取代过度消费和矫揉造作，尽管他们想保持所依赖的现代生活的便捷。”[25]数字生活中，虚拟环境放大了人性的善与恶，在网络中充斥着无数的侮辱或谩骂，但也充满了人性的温情脉脉。抛开那些被数字网络释放的恶，人们更多地想通过为当地社区和社会做出贡献来更好地实现自己，融入文化。这就为企业的品牌增值提供了机遇。

不管是作为公民还是消费者、用户，企业需要认识到，越来越多的人有了投票权，有了自主选择品牌的意识，这就意味着企业需要加强与利益相关者真正开诚布公的对话来赢得这场“选举”。这就要求企业不仅要学会聆听并对用户的反馈快速做出反应、落到实处，还要通过帮助人们找到幸福、意义与价值来提升对话的水平。

20 世纪 80 年代，概念派艺术家巴巴拉·克鲁格将笛卡尔对人的存在状态的论述“我思故我在”创造性地改为“我买故我在”，这是对现代消费社会简明扼要的总结。而现在，用“我感故我在”来概括或许能更好地表达现代人存在状态的转变。人们开始意识到个人贡献对一个更强大整体的重要作用，通过投票他们可以塑造自己想要的社会。

人们越富有，对品牌的期望就会越高，但期望与现实之间却隔着一个巨大的鸿沟。根据哈瓦斯媒体在 2013 年对全球 134000 人做过的一项调查显示，人们认为只有 20% 的品牌对他们的生活有意义。[26] 这是人们的期望过高，难以满足吗？不，他们只是想要没有缺陷的品牌。因此这就需要像英国畅销书作者彼得·菲斯克在其 2010 年发表的《人、地球、利润：如何拥抱创新和业务增长的可持续性》一书中所说的，企业必须时刻思考自己存在的基础，为什么消费者会选择自己的品牌，员工为什么会为自己工作，投资者为什么会投资自己的品牌。[27]

对意义和价值的追求是 21 世纪的核心驱动。这个世纪里，企业发展的一个大好机会就是与人们合作并帮助人们做有意义的事，以此来建立新的社会资本生产与分配制度。企业必须帮助人们发现所购买产品和服务的意义和价值。

1957 年，法国人彼埃尔·马蒂诺说："任何一个购买过程都是个体个性与产品'个性'的互动。"对于"个性"的认识，需要我们具有全脑思维。[28] 依靠左脑建立的以实用性为主的世界需要兼顾右脑的创造性。

史蒂夫·乔布斯在斯坦福大学的演讲中说："你不能预先把点点滴滴串在一起；唯有未来回顾时，你才会明白那些点点滴滴是如何串在一起的。这种做法从来没让我失望，而是让我的整个人生不同起来。"[29]类似的情节在许多电影里也出现过，比如周星驰的《功夫》、开心麻花的《羞羞的铁拳》。用左脑思维来看，很多人生经历和体验看似无用，但用右脑串起来就形成了"绝世神功"。因此，看似零零碎碎、鸡毛蒜皮的生活，却蕴含着人们的生活方式及人们对意义与价值的追求。

企业即人，人即企业。我们常常将企业视为一个机器，但现在，它需要变成由众多活生生的、追求着新的生活方式、有着广泛参与感的、具有生产与消费等多重角色的个体组成的有生命力的有机体。从这个视角来看，一切现在与未来面临的后消费社会难题似乎都迎刃而解。

第 5 章

重新定义 "原点"

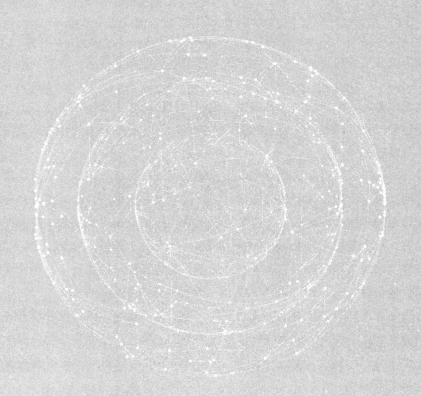

道生一，一生二，二生三，三生万物。

——老子

印度电影这两年在中国口碑炸裂，一部《起跑线》让人们交口称赞。影片中，印度家长拉吉和米亚夫妇买了学区房，为女儿恶补英语、游泳等技能，最后不得已假扮穷人骗取入学名额，而贫民区邻居的真情帮助让拉吉良心不安，幡然醒悟，最后主动放弃了名校资格，并捐资改造公立学校。

电影在幽默诙谐中刺痛着中国家长的心，引起强烈共鸣。在中国，网上时不时爆出一些引发社会焦虑的事情，比如"×× 小学 2017 级 4 班"的家长为了竞选家长委员会 [1]，纷纷晒出自己的履历："毕业于美国密歇根大学，现任职于私募基金公司，爸爸获得博士学位后在央行外管局工作""我和孩子妈妈是研究生同学，读博期间曾担任上海师范大学研究生会主席"。

网友纷纷自嘲："我这种学历都不好意思生孩子了。""大家好，我退群。"……

生活中有这种焦虑的父母并不少见。幼小阶段的竞争就这么激烈，更不要提中学了。

焦虑成为每一个阶层的固有属性。他们用自己的人生经历来培养孩子，成为精英是他们对孩子的期望。但实际上，人们永远不知道世界上的伟大成就都需要什么样的经验和知识。

拿乔布斯来说，退学在他看来是做过的最好的决定之一，因为从退学的那一刻起，他就可以不用上无趣的必修课，而且可以去旁听那些自己真正感兴趣的课程。他睡在同学宿舍的地板上，收集空可乐瓶，用每个瓶子换回的 5 美分押金买食物充饥。每个星期天晚上，为了吃一顿好的，他走上 7 英里（11.27 千米）的路，穿过波特兰市区去印度教神庙参加灵修活动和免费聚餐。而受好奇心驱使参加的书法课让他受益匪浅，Macintosh 成为第一台拥有漂亮字体的电脑。

乔布斯并不知道书法对他事业的意义，他只是感兴趣而已。他并没有将自己人生的原点定义为精英，成为凌驾于他人之上的上等人，反而是从佛教禅学、印度教中悟出来"活着就是要改变世界"，这成为他的精神原点，支撑他构建起了强大的苹果帝国。

起跑线似乎并不意味着宿命，原点才是人生的开始。

1. 追光：寻觅人生的第一性原理

2018 年 2 月 9 日，在主题为"追光者"的正和岛公司年会上，创始人刘东华老师给全体岛丁带来了一份特殊的礼物——一封家书。

就在两天前，大洋彼岸一个轰动全球的重大事件燃起了人们无尽的热情和想象。马斯克的世界运力最强运载火箭"重型猎鹰"成功发射，载着一台特斯拉汽车遨游太空、飞向火星，随着一级火箭的精准回收，他们创造了人类航天史上一系列世界第一，也创造了全人类新的历史与传奇。

在这封家书中，刘东华老师热情洋溢地说道[2]：

马斯克这个人到底为什么这么牛？不管是火星移民、超级高铁还是基因改造、可持续能源及"AI人共生体"，他现在说什么大家都不敢不信了，因为他把人们和他的关系已经成功地从原来的"谁信谁傻帽"变成了"谁不信谁傻帽"的状态，而且这种转变是通过类似的一个个令人目瞪口呆的事件疯狂而惊艳地实现的。

通过对马斯克这个人的认真研究，人们发现他确实是人不是神，而作为人最"神"的地方，不过是他思维模式中特别强调的"第一性原理"。所谓"第一性原理"，简单说就是不用横向或纵向的比较思维来思考问题，而是从"本来是什么"和"应该怎么样"出发，穿越表象和常态，直面事物本源，从头解决一切问题。

2300年前亚里士多德是这样说的：任何一个系统中那个既不能被省略，也不能被违反的最基本命题或假设，就是事物的第一性原理。这个第一性原理又有点像牛顿所说的"上帝的第一次推动"，它是最核心、最底层的"为什么"和"原动力"，是后续一切现象和因果的总源头。

漫威动画中的钢铁侠已经成为"妇联"英雄们的老大哥，凭借技术创新硬生生地使自己得到了超能力般的战斗力。如果说在现实中想要让钢铁侠的战衣不再是模型，马斯克应该是最有可能做到的人。无论是在飞行器、液态燃料、电池还是机械设计上，他都有这样的技术基础。他之所以没有做，或许是因为他觉得还没必要把自己扔到天上去。

与金融行业比起来，航空航天业的进入门槛更高，高得难以想象，几乎所有人都认为这是美国航空航天局等大型政府资助机构的专属领域。航天火箭不合理的成本结构对这位主修经济学的硅谷创业家来说完全不能接受。于是，他着手设计并建造自己的航天火箭，并设立了一个大胆的目标——将火箭发射的成本降低1/10。

马斯克的太空探索技术团队已经设计、建立并发射了一系列的新一代火箭，约有70%的火箭在霍桑及加利福尼亚等公司集团的内部生产制造，从而更好地控制了生产成本、产品质量及交货时间。现在，它已经成为美国最大的火箭引擎生产商。2008年，美国航空航天局给了该公司一份价值16亿美元的合同，12架货机航班可往返于国际空间站，从而有效地取代了航天飞机。而现在，马斯克挑战的可重复使用火箭已经变为现实。在载人火星任务实现之前，他的特斯拉已经朝着火星飞去。

在互联网、航天航空之外，对能源领域的颠覆也在同步推进，尤其是汽车行业。在 2002 年成立美国太空探索技术公司之后，马斯克又在 2003 年创办了特斯拉汽车公司，他要终结燃油车的历史。2013 年，特斯拉在美国卖出了 18000 辆 S 型车，这比奔驰 S 系的销量还要高 30%。

在《时代周刊》上公布的"世界上影响力最大的 100 个人之一"中，马斯克被描述成"我们的时代需要的、文艺复兴时期般的创新之人"。从马斯克的成功经历中不难发现他所说的"第一性原理"。每个事物都是从无到有、从简单到复杂的，但大多数人往往只看到复杂的一面，而忽视了简单阶段的最基本要素。在这本书中，我们的本意也是从需求、用户、价值、消费这些基本的商业概念出发，试图在新的时代里对这些基本要素重新定义，从而找到在新的时代背景下商业世界的"第一性原理"。

"烽火连三月，家书抵万金。"任正非无时无刻不在呼唤着前线的炮火。隆隆的炮火声不只在华为人的耳畔回响，每个企业都穿行在枪林弹雨中，需要匍匐前行。

2. 归零：施凤鸣的"学会精通化"

瓜州之地的观音岛上，时常会出现一位精神矍铄的老人，或侍弄花草，或远眺江岸，或站在松柏下沉思，或于庭院里信步。

老人叫施凤鸣，不仅是这座岛屿的设计者，更是三星电梯的掌门人。施凤鸣一生堪称传奇，前半生拜师梅兰芳，凭借一把胡琴登上了艺术的顶峰；后半生转行经商，又将三星电梯经营得风生水起。古稀过后，本当放马南山悠然采菊，施凤鸣却又毅然将自己一生的业绩归零，在瓜州这片极富古韵的土地上设计并建造了一座观音岛，立志让更多的后人感受到瓜州经典文化的艺术魅力。

琴师：一把胡琴红透北京城

1959 年，施凤鸣还是个刚满 15 岁的少年郎，那时他抱着一把京胡，从上海来到扬州京剧团，每天凌晨三四点钟就爬起来练琴。为了不打扰别人，他还经常跑到荒无人烟的坟地里去练琴。

学艺有成后，施凤鸣去了江苏省戏剧学校做音乐教师。正赶上江苏省代表团参加梅兰芳先生纪念汇演，省团的领导便找到了施凤鸣，让他与梅兰芳的两个大弟子沈晓梅和陈正薇一同前往，因为施凤鸣知道演员要怎么唱，更懂得演员的气口和要求。

汇演结束后，北京京剧团和中国京剧院都要求施凤鸣留在北京，他们认为像施凤鸣这样的人才跑去做教师太可惜了。施凤鸣开始红了，他不仅给中国京剧团乐队和北京京剧团乐队培训过样板戏《沙家浜》和《红灯记》，还参加了一次中央举办的宴会，当时同去的有国家领导人李先念、陈宝华和相声大师侯宝林。

转型：胡琴未必一定拉到底

艺术上的造诣和成就，带给了施凤鸣很多意想不到的东西，如功名利禄，甚至还有对人生的新思考。

"你家祖祖辈辈都是经商的，按照你的才能完全可以去发挥自己的长处，为何非要一把胡琴拉到底呢？"侯宝林对施凤鸣说。

"茅茨落日寒烟外，久立行人待渡舟。"或许，人在迷茫的时候都需要别人的一些点拨或渡引，才能看清脚下所走的路合适与否。侯宝林的一句话彻底改变了施凤鸣的人生轨迹，使其又登上了另一个领域的顶峰。

经商：成立三星电梯有限公司

从团里出来后，施凤鸣带了两三个人办起了上海电梯服务中心。卖电梯、装电梯、修电梯，再到之后的改装电梯、生产电梯，施凤鸣从一个刚入行的"小白"，通过自己的潜心学习和研究，以及对电梯专业教材的刻苦攻读，终于换来了事业的初步成功。1996 年，三星电梯有限公司正式成立。

20 多年来，施凤鸣苦心钻研国外先进的电梯技术，在成功应用进口部件的基础上，对原装进口的机组进行再造，先后发明了国际上第一台三点式永磁同步无齿轮曳引机及其安装机构、双马达永磁同步高速无齿轮曳引机、无轴负载式无齿轮曳引机、空气式滚动导靴、两点式防晃动导靴、新型横式拼装轿厢以及带驾驶室的医用电梯轿厢等，获多项国家专利。用这些专利产品制造的电梯在运行中具有低噪声、平稳、节能、环保、维护方便等优点，电梯的功效和许用承载力得到了很大的提高。产品进入市场后，很快得到了用户的认可和青睐。

"我有个感悟，无论做企业也好，建观音岛也好，还是做别的事情也好，要记住梅兰芳大师的一句话，'学、会、精、通、化'，坚持不懈，认真去做，必然会成功。"施凤鸣这样说。

将艺术上学来的理念修为转化到企业的经营发展中，这或许正是施凤鸣从一座高峰攀上另一座高峰的独到法门。我们有理由相信，在施凤鸣的匠心运作下，观音岛也必将使他攀上人生中的第三座高峰。

3. 利他：稻盛和夫的哲学起点

像树的年轮一样，每一年都比上一年有所成长，这种理想中的独特经营状态被称作"年轮经营"[3]。

提出这个命名的人是塚越宽，日本琼脂制造商伊那食品工业的领头人。1958年，这家公司成立之后一直在亏损。年仅 21 岁的塚越宽跳槽到这里上任，在他的经营下，这家公司的经营实现了连续 48 年的增长。

做一家让大家幸福的好公司

对于"年轮经营"，塚越宽是这样理解的：不设立目标营业额，而是以"超过去年就好"为标准。"利润是经营的排泄物"，只要是健康的公司，它就会自然而然地出来。

把员工的幸福摆在第一位。利润不是目的，它只是一种手段。为了提供舒适的工作场所，公司把周边很大一片土地改成公园，免费向普通民众开放。

把利益返还给员工，提高工资津贴和福利待遇，厚待员工。公司的工资和奖金已经在当地数一数二，但每年还是会提高金额。公司所有人享受两年一次的海外旅行机会。

"牺牲别人而获得的利润不是真正的利润。"这家公司从不要求原料厂家降低售价，自己也不会降价销售。即便如此，它仍有广泛的客户，涵盖了食品、化妆品、医药、生物等多个领域。在日本国内的市场份额达到 75%，利润率经常能达到百分之十几。

塚越宽非常喜爱日本江户后期政家二宫尊德的一句名言："无经济之道德乃

戏言，无道德之经济乃犯罪。"他号召员工从小事做到让别人认为 "这是一家好公司"。公司前的马路是一条单向车道，要进入大门时，若右转就会堵住后来车辆，造成拥堵。因此员工都走远路，左转进入。如果停车场周围有植物的话，停车时就把车头朝外，避免尾气。即便在公司外面，如在超市等停车场，考虑到附近孕妇和老人的停车问题，也都尽量把车停在较远的位置。

伊那食品工业的一天从打扫大公园开始，员工在上班前主动参加，打扫自己认为必须打扫的地方。公司内的洗手间也是由员工打扫干净的；如果客人弄脏了，员工发现后会主动打扫。雨天在公园里来往需要带伞，员工会整齐地将伞柄朝同一个方向放好。

如果你觉得伊那食品的待遇足够好，年轮经营足够让人惊奇，那么这家被媒体称为 "日本休假最多、劳动时间最短" 的企业的经营方式就更会让你拍案称奇。[4]

"常思" 差异化的未来工业

这家制造电气设备的公司有 800 名员工，蜂拥而来访问的考察团却赶得上丰田了。在这里，员工每天 8 点上班，下午 4 点 45 分下班，禁止加班，一年休假140 多天，育儿假是 3 年。遵循终身雇佣和年功序列的传统，员工全部是正式员工，70 岁退休，五年一次的全体员工海外旅行所花费的上亿元费用由公司全额承担。

良好的福利必然以良好的业绩为基础。在这家公司，员工没有工作定额和业绩目标，也无须向上级报告、联络、商讨。即便如此，它的业绩势头大好，旗下很多产品的市场份额达到了 70%~90%。公司自创立以来从未出现过赤字，销售利润率平均为 13%，极高的收益能力让同行业其他公司难以望其项背，薪资水平在当地也屈指可数。

一踏入未来工业的办公楼或工厂，墙壁、天花板、门、楼梯平台处处可见 "常思" 的标语，多到仿佛要烙印或根植在每个人的脑海中一样。公司独特的经营方式也是为了彻底实现这个口号而设立的。

未来工业于 1965 年创立，创始人山田昭男当了 35 年的社长，像这种规模的企业，在松下这种称霸电气设备行业巨头的情况下，只能在标准范围外谋求差异化。差异化成为生存的关键。于是，山田想出了彻底的差异化战略，从创立之日就高喊 "常思" 的口号。

山田说："如果突然对员工说差异化，他们会一头雾水。而在 '常思' 口号的基础上，把所有都差异化，训练员工，他们才能真正做出有差异化的产品。这并不是歪理，员工要把'常思'谨记于心，达到不由自主就能做到的水平。"因此，员工喜欢假期多一点就多放假，不喜欢加班就取消加班，为的就是让员工鼓起干劲，习惯于"常思"。

山田原本是一名戏剧演员，他经常把企业的经营比喻成演戏。如果演戏无法感动演员的话，就无法感动观众。经营也是一样，尽可能地排掉不满因素，设置好"能发挥100%能力的舞台"，重复练习差异化，同时在正式开始时就全部交给演员，让他们来感动观众。

找到企业自己的活法

在《活法》一书中，稻盛和夫开宗明义地指出"利他本来就是经商的原点"。他表示："求利之心是人开展事业和各种活动的原动力。"

很多人质疑稻盛的哲学，即便在日本也没有人学会。但实际上，我们在伊那食品和未来工业的案例中可以明显感觉到它们与稻盛哲学的相近之处，尤其是在稻盛所说的商业原点——利他。稻盛哲学是稻盛基于自身的经营与思考而得出来的，就像是释迦牟尼的弟子无数，却并不是每个人都能成为佛祖。在日本企业家看来，每个企业就是要以最适合企业组织内员工的方式来进行经营，而不是找一种固定的模式进行套用。

稻盛和夫认为，从商业的原点出发，领导者需要五项资质——拥有使命感，明确目标并实现目标，挑战新事物，获得信任和尊敬，拥有关爱之心。这五项资质中，拥有使命感、获得信任和尊敬以及拥有关爱之心，都和利他息息相关。塚越宽所要做的"好企业"，也是基于利他的基础之上。因此，对于日航和京瓷的成功来说，哲学的引入比阿米巴的引入更重要。因为阿米巴是把企业划分成一个个独立核算的单元。如果没有利他思想作为指导，各个阿米巴就会一味地追求经营上的数字，只顾自己，从而破坏整体上的发展。

当代著名管理思想者乌麦尔·哈克说："20世纪的商业理念是攫取利益，但将成本转嫁给普通民众、社区、社会、自然环境甚至后代。这种利益攫取和成本转嫁都是经济危机的表现，是不公平的、违背民意的，后果是无法逆转的。我们姑且称之为一种巨大的不均衡，这一过程和之前提到的种种'大'危机不同，它不是短暂的，而是一种持续的关系，是以全球经济为体量的大事故。"[5]

在新的历史时期，商业理念追求的是一种基于利他的巨大的均衡和持续。这需要企业回归到商业的原点，从原点出发，找到最适合自己的活法。

4. 红领：用源点论颠覆微笑曲线

在加西亚·马尔克斯的《百年孤独》中，奥雷连诺第二的老婆佩特娜可以加速动物的繁殖。他望着挤满了新生命的院子，放声大笑地叫道"别生了，母牛，生命短促啊！"

工业时代的流水线就是被加速繁殖的母牛，而人们则在无度的盲目生产中造成了过多生命短促的标准工业品。

如果说马尔克斯隐喻了工业时代的大规模制造，美国社会学者保罗·福塞尔在《格调》中对"看不见的阶层"[6]的描述则似乎暗示着一个截然不同的时代：身上穿着找不到商标的西装，一般是在一个历史悠久但不怎么为人所知的裁缝店定做的，衣服极有品质，但制作需要很久……

老青岛干的这四件事，样样不简单

青岛有一家企业，在两年的时间里，海尔张瑞敏去了 13 次，华为去了，中兴去了，有 4000 家其他企业也去学习参观了。但是这家企业的创始人却说，大部分人是去看热闹的。有人跟他说，他走到这一步不过是碰巧罢了。但是他反驳说，10 年前他对企业的设想和现在一脉相承，这完全是 10 多年扎扎实实、一步一步地走出来的。

这位操着浓重当地口音的"老青岛"是张代理。红领的故事，人们已经耳熟能详了。每次有重要的客人来或者参加重要活动，张代理都要把他做的四件事讲一遍。

第一件事是数据驱动大流水作业，制造个性化产品。红领魔幻工厂在大流水生产线上生产个性化产品，完全是数据驱动、大流水作业，每件产品都是个性化的，在花色、品种、面料、辅料、款式、工艺、标准、尺寸和个性化要求完全不一样的情况下，能够由数据驱动进行作业，而且效率和成本提高到了工业化水平。红领用了 10 多年的时间做这件事，这种作业模式带来了质的变化，重塑了红领的未来。

第二件事是开发 SDE（源点论数据工程），为传统产业升级改造提供彻底的解决方案。这无异于制造业的春天，用工业化的手段、效率和成本制造个性化的产品。从红领的升级改造过程来看，传统产业确实需要升级改造，互联网时代也大力度地推动传统企业的升级改造。从红领来看，传统企业通过升级改造也确实

171

能够改变命运，甚至可以产生质变。

第三件事是工商一体化的 C2M 生产方案。张代理认为，电子商务是制造业的未来，互联网时代为传统企业的发展带来了全新的机遇，同时，红领也认识到 B2C（商对客电子商务模式）不是制造业的未来，绝对低价代表了低质甚至劣质，不是社会进步与人类文明的需求。C2M 才是制造业的未来，由个性化需求驱动制造企业满足需求，全价值链高效协同，能够推动研发、设计、生产、制造、升级改造，以适应个性化时代的需要并充分满足高性价比的需求。从红领的实践中发现，制造业急需自己的直销平台，需要能够充分发挥制造业潜能的平台，需要能充分释放制造业优势的平台，需要高性价比的定制平台，以此充分发挥制造业自身的价值。

第四件事就是源点论组织体系。红领魔幻工厂在发展过程中感悟深刻，在这个时代，组织流程变革是核心，他们在实践中发现高效协同才是根本，红领原有的科层制与高效协同背道而驰，完全不能适应红领的战略需求，领导化、审批、部门、科层很大程度上阻碍了高效协同，成本无法下降，效率很难提升。无论是企业的决策能力还是运营能力，或者是资源支持能力，没有一个好的组织体系，目标很难统一，企业竞争力会被过多的部门层级消耗殆尽。在此种情况下，红领创造了极致的扁平化的组织体系，全员对应目标，目标对应全员，高效协同，以满足战略需求。

不盈利就不道德，无价值就砍掉

关于源点论，张代理总是能给出他的答案：

"其实 90% 的企业，目标是不清晰的，方向是不明确的；而 100% 的企业，机构设置是错误的，不是 99%，是 100%。为什么？从源点论思想来看，产生价值的要强大起来，不产生价值的要全部砍掉，所有的一切必须和价值挂钩。对于企业来说，利润就是源点。

比如说财务部门和人力资源部门完全没有必要存在。财务为啥要有部门？人力资源为啥要有部门？一旦有了部门，员工都开始围着部门转，而不是公司的最大利益。怎么办？打破部门，把财务和人力资源的人放在公司整个流程的节点上，所有人都对着利润这个源头来做。同样一件事，对着目标做和对着部门做有质的差距。这需要老板把公司整体的目标确定清楚，总共需要多少人，这些人是没有上级的，所有人都对着源点，对着利润来做。

一年前，我用红领这个 3000 人的企业做样本，到现在雏形基本上出来了，有些部门的效率提升了 90%，成本降低得不得了。我们有个流程管控中心，这个中心就是管规范和流程，但它不管事。如果发现一件事不好，这个中心就去研究为什么不好，把流程重塑、规则重塑，但是它不允许管钱管物。

对于利润和价值的追求，对于成本的缩减，对于效率的提高，似乎已经成了张代理的直觉，是驱动着这位经商数十年的胶东商人不断做出改变和探索的方程式。

想象力：从红领到酷特智能

《论语》有言："生而知之才者上也。学而知之者次也。困而学之，又其次也。困而不学，民斯为下矣。"管理理论可以通过学习得到，但想象力却不能学而知之。

张代理对红领的优势心知肚明："红领最大的财富是什么？就是十几年积累下来的大数据。这些数据包括这个人叫什么，怎么联系，身高体重是多少，等等。有了这套完整的数据，我们将来做的可不是一个人的一件服装，而是他终身的服装，而且将不仅仅限于西服。"当企业有了一个数量庞大的终身客户群，想象力也就有了发挥的空间。

"未来红领这个名字将不复存在，会启用一个新品牌叫'酷特智能'。它是一个平台，相当于阿里巴巴，不同的是阿里巴巴做的是互联网消费，我们做的是互联网工业。"张代理说，在他眼里，红领不仅仅是他的果实，而是一粒魔豆那样的种子，将这粒种子播撒进互联网工业的土壤中，就会窜出一棵直通天际的藤蔓。

在变为平台之后，酷特智能只专心做四件事情：C2M 电商直销平台；SDE 工程，帮助传统制造业改造，用工业化的成本和效率做个性化的产品；数据驱动的智能工厂；打造一个品牌模型。

早在 10 多年前，张代理就说红领要做大规模定制，但全公司只有他一个人同意。而现在，整个制造业都意识到了大规模定制的必要性与必然性。饱受微笑曲线之困的制造企业开始"困兽而学之"，而"困兽而不学"的企业正在一批批倒下。

实际上，无论是红领还是酷特智能，张代理的源点论思想不只是像施振荣那样将微笑曲线翻转为"苦笑曲线"，而是通过定制换道超车，而不是弯道超车。当越来越多的企业更换到新的赛道，中国的制造业也就不再只能苦涩地微笑，而是略带轻松地笑。

5. 华为：需求是一切战略的原点

1987 年，正值外资进军中国的第一次热潮，这源于党的十一届三中全会确定的改革开放方针及 1986 年出台的《关于鼓励外商投资的规定》。对于外资企业来说，与本国的紧密联络较为重要，但当时中国的通信基础设施十分落后，影响了外商投资。

当时，任正非正通过香港厂商的电话交换机销售代理业务获得了成功。在部队当过技术员和工程师的任正非看到了这个具有潜力的市场，将销售代理产品赚来的钱全部投入人才和产品开发。这使得华为的资金周转很紧张，连续 6 个月没有给员工发工资，甚至还借了高利贷来度过危机。

1991 年末，任正非带领团队在华为的仓库里开发出了新产品。当然，这款产品肯定不是与外资巨头正面交锋、面向城市市场的，而是卖到了西北地区某个县的电信局，对方甚是满意。海外厂商热衷于大城市电信局的订单竞争，而对内陆电信局的订单不理不睬，这给了华为"从农村包围城市"的机会。以此为突破口，从第二年开始，内陆电信局的订单蜂拥而至，1992 年华为销售额突破 1 亿元，纯利润 1000 万元，占据了内陆县级市场。

之后的故事，人们已经耳熟能详了。1998 年，华为开始攻占城市市场，同等规格产品以 30%~50% 的低价让外资厂商慌了手脚。"土狼战术"成功地让华为"虎口夺食"，销售人员住高级酒店、往返机场坐出租车、海外带薪休假，只要能拿到订单，一切都会被认可。对于媒体的揶揄，任正非毫不在意，干脆将"狼性文化"作为华为的企业文化。

以围绕客户转的奋斗者为本的生存法则

游击队的目的是更好地生存下去，而华为也正是在一场场艰苦的游击战中生存了下来。县级市场的战役，外资公司根本玩不了，因为他们吃不了这个苦，不可能像华为人一样在冰天雪地里为客户赤着脚到泥坑里去推车。

生存意识是任正非的本能反应，而活下去也成了华为最基本的使命。这个简单的念头，寄托着任正非不凡的追求，因为他知道，"只有生存才是最本质、最重要的目标，才是永恒不变的自然法则"。

客户是华为活下去的理由，而活下去的价值也在为客户奋斗的过程中得以实现。利润是为客户奋斗的必然结果，因此，华为是"以围绕客户转的奋斗者为本"，而不是"以人为本"。

任正非 44 岁时身背 200 万元的巨额债务,这迫使他选择创业来构建一个收入系统,并且他的创业动机要比别人更强烈。作为一个奋斗者,他太知道与他一起在炎热的仓库里奋斗的团队的心情与渴望了。因此,在 30 多年的时间里,任正非一直强调创业精神,给奋斗者最多的钱,工者有其股。

30 多年来,华为的年轻奋斗者也不负期望,虔诚地满足着客户的需求。枪林弹雨的利比亚战争中,年轻的华为人二话不说,为客户抢修通讯网。日本福岛地震核泄漏,所有人都在往后撤,年轻的华为人背起背包就往一线走。

凛冬将至,让听到炮声的人呼唤炮火

"现在是春天吧,但冬天已经不远了,我们在春天与夏天要念着冬天的问题。IT 业的冬天对别的公司来说不一定是冬天,而对华为来说可能是冬天。华为的冬天可能来得更冷一些。"任正非就像《权力的游戏》中的守夜人,不停地念叨着"凛冬将至"。一个小时候挨饿受冻中过来的人,永远忘不了冬天的寒冷。

任正非在 2008 年初提出"让听到炮声的人呼唤炮火",并拿出 350 亿美元预算在 15 年后落地这样的体制。"谁来呼唤炮火?应该让听得见炮声的人来决策。而现在我们恰好是反过来的。机关不了解前线,但拥有太多的权力与资源,为了控制运营的风险,自然而然地设置了许多流程控制点,而且不愿意授权。过多的流程控制点,会降低运行效率,增加运作成本,滋生官僚主义及教条主义。"对于成本的敏感是每个企业家的本能,任正非对华为的组织病也了然于心。而勇于做出改变、有能力和想象力去做出改变的企业家却屈指可数。

任正非认为,一些人有满肚子学问却讲不出来,在华为公司就是没学问,学问必须卖出去才能是学问。作为产品经理、客户经理,不能装一肚子学问却不见客人,必须通过交流来巩固、加深客户对公司的认识。"华为的设备用到哪里,就把服务机构建到哪里,贴近客户,为客户提供优质服务。在中国 30 多个省市和 300 多个地级市都建有我们的服务机构,全球 90 多个国家分别建有这种机构。整天与客户在一起,能够知道客户需要什么,以及在设备使用过程中有什么问题,有什么新的改进,这些都可以及时反馈到公司。"

任正非说,华为"正在本行业逐步攻入无人区,处在无人领航、无既定规则、无人跟随的困境",华为探索无人区的根在哪里?徐直军回答,当然是最终客户的需求。这是华为一切战略和哲学的原点。这个回答与任正非对华为总体战略的

描述一致："华为是一棵大树，上面树枝结了许多果子。树干就是我们的大数据管道，树枝上的果子是千万家内容商与运营商的业务。根在哪儿呢？根在最终客户。我们吸足营养，这样会使得我们的树干更强壮。"

在这里，任正非将运营商客户与最终客户作了区分，尽管华为的 B 端业务占据很大比例，但要服务 B 端，也必须搞明白 C 端。这相当于把自己的产业链与战略前移，通过掌握最原点的终端客户需求反过来掌控运营商需求，从而实现华为官网的那句标语：构建万物互联的智能世界。

"要耐得住寂寞，板凳不仅仅要坐十年冷。"任正非不止一次在讲话中强调。守住原点与初心，这句话应为中国企业家所共勉。

结语
能重新定义的只有你自己

孙坚　首旅如家酒店（集团）股份有限公司总经理

接到静若主题邀约的时候，我正在和美高即将毕业的女儿进行她的访校之旅。女儿独立生活以后，我们朝夕相处的机会并不多，这是她人生的进阶过程，却也好像是我重回人生原点的体验。她毫无修饰的喜怒哀乐以及坚定的人生追求在我的思考里留下了一些痕迹。

商业回归到原点，也恰是这样简单明了。商业，就是毫不犹豫地服务好毫无修饰的消费者，倾心尽力地为他们解决问题。事实上，自先秦时期以来，从贝壳货币到统一度量衡，从贩卖东西的东市西市到海上、陆上两条丝绸之路，我们的商界祖先不断地在这个原点里深耕外延，在探索中不断地扩大交易深度和服务边际，商业也因此成了探索社会文明足迹的重要纽带。

而如今，在忙碌的商业社会，经历岁月的磨炼和风霜雨露的滋养，我们仿佛更愿意相信内心依然住着一个纯粹、无邪的本我。不论生活的境遇如何，那忽远忽近的荧荧之光兴许是让我们这群 60 后的"小青年"奋发新生的源泉。我对商业原点的理解，便是从这颗真心开始。真心之上的实践和回顾，更通透，也更接近那些折射出来的商业现象，并以此尽可能正向且深远地推演未来。

一、商业的本质

一个商业的成功涉及很多因素，中国老话常说天时、地利、人和，或是商业理论常说的产品模型、市场潜力和企业团队。究其根本，商业的核心是利他，也就是不断地满足消费者的需求。站在企业实战的角度，再延展一点，还要不断地满足为消费者的需求提供服务的服务者的需求。

消费者的原生需求从来都是变化着的，原则上这种变化源于社会经济发展、社会技术变革和生活方式的变迁。社会经济的发展程度决定了消费者的可支配收入，这和商业有着密不可分的关联。以酒店业为例，美国在 20 世纪 60 年代人均

GDP 达到 3000 美元，而在同一时期，美国的经济型连锁酒店发展达到了峰值。中国酒店业发展的轨迹也有非常相近的表现，我们在 2009 年达到了人均 GDP 3000 美元，而同时期，也是中国经济型酒店布局发展的高峰期。再看技术变革和生活方式，其变迁带来的改变就更加显性，足以用碾压、颠覆等词来形容，它会推动消费者尝试并建立新的消费习惯。

以我们身边最普遍存在的实体零售来看，超级市场是非常典型的存在。在 20 世纪 90 年代中期，大型超市还是非常新鲜的，由于开放式环境的良好体验，人们保持了相当长时间的新鲜感和乐此不疲的复购消费。而似乎是一夜之间，随着线上购物的兴起和物流的便利，日常消费的线上化迅速成了人们消费的主流选择。近年来，除了日常消费品，线上消费已经将触角伸向了生活的各个角落。各种狂欢类的消费节日与大数据下的消费智能推送，结合 VR 技术的线上消费体验改革，极大丰富了消费者对于动动手指的想象空间，线上宅居已然成为一种生活方式。从商业的角度，对消费者的这些原生态变化，我们需要去敏感地跟随并重新塑造认知。

消费者的消费需求随着商业形态的变化，在功能和体验两个层面衍生。从功能角度去满足消费者，需要专业功底的小分子化和产品质量的可追溯化。功能依旧是那个功能，但消费者对功能的笼统性、单一性需求升级为个性化需求，也可以说是惊喜需求。比如，酒店房间的本质，从提供一个晚上的睡眠，发展到营造一个私人定制的个人世界，这其中必然需要很多小分子化的专业动作。传统的专业动作有房号、朝向、枕头、床垫的选择，如今还可以有私定主题，如定制香氛和灯光、专属配饰等，如果住客授权，甚至还可以提供专业的个人睡眠报告和健康生活指导等新兴服务选项。相比之下，产品质量的保障，会成为消费者在功能性诉求过程中的基本点，也是一大重点。在未来的消费中，功能性需求在质量上的残次或缺失，将会不断地在消费者的负面清单中加重砝码，惩罚效应甚至会呈断崖式崩塌。这将会和社会征信体系一起，对商业的底线提出更强硬的提升性的保障要求。

从体验层面去吸引消费者，则需要更敏锐的感知力和更全情的投入。以前我们经常说，要努力去辨别消费者想要的（wants）和真正需要的（needs）。现如今，部分商业业态也许还可以延续着这样的思维，但随着互联网的浸入性渗透和各种生活应用类技术的蓬勃兴起，不仅仅是满足消费者需要的，甚至是超出消费者想要的的功能和体验，正在源源不断地来到我们身边。

一直被唱衰的线下实体，已经经过多次转型，终于在新一轮的消费升级中找到了一些细分方向，为消费者构建更好的体验和场景，这在酒店甚至大旅游的业态中也已显示出别样的魅力。如家酒店集团逐步打造的酒店生态链，正是直面了消费者的需求变化，流动出的各种工作和生活场景，可以说是我们想象中的中国老百姓的未来生活图景。从更有品质且丰富的商务产品到注重生态和自然的乡野小镇，从更轻松便利的共享办公、共享消费到漫趣乐园的亲子时光和空间，从跨界合作的惊喜和体验再到体现年轻人态度的独特生活。从消费者的消费体验端得出结论，商业必须尝试用一起玩耍和共同陪伴的角度，和消费者一起发掘和实践商业的本质。

二、商业逻辑

商业组织发展的生命周期告诉我们，从新生到成长，从蓬勃到稳固，从停滞到调整，或衰落或再次蓬勃，任何商业形态、业态都会在不断生长的过程中描绘出自己的轨迹。而每条轨迹背后遵从的就是大家共识的商业逻辑。商业需要活着并不断实现可持续发展，它关乎成长，更关乎生存。

在日趋多变、竞争多元的大环境下，替代型产业的诞生让很多传统企业甚至是新兴企业都有了更深的忧思、忧虑，这就迫使企业对于商业逻辑的要义——"活下去、生产、扩大再生产"进行深耕。对于经营、利润，乃至商业模式的精准演绎，需要更强效和直观的投入产出表现。

一般来说，企业都会紧紧围绕"人效、坪效和钱效"来不断评估和验证商业逻辑的正确性和可持续性，也就是最大限度地关注单位人力、单位面积以及单位投入的产出效率。酒店业是典型的劳动密集型产业，在这种典型的人人交互型的服务消费行业，人是酒店业乃至大部分行业的最大、最核心的竞争力。而从效率角度，人也会是最大的效率优化机会。在市场、产品、消费不断变化的过程中，同类型的商业和企业，必然要将"人"作为重要的参与性因素，从源头上设计和考量，才会有更多的机会两头创造惊喜。一方面实现与消费者交互的温度和黏度，扩大产出；另一方面研发提升效能的替代型方案，减少消耗。在坪效方面，随着"空间概念"的革命性变化，结合了跨界、共享等新鲜的商业理念，很多商业体包括酒店的单位面积产出将不再是平均概念所能涵盖的。除了传统意义上的淡旺季的时段差异以外，还会有基于合作需求的空间价值的二次乃至三次定义，这也是共享产业最初、最直接的切入点。对于坪效、钱效的评估，都会在传统价值实现之上，发掘更具挑战和机遇的可能。

商业逻辑是理性的，它代表着商业自身的必然使命和职责，很多时候这和人心中的理想国是相悖的，甚至是完全相反的。但是，永远在商业的逻辑里思考问题，应该是一个企业家的本能和先发。

三、商业的创新

商业的创新可以是跟随性的，它不断创造由于社会变化、技术进步所产生的全新商业模式；商业的创新也可以是引领性的，它不断尝试预见未来，甚至做好准备，提前在下一站等待。任何一个经过长期积淀的行业，都多少会有先入为主的思维，这样的思维误差有可能就是我们和"未来"中间那层至关重要的窗户纸。因此，商业的创新在于思维方式的改变和创新。一方面，我们可以从过去推演、判断和演绎未来；另一方面，我们也可以在对未来技术革新、社会变化的充分理解中，确定消费的终极目标，从而更大胆地预测未来。但不管是更有逻辑性、更合理的前者，还是更有前瞻性、更跳跃的后者，都在推动我们不断刷新自我，创新求变。

简单来说，实现了消费者的需求，是满足了消费者关注的当下；而建立了跟随消费者成长、创新出满足消费者想象的产品线，则会更有黏着度的预见和绑定消费者的下一站。对于未来，时尚和科技被认为是两个巨大的内核，围绕这两个核心，丰富商业产品的内涵和外延，将是保持和吸引消费者关注度的大方向。而从软性思维的角度，营销的娱乐、社群、社交属性也将更加凸显。消费需求与产品的直接连线交易将越来越少，以某种名义的集结将越来越多。人们对于娱乐，包括游戏、动漫及各类活动的诉求已经日趋旺盛。这也恰恰是各行各业营销的精准化入口之一。酒店业对客群的传统定义包括商务、旅游、会议、团体等，现在已经在创新更替的路上，他们将更多地被以人群特征来区分的社群类别迭代或替代，漫画人口、游戏人口、驴友、宝妈、空巢老人……每一个概念都有可能成为创新型的经纬标记。与此同时，大量主流阵地的稀释化是在 IP 盛行、网红遍地的当下更直观的所见。这些都将引导我们去深入挖掘应对每个细分科目的特定需求，在实现创新的路途上，不断创造跳跃性调度的可能。

商业最大的魅力在于知行合一。从认知到践行，看似一步之遥，也可若浩瀚星空。希望和同伴们一起，初心始终地去坚持利他，顽强坚韧地去生存壮大，轻盈多姿地加以演绎进化。

再好的过去，已经过去；未知的未来，一定会到来。我们言商也是做人，真诚相待，倾心以对，不惧未来。

参 考 文 献

第1章

[1] [13] [17] Aaron Shapiro.*Users*，*Not Customers*：*Who Really Determines the Success of Your Business*[M]. Portfolio，2013.

[2] [3] Tema Frank.*PeopleShock*：*The Path to Profits When Customers Rule*[M]. Essential Views Publishing，2016.

[4] [5] [6] [10] Jim Blasingame.*The Age of the Customer*：*Prepare for the Moment of Relevance*[M]. SBN Books，2014.

[7] 罗伯特·沃伦.美联航弄坏吉他后怎么办？——驾驭来自社交媒体的客户抱怨 [J]. 中欧商业评论，2011–7.

[8] 美联航因"超售"暴力赶客，从开始到现在，它都做错了哪些事？提琴没有弦，虎嗅网，2017–04–11. https：//www.huxiu.com/article/189746.html.

[9] 优信二手车，学学人家索尼怎样玩鬼畜的！数英网，2015–10–10. https：//www.digitaling.com/articles/18857.html.

[11] 一年狂卖 7.5 亿的网红眼药水遭眼科医生炮轰，被斥"请放过中国老人". 法制晚报，2017–12–05. http：//news.ifeng.com/a/20171205/53879902_0.shtml.

[12] Nelly Oudshoorn，Trevor Pinch.*How Users Matter*：*The Co-Construction of Users and Technology*[M]. The MIT Press，2005.

[14] [15] Manish Grover.*Connected*！*How # Platforms of Today Will Become Apps of Tomorrow*[M]. Manish Grover，2017.

[16] 彼得·德鲁克.管理的实践 [M]. 齐若兰，译.北京：机械工业出版社，2006.

第2章

[1] 尼尔·弗格森.货币崛起 [M]. 高诚，译.北京：中信出版社，2009.

[2] [4] Irene C. L. Ng.*Creating New Markets in the Digital Economy*：*Value and Worth*[M]. Cambridge University Press，2014.

[3] 亚当·斯密. 国富论 [M]. 谢宗林，李华夏，译. 北京：中央编译出版社，2010.

[5] 突然！尼康关闭中国一工厂，但"打败"它的竟不是老对手佳能. 中国经营报，2017-10-31. http：//news.ifeng.com/a/20171031/52873763_0.shtml

[6] 华为为什么选择和徕卡合作？搜狐网，2018-03-27. https：//www.sohu.com/a/226533714_178777

[7] [8] 张婧，何勇. 服务主导逻辑导向与资源互动对价值共创的影响研究 [J]. 科研管理，2014-1.

[9] 罗纳德·科斯. 企业的性质 [D].1937.

[10] 科特勒的顾客让渡价值理论 –MBA 百科，http：//wiki.mbalib.com/wiki/消费者让渡价值理论.

[11] [12] [13] 罗珉. 价值星系：理论解释与价值创造机制的构建 [J]. 中国工业经济，2006-1.

[14] 姜奇平. 从价值链到价值网络——兼论企业的消亡 [J]. 互联网周刊，2009-3-5.

[15] 王茜. 构建企业价值网络 [PPT]. 中山大学管理学院，2011.

[16] 陈威如. 平台组织：迎接全员创新的时代 [J]. 清华管理评论，2017-8.

[17] [18] 菲利普·科特勒，何麻温·卡塔加雅，伊万·塞蒂亚万. 营销革命 4.0-从传统到数字 [M]. 王赛，译. 北京：机械工业出版社，2017.

[19] 张瑞敏：下一个风口起飞的理论基础是用户乘数. 唐四明，海尔集团公众号，2017-08-17.

[20] 用户乘数：物联网时代的平台属性. 胡泳，郝亚洲. 胡泳公众号，2017-09-24.

第3章

[1] [2] [5] Doug Stephens，Joseph Pine.*Reengineering Retail*：*The Future of Selling in a Post-digital World*[M]. Figure 1 Publishing，2017.

[3] 费奥多尔·陀思妥耶夫斯. 死屋手记 [M]. 曾宪溥，王健夫，译. 北京：人民文学出版社，2011.

[4] 曼弗雷德·弗兰克. 个体的不可消逝性：反思主体、人格和个体，以回应"后

现代"对它们所作的死亡宣告 [M]. 先刚，译. 北京：华夏出版社，2001.

[6] 关于爱情这东西. 曙韵，简书，2016-02-21. https：//www.jianshu.com/p/9cd0184d8c0b.

[7] 官方回应支付宝年度账单默认勾选：愚蠢至极 已调整. 新浪网，2018-01-04. http：//news.sina.com.cn/o/2018-01-04/doc-ifyqinzs8397416.shtml.

[8] 一文读懂 Facebook 泄密丑闻：扎克伯格熬过十小时听证. 腾讯网，2018-04-05. http：//tech.qq.com/a/20180320/032157.htm.

[9] 赫伯特·马尔库塞. 单向度的人：发达工业社会意识形态研究 [M]. 刘继，译. 上海：上海译文出版社，2006.

[10] 巴克敏斯特·富勒 – 百度百科，https：//baike.baidu.com/item/ 巴克敏斯特·富勒 ./8776760？fr=aladdin

[11] [12] 罗伯托·维甘提. 第三种创新：设计驱动式创新如何缔造新的竞争法则 [M]. 戴莎，译. 北京：中国人民大学出版社，2014.

[13] Apple Watch 总销量 3300 万块，营收 120 亿美元. 腾讯网，2017-10-02. http：//tech.qq.com/a/20171002/010849.htm

[14] Rachel Botsman，Roo Rogers.*What's Mine is Yours：The Rise of Collaborative Consumption*[M]. HarperBusiness，2010.

[15] 迈克尔·哈默，詹姆斯·钱皮. 企业再造：企业革命的宣言书 [M]. 王珊珊，译. 上海：上海译文出版社，2007.

[16] 互联网时代我国企业管理变革：基于海尔案例的研究 [M]. 财政部，工业和信息化部，2013-10.

第4章

[1] 弗里德里克·杰克逊·特纳. 美国边疆论 [M]. 董敏，胡晓凯，译. 北京：中国对外翻译出版公司，2012.

[2] 五个理由告诉你泰国为什么是痛苦指数最低的国家！搜狐网，2017-05-23. http：//www.sohu.com/a/142752815_411590.

[3] 泰国 21.6% 民众做到知足经济生活模式 [N]. 泰国世界日报，2011-04-18. http：//chiangmai.mofcom.gov.cn/aarticle/jmxw/201104/20110407502357.html.

[4] 国民幸福指数 – 百度百科，https：//baike.baidu.com/item/ 国民幸福指数 /10846105?fr=aladdin.

[5] Facebook "情绪感染" 试验被指不道德.谭思,腾讯网,2014-07-06. http：//tech.qq.com/a/20140706/020310.htm.

[6] 萨利姆·伊斯梅尔,迈克尔·马隆,尤里·范吉斯特.指数型组织：打造独角兽公司的 11 个最强属性 [M].苏健,译.杭州：浙江人民出版社,2015.

[7][9] 罗伯特·史纪德斯基,爱德华·史纪德斯基.多少才满足？决定美好生活的 7 大指标 [M].李隆生,张又仁,译.台湾：联经出版事业（股）公司,2013.

[8] 让·鲍德里亚.消费社会 [M].刘成富,全志钢,译.江苏：南京大学出版社,2001.

[10] 21 HOURS-THE CASE FOR A SHORTER WORKING WEEK,New Economics Foundation,2010-02-13. http：//neweconomics.org/2010/02/21-hours/

[11] what's wrong with the modern world,Jonathan Franzen,2013-09-13,http：//www.theguardian.com/books/2013/sep/13/jonathan-franzen-wrong-modern-world

[12] [14] Maurie J Cohen,Halina Szejnwald Brown,Philip J Vergragt.*Social Change and the Coming of Postconsumer Society*：*Theoretical Advances and Policy Implications*[M]. Routledge,2017.

[13] 丹尼斯·米都斯.增长的极限：罗马俱乐部关于人类困境的研究报告 [M].李宝恒,译.长春：吉林人民出版社,1997.

[15] [25] [26] [28] Anne Lise Kjaer.*The Trend Management Toolkit*：*A Practical Guide to the Future*[M]. Palgrave Macmillan,2014.

[16] 正确理解苹果 "降速门",再去讨伐它也不迟.丁阳,腾讯网,2017-12-26.http：//view.news.qq.com/original/intouchtoday/n4117.html

[17] iPhone 降速门背后,人们为何反感计划报废行为？王新喜,36Kr,2017-12-27.http：//36kr.com/p/5110166.html

[18] 纪明辉.万斯·帕卡德与消费 "阴谋论" [J].理论研究,南京艺术学院设计学院.

[19] 让·鲍德里亚.物体系 [M].林志明,译.上海：上海人民出版社,2001.

[20] [22] [23] [24] Bob Gilbreath.*The Next Evolution of Marketing*：*Connect With Your Customers by Marketing with Meanings*[M]. McGraw-Hill Education,2009.

[21] B.约瑟夫·派恩,詹姆斯 H.吉尔摩.体验经济 [M].毕崇毅,译.北京：机械工业出版社,2012.

[27] Peter Fisk.*People，Planet，Profit：How to Embrace Sustainability for*

Innovation and Business Growth[M].Kogan Page，2010.

[29] 乔布斯斯坦福演讲：退学是我一生中最棒的决定 . 网易，2011–10–06. http：//edu.163.com/11/1006/09/7FM1B7SA00294IIK.html

第5章

[1] 上海某小学竞选家委会，激烈程度堪比选总统！凤凰网，2017–11–04. http：//wemedia.ifeng.com/35780364/wemedia.shtml.

[2] 正和岛创始人刘东华年会寄语：2018，找到自己的"第一性原理"！刘东华，正和岛公众号，2018–02–12.

[3] [4] 野中郁次郎，胜见明 . 用好员工的智慧 [M]. 罗安，译 . 北京：北京联合出版公司，2017.

[5] 重新定义创新与企业家精神. 郝亚洲，管理学人公众号，2016–10–29.

[6] 保罗 . 福塞尔 . 格调：社会等级与生活品味 [M]. 梁丽真，乐涛，石涛，译 . 北京：中国社会科学出版社，1998.

人们很少将猫猫狗狗与企业的经营管理联系起来。这个隐喻听起来有点奇怪，但哥伦比亚大学商学院的莱纳德·谢尔曼教授却觉得这个隐喻十分妥帖。他在《摆脱与狗混战，成为一只猫！》一书中写道：

"想一下在混战中两种动物给人留下的心理印象，狗（企业）往往抓住领土（市场份额）优势，经常以大多相似的战术（产品和服务）进行战斗。从商业角度来看，这种情况一般发生在成熟的商品化市场，这些市场增长速度缓慢、利润率高、竞争激烈，置身其中的每个企业都难以有效地摆脱困境。在混战中，强大的一方可能会获得临时优势，但是持续的战斗通常会给所有参战者造成沉重的损失。

与狗不同，猫是聪明、孤独的猎人，它们更倾向于探索新领土，并根据自己的条件重新定义游戏，而不是参与到两败俱伤的战斗中。猫敏捷且具有创新性，善于用狗不能轻易复制的战术来寻求猎物（客户）。"

自然哲学是人类哲学的起源，不管是西方先民还是东方先民，都对自然的奥妙显示出极大的兴趣。在物质极其贫乏的古代，先哲们很容易把握并思考金木水火、风雨雷电这些组成自然的基本要素。然而，后世对自然的研究越陷越深，深入到了分子和原子的研究，却很少跳脱出来重新进行哲学上的思考。在新的科学范式转变的过程中，对于自然哲学，尤其是对中国传统自然哲学的重新挖掘和思考显得具有深刻的意义，因为量子物理学与中国的自然哲学有着天然的相关性。

如果将传统管理学揉碎，用自然哲学的体系来重新架构，那么太极哲学体系再合适不过。翻看西方哲学史，可以发现西方并没有形成体系完备的自然哲学，而太极哲学则在中国几千年文明史中一直流传、探讨，经久不衰。

如果说自我与他者的主客关系是人类实践与认识活动的一对基本哲学范畴，那么自利与利他就是人类价值追求与价值创造活动的一对基本范畴。自利是为利，利他是为益。益利是两仪，阴阳调和方能滋养万物，而益利交媾方能滋生万般价值，春风化雨、润物无声。

益利聚散催生四季。我们经常用春夏秋冬来指代人生、事业的起起落落。商业世界自然也可以这样隐喻。春为少阳，象征着价值的萌芽和创新；夏为太阳，象征着价值的繁荣与创造；少阴为秋，象征着价值的收获与持续；太阴为冬，象征着价值的保全和稳定。

不管是超凡出世的道家还是经世济民的儒家，都同根同源。太极哲学不只是朴素的哲学思考，更有着认识论和方法论上的深刻性与扩展性。

古人所讲的格物致知，既是认识论又是方法论。但在传统哲学的语境下，格物更多的是对事物的体察、同理心的感知和体验，更强调一种整体的理性，而非西方文化中分析至上的解构式理性。

虽然以中、日、韩为代表的亚洲企业都曾受到美式管理的深刻影响，但这并不妨碍它们发展出自身的特色，并呈现出很大的共性。这与中国传统文化的强大感染力有着根源上的关联。比起分析，亚洲企业更关心实践，能够快速吸纳新技术进行持续性创新。中、日、韩三国企业都经历过模仿西方的过程。在全球业务上，亚洲企业不善于制定标准，而是不断生产本地化的产品。苹果的全球爆款 iPhone 与三星、国产手机的机海战术就是鲜明的例证。

现代管理学之父彼得·德鲁克曾说过，"企业的唯一目的就是创造顾客"。迈克尔·波特在重复自身定位分析的过程中，忽视了最关键的目标。顾客的创造必然是以顾客为始终，而不是以分析结果为出发点和目的。这与亚洲企业的经营管理理念不谋而合。因此，他也预言，以中国为代表的东方管理或将引领 21 世纪。

目前，还没有人对东西方传统哲学、东方管理经验与现代管理理论做一个有效的、系统的融合。当然，我们也看到了这样的努力，张瑞敏致力于将他的人单合一推向世界，也在积极为他的实践寻找理论根据。金蝶集团创始人徐少春制定了企业数字化管理哲学的四大体系（系统），分别是治理体系、激励体系、考核体系和信息系统。方太集团董事长茅忠群用儒学来结合企业的经营管理实践，试图打磨出一把君子之剑。王阳明的致良知成为越来越多企业家的经营哲学，敬天爱人的稻盛哲学也刮起一阵阵热潮。（见图 1）

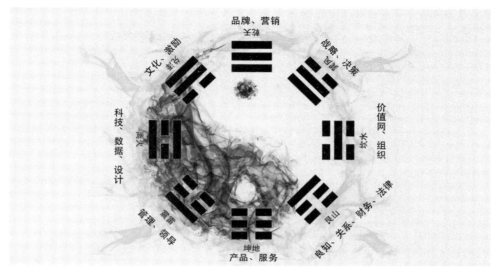

图 1　太极哲学的管理思想

　　不得不说，我把企业经营用罗盘的形式划分为几个圈层还是难以脱离传统管理的窠臼，毕竟现代管理学建立在机械主义的基础之上，但脱离了现代管理学则又似空穴来风、捕风捉影。每一个理论、每一个体系都是先有后优、不断打磨、不断发展的。我不宜妄自菲薄，更不敢妄自尊大。（见图2）

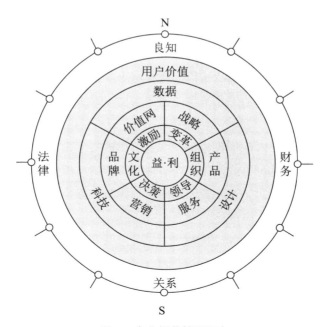

图 2　企业经营管理罗盘

进入数字化和网络化时代以来，企业的经营管理出现了诸多新变化，这些变化是多维度、多层次的，涉及罗盘中的方方面面。在近三年访谈、走访企业的过程中，我也可以深刻地感受到这些变化到来的必然性、紧迫性和强烈性。几乎每一个具有危机感的企业家都在思考同样的问题：在这样的时代背景之下，企业由谁来经营什么？由谁来管理什么？

2008年9月，雷曼公司破产。纽约华尔街发生了前所未有的大规模游行示威，美国国内也出现了对金融资本主义的强烈批判。金融资本主义是美式管理的另一特征。这种批判其实是对重视股东及投资者等特定集团利益的美式管理模式本身的反驳。自此之后，以哈佛为首的众多商学院进行了各式各样的有关重视共同体等"共同利益"的教学计划改革。而利共体、合伙人、平台、价值网络、共创共享、合作共赢等理念在当下也越来越受到追捧。

"沉舟侧畔千帆过，病树前头万木春。"在"创造"中，我想通过"用户价值罗盘"这一模型来勾勒一个互联网时代企业经营管理的大致轮廓，并结合我走访的企业家和企业的经营管理实践，去伪存真，汰旧换新。

我们热烈企盼着一个新商业文明的到来。这个新的商业文明在我看来至少包含4个部分，对应着"用户价值罗盘"模型上的4个圈层和本部分的4章。

不管是一章，还是一节，都难以对如此庞大的体系做出概括和总结。哈佛商学院管理与MBA的案例全书足有厚厚的10个分册，加起来2000多页。而经营管理类的书更是汗牛充栋，穷此一生也读不完。因此，我不把商学院的课程搬过来，那样没有什么实际意义。我相信，读者对于罗盘上的每个词都不陌生，都有一定的基础，即便是刚毕业的大学生、创业者也不难从网络和百科辞典上了解到所有的理论知识。

本部分的每一节都匹配了我和研究小组访谈过的企业案例，并附有对这些案例的解读。希望通过这种方式，让读者朋友们对"用户价值罗盘"模型有一个切身的体验，并形成自己对企业经营管理的逻辑框架。每个人心中，都要有一个自己的罗盘，指引自己在商海沉浮。

第 1 章

新经营：共创用户价值的全员经营

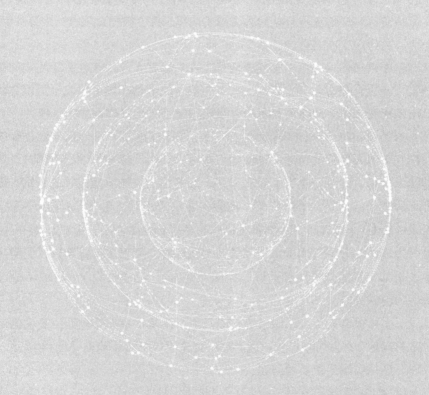

做好你的分内工作，他们会想再次体验你的服务，并带来他们的朋友。

——沃尔特·迪士尼

1. 产品

名创优品的爆品法则

2018 年 6 月 17 日晚，广州。

繁华的上下九步行街，人流如往常般熙熙攘攘。各色门店在享受着巨大的天然流量的同时，也经受着电商"618 年中大促"的又一波洗礼。

街的两头各有一家日用百货店，如果不是招牌和揽客方式的区别，相似的货架和陈列让人很容易误以为这是同一家店。然而，两家店的生意却有天壤之别，其中一家像旋涡一样悄无声息地把人流卷入店里，另一家哗众取宠，却门可罗雀。这两家店，其中一家叫名创优品。

此时，在地球的另一侧，美国电商巨头亚马逊宣布以 137 亿美元收购有机食品连锁零售商全食超市。三大零售巨头沃尔玛、克罗格和塔吉特股价闻讯集体下跌，就连欧洲超市巨头阿霍德德尔海兹集团、家乐福的股价也遭到重挫。

站在这条日均客流量约 60 万的大街上，你或许想象不到传统零售巨头的艰难。而在几千米之外的北京路一家商场六楼的男装店，你却可以感受到传统实体零售的惨淡。偌大的空间里，只有寥寥几个顾客，店员热情地招呼、介绍，而顾客翻开标牌看了看价格，皱皱眉头，满脸犹疑地走开了。几个店员面面相觑：这是今天来的第 20 个顾客了。人们都上网买东西了，这生意不好做啊！

是因为电商的分流造成了实体零售商的艰难吗？但很多传统零售巨头尝试进军电商，例如，百丽投资了优购网，大润发推出了飞牛网，万达推出了飞凡网，但到最后为何惨淡收场？

是线下实体没有吸引力了吗？为何亚马逊、阿里、京东等电商巨头又纷纷在线下"跑马圈地"？为何好市多、优衣库、宜家等线下实体能逆势增长？

或许，还是实体零售商的问题。

有人给这里的男装店支过三招：其一，价格去掉 1 个 0；其二，店员裁掉一半；其三，让店员闭嘴。店长一听，差点惊掉下巴："您这是不让我活了呀！"

在这个店长看来，这三招是完全不可能的。但当优衣库像巨鳄般吞噬掉市场时，他们才意识到，这不仅是可能的，而且是必须的。

给他们出招的人，正是名创优品的联合创始人兼首席执行官叶国富。

性价比杀手：爱逛街翻牌子的总裁

"为什么购物中心里餐饮的顾客最多？"叶国富在我组织的案例工作坊演讲时抛出这样的问题。

台下有人说餐饮是刚需。"难道服装不是刚需吗？我没见过谁光着身子逛商场的。"台下哄堂大笑。"因为餐饮是购物中心里单价最便宜的。现在的'80后''90后'到商场里，逛了半天，不是不想买，而是一看那价格，真买不起。而去'外婆家'，一个荤菜才十几块钱，我又不吃荤，三菜一汤，四十多块钱就搞定了。"谈到价格，叶国富有些眉飞色舞起来，台下也不时爆发出笑声。

欧莱雅的一支睫毛膏在美国卖九块九毛九；维多利亚秘密的内裤平时10美元一条，最贵的内衣套装288美元；优衣库的羽绒服399日元，去掉30%，再除以5，在日本就是不要钱的衣服……谈起很多品牌的价格，叶国富如数家珍。他也毫不谦虚地笑称自己为"价格专家"。他经常去国内外各大商场逛街，而每次逛街最关心的就是产品的品质和价格。在他看来，"伏尔泰说，'剑至死都不能离手'。零售业的剑主要表现在两个地方：第一自己要能把握品质，第二自己要有定价权。好市多靠着定价权优势保持了极高的性价比"。

从品质和价格的组合上，零售形式可以分为优质高价、优质低价、低质高价、低质低价四种。经济的低迷与其他超市的竞争使主打优质高价的全食超市近年来业绩一直下滑，不得不"卖身"亚马逊；传统零售的低质高价逐渐将顾客拒之于千里之外；某些"五元起价"的低质低价也无法获得顾客认同。而主打优质低价的好市多、优衣库则赢得了顾客的青睐。

"好市多有的商品20年不涨价。中国的超市大都是二房东，没有定价权。名创优品的商品只要十块钱，十块钱就能买到品质这么好的商品，价格是超市的1/3，还比超市的商品好看，顾客购买的时候还有什么好犹豫的呢？"对于优质低价的模式，叶国富的幽默中透露着无比的自信。

脑子进水的人还真不少

"产品的价格由什么决定？"叶国富再次抛出问题。

"品牌定位。""产品质量。""市场决定的。"台下纷纷给出答案。

"错了！我再问，产品的品质是由什么决定的？"

"价格。""材料。"

"错了！产品的品质不是由价格决定的，而是由材料决定的。有些供应商报价 8 块 5，我说 5 块。他说那他们回去把材料改改。我说他脑子进水了。如果我为了降价，改材料这种事情，我还需要他吗？中国所有的供应商都会降低材料成本。我想要的是品质不要改变。利润虽低，必不敢省人工；价格虽低，必不敢减物力。这正是名创优品的研发理念。"叶国富越说越兴奋。

"价格是由企业的效率决定的。企业效率越高，出厂价越低，就越有竞争力。'外婆家'为什么那么多人排队？等两三个小时也要去吃？性价比。怎么这么便宜？翻台率决定的。降价的办法就是改进设备、提高效率，任何事情都要关注'效率'这两个字。效率决定企业的舒适性。"这一番话语说完，台下恍然大悟。

如何保持提高效率，保持性价比？叶国富给出了三个秘诀。

第一，爆品战略。乔布斯给全球的企业家上了深刻的一课，很多手机商出了几十个款型却卖不出去，但是一款苹果手机就可以卖到全世界去。企业必须聚焦到一个单品上，这样的产品才具有专注、库存减少、管理成本大大降低的优势。

第二，规模采购。如果做不了规模，那么就没有性价比。

第三，缩短渠道。级别越多，利润越少；渠道越短，送货越快，周转越好，效益越高。

曾一年狠砸5000多万元，死磕，不断地磕

"过去的零售以渠道为中心。今天我们做零售要以产品为中心。顾客买什么？买的是产品。掌握产品就是掌握顾客。这就需要极致的产品设计。"叶国富把设计作为驱动名创优品增长的核心要素之一，仅 2016 年的设计费大概就花了 5000 多万元。

陈春花在《超越竞争》中说："当世界进入 21 世纪的时候，环境所需要的新的竞争力是速度、创新和全球化。"名创优品恰好具备了这三种竞争力。产品开发与设计的速度和创新、全球化的快速扩张使名创优品在实体零售的寒冬里大放异彩。

在叶国富看来，极致的产品设计有三个标准。

第一，系列感。好市多里所有的产品，不管是 CK（全球时尚生活方式品牌）、星巴克，还是其他任何品牌，进了好市多就全部要按照它的风格和包装规划重新设计。

第二，简约风。在互联网时代，全球消费者在选择上越来越趋同的就是简约。

第三，高颜值。现在的消费者不仅要价格低、功能多，还要有格调。产品不再只是产品，还要有美感，要像一件艺术品。

"为了名创纯净水的包装工艺，我们找了不止 50 家工厂。我们的这款包装甚至不需要申请专利，因为只有一家工厂可以制造出来。这就是我们要在设计上死磕，不断地磕，否则你的产品是没有竞争力的。"这种设计力和死磕的精神，正是想跟进名创优品的品牌模仿不了的核心所在。

最好的套路，就是少一些套路

"名创优品曾每年损失 5000 万元。"叶国富亲口说。

这一点没必要惊讶。对于名创优品这样没有推销员的店铺来说，偷盗行为不可避免。曾经全国的店铺一天能抓 50 个小偷，通过这些人又牵扯出了许多大案要案。在名创优品，守株待兔成为便衣警察的"好生意"。

起初，名创优品店员的工作有三项：理货、打扫卫生、防盗。店铺业绩不与个人挂钩，也没有相应的激励措施，这就使店员没有动力去做推销。这也营造了"无服务、无推销、无压力"的购物体验。

"传统实体零售业的商品，一是服装，二是化妆品，其中套路太深。卖化妆品的，一要口才好，二要长得漂亮。你一走进柜台，销售员就说你长得像明星，你买还是不买？压力很大。我们不靠口才，靠体验。"叶国富对传统实体零售的套路并不认同。"我不认为零售死了，死了的其实是平庸的零售体验。"美国著名眼镜电商 Warby Parker 的共同执行官尼尔·布鲁门塔说。正是因为复杂的套路和平庸的零售体验，导致了顾客的疏离和传统实体零售的终结。

中国物美价廉的时代才刚刚开始

正如"创变"中对未来社会的描述，资源紧缺成为一百年来最大的机遇，资源节约、环保意识、技术加速、Z 代效应等一系列社会转变导致传统的资源依赖型经济不再可持续，人们的新消费观念、新消费方式都在倒逼着过剩的产能发生着颠覆性的转变。

除了共享经济带来的按需付费、新零售业态带来的少量多次甚至免费的观念转变之外，优质低价也成为一种不容忽视的消费趋势。这与人们习惯上的"一分钱一分货""薄利多销"是不同的，因为这依赖于企业的创新经营行为。靠增加材料与成本投入来提升产品品质的做法很简单，厂商、零售商之间就是一种硬碰硬的较量，薄利多销则更强调价格的低廉，而不关心品质。用什么样的成本结构来实现最高的利润收益永远是所有企业最关心的问题。

如何实现优质低价？实际上，观察名创优品的经营模式，我们就可以发现，品质的提升不一定带来价格的提升。一款睫毛膏在名创优品可能只要 10 元钱，放到超市的化妆品专柜就要几十元，而品质几乎一样。当然，如果名创优品也卖几十元，那就没有了竞争优势。名创优品通过流程、采购、服务创新，节省了大量的非必需成本，而超市的化妆品专柜则背负着巨大的房租、人力、规模与分销成本。我们可以看到，传统企业的成本结构并不合理，很大一部分成本耗费在各个烦冗的流程中，因而我们也可以看到无数的企业拿着成本极低的产品，花费巨额资金在电视上打着广告。

优质低价不代表着企业利益的损失，因为这不是一个线性的、局部的经营视角，而是一个创新性的、整体的经营视角。按照前一视角来看，优质就要增加材料成本，而价格必然增加，如果按照原价出售，企业必然损失。但按照后一视角来看，企业可以通过材料与设计创新来控制材料成本，达到相同的质量，并通过流程等其他方面的创新来弥补创新带来的智力成本。

产品的价值不只体现在产品的质量上，更体现在材料、功能、设计等创新性上。企业要做的不是资源的累加，而是增加价值和创新。小米、华为手机受到欢迎绝不是像 VERTU 手机或者 8848 钛金手机那样增加奢华元素，而是通过技术创新，采取新材料、新设计，让人们的体验更好，以此来提升品质。在手机上镶满钻石只是突出了资源的富集性，而不代表品质。

人们对于产品的价值有明确的感知，一分钱一分货的观念深入人心，人们面对优秀的产品绝不会要求极低的价格，而会给出合适的价格。如果一味寻求低价，你总会找到价格更低的产品，但也必然要以损失产品价值为代价。

正如叶国富所说："中国物美价廉的时代才刚刚开始。"这需要更多的企业从舒适区里醒来，从企业的整体经营上加快创新的速度。

制造"鲨鱼鳍恐慌"

斯皮尔伯格导演的《大白鲨》成为惊悚片中的经典，在电影里面，浮出水面的鲨鱼鳍给海边的游客带来巨大恐慌，即便这只是两个孩子的恶作剧。

拉里·唐斯在《大爆炸式创新》中就以鲨鱼鳍模型来描述大爆炸创新的 4 大阶段 [1]：奇点、大爆炸、大挤压和熵。对于企业而言，最危险的在于大爆炸和大挤压两个区间内，爆炸和挤压的区隔非常不明显，因此成功和失败的间隙可能连瞬间都找不到。

对于大多数企业来说，谈大爆炸可能比较困难，因为他们往往连奇点都找不到。奇点就是一个发现需求并证伪的过程。优秀的、伟大的产品总会改善或融入人们的生活方式。真正优秀的产品创新总是从用户中来，到用户中去的。

一个创新产品的市场接受度与用户的接受时间息息相关，这也是颠覆性创新和渐进式创新的最大区别。颠覆性创新需要的时间更久，而渐进式创新能够更好地贴近用户。颠覆性创新在量产、规模化后也必然走向渐进式创新。

微波炉的进化[2] 非常能说明这个问题。1945 年，在微波雷达发射器旁工作的工程师斯宾塞口袋里的一条巧克力在工作时凑巧融化了。之后，雷神公司研究了如何将该军用技术改为民用技术。1947 年，第一台微波炉诞生，这个家伙有高 1.83 米，重 340.19 千克，售价接近 5000 美元，类似于现在的工业微波炉。

直到 1970 年，日本开发的低成本磁控管让微波炉的价格跌至 300 美元，美国联邦政府出台的辐射安全条例让公众不再担心可能存在的安全风险，微波炉这才慢慢地走向了大众市场。1970 年，共售出 4 万台微波炉。到 1975 年，销量飙升至每年数百万台。1986 年，微处理器改善了控制面板，超过 25% 的美国家庭拥有了微波炉。

互联网打开了人们的思维。技术资源本来应该是网络化的，需要什么技术，整合过来即可。技术并不是阻碍利润创造的主要问题。颠覆性技术固然重要，但更重要的是如何商业化。

颠覆性创新的成本非常高。而如果没有好的商业化，市场的表现并不好。只有经过一个渐进的创新过程，进行更好的商业化，才能够引发好的市场表现。多数颠覆性技术要花上数年的时间才能得到采用，所以至少要达到有 50% 的改进才能让新技术足够优越，足以替代老技术。仅仅比现有做法好 10% 是不够的。

创新要"够快"，也要"够慢"。要抓准投资时机，新技术如果不能够很快替代老技术，就不具备大规模量产的基础，在成熟产品出现之前，提前两个产品周期进行投资是最好的时机。要想预测新技术的潜在颠覆能力，就必须了解学习曲线。通过对学习曲线进行定量分析，经理人可以找到产品从奢侈品变为大众产品的门槛。要想实现颠覆式创新，就要彻底颠覆。产品肯定要比对手好，并且必须遥遥领先 50%~80% 才算是颠覆。当然，最重要的还是量产与商业化。贾跃亭的电动汽车如果能够尽快量产，乐视也就不必那么惨。

颠覆性创新的门槛很高，因此，对于大多数企业来说，真正决定输赢的是渐进式创新。创新永远不是来自企业的闭门造车，一定是在与用户的持续交互与市场的验证中来的。用户交互需要有交互阵地，吸引用户参与可以刺激企业更快想出更多主意，通过快速迭代来满足需求。渐进式创新是企业必经的过程，是一个真刀真枪上战场的过程，绝对没有捷径可走。而怎样以低成本实现用户交互？这就需要在线和流量。

在线是互联网的本能 [3]。在互联网出现之前，物理世界是离线的，而有了互联网之后，世界得以向在线进化。

大数据的本质是在线，而且是双向在线。离线的数据没有连接，难以产生广泛的价值。数据只有在线产后才能够爆炸式增长。今天，数据的意义不在于有多大，真正有意思的是数据变得在线了，这恰恰是互联网的特点。如果快的打车使用的交通数据不在线，那它也就没有什么用了。

为什么要在线上？因为线上的交互速度更快，信息获取成本更低，可交互频次更多。

产品如何在线？其实对于现在来说很简单，一个二维码就可以搞定。这里所说的在线，当然不只是在线上进行交易，更重要的是交易背后的数据及吸引用户的参与。微信公众号之所以强大，是因为它可以让企业低成本地在线运营，提供了数据收集渠道和交互工具。实际上，微信已经成为中国商业的基础设施。当然，你也可以有自己的 App。这些都不重要，关键是你要在线，你的产品要在线。用户购买、使用产品都要想方设法获取数据和反馈。大数据就是这么积累来的。举个简单的例子，尚品宅配的数据就是通过一次次设计师上门量房得来的。大数据不会一下子获得，需要踏踏实实去积累。

上面讲的在线是一种简单的在线。当产品永久在线的时候，产品就不再是简单的产品，而成了终端。终端不需要借助微信等通信渠道与用户交互，而是产品本身就是传感器，直接获取用户的使用情况，比如智能电视、智能冰箱。这种情况适用于智能产品，或者被智能终端管控的产品。

当产品变为终端的时候，产品本身将不再是利润中心，围绕终端所产生的服务生态将成为盈利机器。你的产品成为用户身边触手可及的终端，那么，你也就有了无尽的盈利机会。

终端就是硬件免费的一种方式。要想形成终端的盈利，必须有大数据平台和生态圈的支撑，终端的本质就是信息和数据的传导，而生态圈则增加盈利的可能性。

除了硬件免费之外，免费工具也是获取流量的法宝。免费工具吸引流量，形成强大的流量平台，以此构建产品生态和价值生态。不只是在软件、虚拟产业方面，实体产业其实也可以借鉴这种做法。当然，硬件免费是一种方式，也可以采用数字化的免费工具，比如尚品宅配的装修，可以免费设计装修图，也可以用 VR 等让用户自己设计。其实，这就是给出一个工具，让用户可以自己做一些事情，引起用户的广泛参与，在广泛参与中寻求利益相关方盈利的可能。

实际上，产品的引爆最终就是用户运营的引爆。用户运营必然归结到流量、黏性和规模三个维度上。当你真正地在这三个维度上有所作为，从用户中来，到用户中去，在与用户的不断交互中持续创新，你就会发现奇点，继而插上鲨鱼鳍，在市场上令对手恐慌失措。

2. 服务

红领的服务化转型

曾经的中国工业摇篮，如今雄风不再。东北人似乎试图通过网络直播重振经济。而在计划经济时代的东北，却吸引了无数山东人前去谋生。

1981 年，26 岁的张代理就从胶东老家来到东北密山县，干起了木匠营生。34 岁那年，张代理开设工厂，做了 6 年的成衣代工。在这 6 年里，张代理多次出国参观学习。或许是匠人的特质，他并不是走马观花、浮光掠影地走一圈，而是一住好几天，到工厂里去学习。在德国，宝马和奔驰等公司的高端定制业务给他留下了深刻印象，因为汽车不用卖，全是顾客来定制。但当时的生产效率并不太高，无法大规模生产且成本很高。随后在日本服装定制企业参观的经历让他意识到，只有通过信息化才能解决定制的规模和成本问题。这在他心里埋下了一颗服装定制的种子。

张瑞敏说，一个没有名牌的企业，只能是为别人做产品加工的企业。张代理也意识到了这个问题。1995 年，40 岁的他与弟弟成立红领，开始做品牌成衣制造。他心里埋藏的种子终于在 5 年后萌发。2000 年，红领一分为二，小弟做品牌零售，兄长做生产，业务被限定在团购和定制。团购订单不多，为了生存，张代理只能从定制下手，在青岛和济南开了两家定制店。生意好得出乎意料。这让他意识到了定制的市场规模。这时的红领，定制还是非常初级的，充其量是一个大型裁缝店。

别人笑我太疯癫，我笑他人看不穿

"2016年电商死亡名单""实体零售行业集体过冬"，2015年以来，实体零售的关店潮还在持续，而电商却早已成为新的产业形式，经历着大浪淘沙。服装作为典型的传统零售行业，关店潮却从2012年就已经开始。

此时的红领，却活得潇洒自在。工厂流水线上挂着的，是一件件各不相同的衣服，没有库存，无须压货给加盟商，营收持续增长，因为红领选择了一条不同的定制道路，也早已吸取过库存的教训。

2008年，全球金融危机给服装产业造成重创。加盟商衣服卖不出去，库存积压严重，纷纷请求退货。这让红领经受了库存的痛楚。金融危机之后，各大品牌商为了弥补损失，采取了更为激烈的加盟商扩张计划，而张代理却决定改变加盟商结构，只保留愿意向定制转型的加盟商。

4年后，红领的高级定制模式已经很成熟，各业务环节被打通。然而，模式的成熟离不开刀耕火种的探索。

"背后全是眼泪啊"，操着一口青岛口音的张代理说，"前10年就是我自己一个人在推，每个人都是阻力。我把十年以后的事提早了十年说，他们听不明白。毫无办法，观念的转变很难。后来，我发现只有两个字有效，这两个字是征服。"

2003年，48岁的张代理启动个性化服装定制系统的搭建，对服装生产的量体、打版、裁剪等各个环节进行标准化。从德国进口设备，在工序上普及电脑，开发ERP定制系统，引入RFID（射频识别）技术、仓储管理系统、订单管理系统等。经过10年的探索与积累，红领的体系日臻完善，积累了超过200万组版型数据，实现了数据驱动的C2M（客对厂，新型的电子商务互联网商业模式）。

"源头的价值是源源不断的，10多年前我的东西拿出来，就对应了现在做的事。"红领对目标的坚持，印证了张代理口中所说的"源点论"思想。"不盈利的企业是不道德的，需求、利润就是源点，对应着利润的目标去做事，之外的事不要做。"其实，源点论与互联网的用户思维是一致的，都是以顾客需求为出发点。但相比较而言，张代理更为明确、直接，就是要高效地创造利润。任何中间环节、妨碍产生价值的东西都要去掉。

加里·哈默曾在2016年9月的《哈佛商业评论》（*Harvad Business Review*）发表标题为 *Excess Management is Costing the U.S. $3 Trillion Per Year*（过剩管理每年消耗美国3万亿美元）的文章。生产体系实现了高效率之后，张代理又将注意力集中在了组织结构上。复杂的科层、部门，层层的报告和审批流程严重拖慢了组织效率。他说："我们做了 100 个企业的调研，有 90 个企业目标是不清晰的，方向是不明确的，100% 的企业机构设置是错误的。从源点论思想来看，产生价值的要强大起来，不产生价值的全部要砍掉。都要对着价值工作。"

财务和人力部门都被取消，财务和人力均分散到流程的节点当中去行使其职能。每个人，包括流水线的工人，都直接围着利润工作，直面市场，没有汇报，不需要审批。由于扁平化和权力的下放，为了防止流程上出现问题，红领专门设置了流程管控中心，但并不参与管理，只负责不断对流程进行修正和迭代。

组织结构的重混打破了官僚主义，组织成本大大降低。2014 年，海尔也开始进行网络化组织变革，去掉了一万名中层。这比红领晚了两年。但相比较而言，红领体积更小，3000 人的变革更具有试验性质，而对于相对庞大的海尔来说，需要更多准备，更多了几分决绝的意味。两家企业都在管理上走出了自己的模式，一大一小，一复杂一直接，相得益彰。

基于标准化的大规模复制

2015 年，复星集团董事长郭广昌飞到青岛，投资红领 30 亿元。他说，复星不能错过互联网工业到来的前夜。

红领的定制模式让很多企业看到了未来的方向。海尔、华为、TCL，成百上千的企业来到红领参观学习，仅海尔就去了 13 次。而这也让张代理对红领产生了新的认识。"我发现这不是做服装，这是一套方法论。我脑子中看到的这个世界最大的市场和蛋糕，是解决方案，是传统工业变成互联网工业的彻底解决方案。"

60 岁的张代理向着他的源点又迈进了一步。红领只是他的一个试验。他要在中国复制千千万万个"红领"。结合红领的经验，他成立了酷特智能和魔幻工厂，推出 SDE（Source Data Collectirm，源数据收集）源点数据工程，用来改造传统工业，实现互联网工业的升级。

正如张代理所说，"传统工业的微笑曲线实际上扼杀了制造业和价值的源头。应该把笑脸变成哭脸。用我的 SDE 工程，一改造的工业就是高端。制造业现在是该笑的时候了。"他要打造的是一个 C2M 商业生态。在这个生态里，酷特智能就是阿里巴巴，魔幻工厂就是天猫，所有的产品都可以在魔幻工厂定制。这一模式已经在服装、鞋业、家具等行业生根发芽，也受到了海外的关注。日本伊藤忠商事株式会社要做红领在日本的总代理，美国的塔吉特公司也想用红领模式改造

9000 家供应商。

实际上，很多企业在参观红领之后都意识到了互联网工业和定制的重要性。对于智能制造体系的探索也正在奋力追赶。海尔在 2011 年开始建设大规模个性化定制的互联工厂，2014 年投产，并在 2016 年总结出了互联工厂模式，推出了 COSMO 工业互联网平台，大力进行模式输出。但在张代理看来，包括海尔在内的工厂，大多是程序化的工厂，而互联网工业需要的是像红领一样依托于数据的智能工厂、智能制造。

孰优孰劣，目前还无法定论。但不可否认，红领模式与海尔模式成为中国原创工业互联网平台的两个坐标。正如张瑞敏所说，互联网下一个发展阶段是定制平台的竞争。殊途同归的两种模式必将深刻影响中国未来几十年的工业发展。

互联网时代，用户要的不是产品，而是解决方案。红领从一个品牌成衣厂，一步步进化成了工业互联网的解决方案。而张代理的大生意，就是对这套解决方案的大规模复制。

以服务累积信息优势

在规模和库存问题上，张代理做出了很清醒的决定。在众多成衣品牌疯狂扩张规模而陷入危机的时候，红领靠定制避免了库存危机，并稳步扩张规模。

通过服务所产生的信息量远远超过产品交易的信息量。如果说信息经济下财富的天平会向信息量密集的一端倾斜，那么很显然服务比产品更具有盈利能力。

正如在"创生"当中提到的，卖方时代，基于牛顿物理学建立的企业组织向消费者单向推送着自己生产的信息。成衣品牌面向某个定位的顾客设计并推出新产品，却不能参与到每个顾客的购买与体验过程当中。服务是一种无形的体验，而体验的过程必须与用户共同完成，因此服务无法单方面进行，用户在这一过程中充当共同生产者的角色。

企业的任何经营活动都不会脱离价值主张、价值需求和价值交互的过程，服务是价值交互过程中所经历的一连串活动。实际上，没有企业能够脱离服务。正如哈佛商学院教授西奥多·莱维特所说，所有企业都是服务业，服务可以形成竞争优势 [4]。

服务不像产品一样，产品可以产销分离，而服务则必须是产销同步的。服务需要用户的参与和配合，而互联网与区块链的到来，消除了参与的门槛与距离，使企业能够更快、更即时地为用户提供服务，这给了企业很大的机遇来扩展自身的服务以获取巨大的利润。为了适应互联网的变化，服务模式也必然要发生变化。

随着 SaaS（软件即服务）等概念的成熟，PaaS（平台即服务）也成为一种普遍的商业模式。平台提供云端服务，供用户按需付费使用。企业将会进化为平台或者被平台所有，进入平台服务的范畴之内。比如，一个跨境电商平台的系统对商家、顾客和线下零售店铺都有服务。其实它核心的服务就是海关、支付、交易和仓储、物流。这些服务都是按需付费的。对于平台来说，盈利点也就在这些服务上。

一个淘宝店想经营得好，就需要购买平台的很多服务，比如流量、推广广告位、营销工具、数据分析工具等，这也说明平台巨大的盈利能力。因为单个商家很难具备这些流量、营销和数据处理能力，这些能力的集成必然要从平台获得。下一阶段，平台或许将进化为集成这些商业服务的人工智能。

在共享经济下，数字化平台更是连接用户和服务提供者的桥梁。这种模式下，比如共享单车，它并不提供产品，而是提供短途代步方案这一服务。共享单车的硬件不再盈利，反而成了巨大的成本支出。这与传统的自行车零售有着本质的不同。

传统的普通自行车产品一般都是一锤子买卖。但是，短途代步这个需求始终存在，传统思维就是，短途代步，你要买一辆自行车，或者租一辆自行车。但是买或者租都不方便，一是自行车容易被盗，二是停放不方便，很多时候会成为累赘。所以，短途代步这个需求，不是一个产品需求，而是一项服务需求。如今，用平台方案就可以解决这两个问题。

共享经济是互联网时代平台按需服务的一种典型模式。我们常讲，互联网时代，使用权代替了所有权。所有权背后其实就是产品需求，使用权背后其实就是服务需求。所以，使用权代替了所有权，意即服务需求代替了产品需求。

当然，如果把 PaaS 模式限定在互联网和共享经济领域，那就太大材小用了。实际上，各个产业都可以尝试着探索这样的模式，小松机械就是一个很好的例证 [5]。

日本的小松在工程机械领域仅次于美国卡特彼勒的公司。小松的革新是从"绝对领先"这个概念中衍生出来的。"绝对领先"包含了两层意思：一个是制造其他公司在环境、安全、ICT（情报通信技术）方面花费数年都无法追赶上的产品，另一个是从设计开发阶段开始，彻底执行成本削减。现在绝对优势已经不止针对产品本身，已经向绝对优势服务、绝对优势解决方案扩展。

其代表案例是 KOMTRAX（康查士系统）。KOMTRAX 是一种可以在第一时间掌握车辆运行状况的远程车辆管理系统。通过给工程机械安装 GPS（全球定位系统）及各种传感器，小松机械可以收集车辆的当前位置、运行时间、燃料余量、散热器的水温、消耗品的更换时间等信息，然后提供给代理商和顾客。到 2013 年 4 月底，KOMTRAX 已经被安装在了全球 70 个国家的 30 万台车辆上。从中获取的庞大数据正是小松的优势所在。

根据每天的运转信息，小松还向代理商提供故障诊断及修理、定期点检等售后服务。而对于代理商，不仅可以销售车辆给顾客，还可以 KOMTRAX 获得的信息为基础，向顾客推荐高效率的使用方法，这样一来，机械的价值得到维护，能在二手车市场卖出好价钱。

虽然配备 KOMTRAX 需要额外支出十几万日元（约一万元人民币）的成本，但是之后的好处也不少，例如可以节省工程机械位置信息的确认时间，因此这一系统成了小松机械的标配。

所有企业都是服务业，任何产业都是信息产业。如果你对这两句话有印象的话，不难发现服务与信息之间的关联。商品主导逻辑向服务主导逻辑的转变必然发生在信息经济的背景之下，向信息产业的过渡是逻辑转换的前提条件。无论是红领、淘宝、共享单车还是小松机械，都通过信息系统完善了服务体系，使服务在信息的土壤中迅速生根发芽、茁壮成长。

通过定制服务，红领积累了巨量的版型数据，借此完成了生产流程与组织结构的改造；通过平台服务，阿里巴巴几乎渗透进了每一家中国企业；通过单车服务，人们的交通出行更加便捷；通过康查士系统的配置，小松机械实现了它想要的绝对优势。

服务成为信息时代企业的盈利中心，通过服务累积信息优势，财富的天平就会向你这一端倾斜。

3. 品牌

贝尔地板的"翻牌"之路

听到"有什么拐点性的事件影响您对用户体验的理解？"这个问题，贝尔地板创始人张小玲略作迟疑，讲起了她印象最深的事情。

1998 年，张小玲开始专业生产销售板材用的浸渍纸，并用了 5 年时间成了行业老大。创业之初，贝尔地板主攻出口贸易，为国外客户进行材料供应。一次，张小玲辗转找到了一个韩国客户，双方约定按时完成产品的交接。但临近交货的时间，张小玲却越来越犯愁，因为花费不菲买来的设备非常不稳定，重新返工减慢了生产效率。

装货的那天，工厂的成品依然没办法装满一个货柜。这种尴尬和窘迫鞭笞着张小玲的自尊，眼泪"哗"的就掉了下来。客户的一句话让她至今难忘："你是一个公司的领导，面对困难，只有去解决它，眼泪是不起作用的。"

这句话深刻地印在张小玲的意识中。用户不需要眼泪，无论碰到多大的问题，企业都要自己咽下去，然后解决它。这件事，成为张小玲事业发展过程中最大的遗憾，也促使她引进先进设备，建立质量管理、生产效率管理等体系，斥巨资建立信息化系统，使企业步入了高效优质的发展轨道。

理解C端，破解B端

在涉及用户体验的方方面面，张小玲下足了功夫。服务 B 端用户历来是一个难题，因为 B 端客户的要求往往让企业摸不着头脑。一般来说，代工企业只要按照要求埋头生产就行了。

有一年，张小玲去韩国拜访了客户。在了解韩国地板市场的时候，她发现原来之前客户对产品的要求都是根据 C 端用户的需求而定的。研究"客户的用户"，张小玲的思路一下子就打开了。

韩国人和中国人对地板的使用习惯是不同的。在中国，地板是家人用来走的，但韩国人是时时刻刻坐在地板上的。"我们是用鞋子去感受地板，他们是直接用手和身体去接触地板"，张小玲解释道。

使用习惯上的差异造成韩国用户对地板的高低差非常敏感和在意，地板上细微的瑕疵都能被用户察觉到。这时张小玲终于理解了为何客户一直对贝尔交付的产品设定了特别高的标准和质量要求。

回国后，张小玲迅速改进了质量管理，以高品质满足了用户的严苛要求。高品质成为贝尔出海的敲门砖。不仅如此，张小玲和团队学着理解各个国家文化对美感以及家庭需求的不同和变化，由此开发出更有针对性的地板花色，吸引了海外用户。仅仅过了 3 年，贝尔地板的出口量就迅速排到了全国行业第一。

从被贴牌到贴牌

对于 C 端的深刻理解使张小玲按捺不住对品牌的向往，她对贝尔的野心绝不会止步于代工生产，更不会停留在微笑曲线的底端。张小玲毅然推行了全球自有品牌战略，以品牌瞄准更广泛的用户和更大的商业价值。

"我们给国外的品牌贴牌这么多年，现在我们也会让国外的工厂为我们贴牌。"张小玲的意图很明显，贝尔要走到终端用户面前，实现从中国制造到中国创造的飞跃。在贝尔走进全球 128 个国家，拥有 20000 多家品牌服务商之后，一场品牌战打响了。

借着新零售的东风，贝尔在国内地板行业率先推出了新零售模式，线上线下的融合给了用户最好的体验。

站在用户购买体验的角度，地板和其他消费品有很大区别：用户很难通过一块地板来想象它铺满家里的情景，往往陷于诸多选择而无从抉择。而电商恰好凭借信息技术解决了这个问题。"我想为有选择恐惧症的用户提供一种服务"，张小玲说，她希望电商购物可以减少用户购买时的困扰。

现在，贝尔的每一家服务店里都安装了 VR 设备，方便用户选择适合自己的地板，进一步提升家装体验。"我们现在品牌的影响力还有限，有了 VR 之后，用户就待在我们这里不走了，我们现在就是在抢用户的时间，这个时间多了之后，成交的可能性也会上升"，张小玲解释了背后的逻辑。

另外，针对国内用户不会亲自拼装地板的问题，贝尔在线下开了几百家服务店，面积并不大，它的职责是线上线下快速响应用户需求，使用户最快地拥有一个健康舒适的家。

"新零售最大的用户价值在于，第一成本优势明显，第二让用户的购物过程更加便利"，张小玲这么理解新零售对用户的意义。

品牌是用户体验的总和

贝尔地板的"翻牌"之路可以给 2B 的代工企业一些很好的启发。对 B 端的长期依赖导致代工企业难以直接接触 C 端，因此对于 C 端的需求一无所知，更谈不上参与到创新、研发和设计当中去了。然而，当企业能够与 B 端一起去了解 C 端的需求和体验时，一切就随之改变了。与人们熟知的微笑曲线相对，制造业也存在一条苦笑曲线。代工可以加强企业的创新和制造能力，使代工企业具备一些核心竞争力，但无论是 OEM（代工）还是 ODM（贴牌），与 C 端的需求和体验的距离有多远，企业离品牌的距离就有多远。

企业想要建立品牌困难重重，成功品牌也面临着种种新的挑战 [6]。

品牌的光环黯淡。过去，企业可以利用信息的不对称来依靠广告和包装打造出光环效应，而在信息对称甚至反转的情况下，以传统的营销方式制造光环则越来越难。用户更加务实，不再只关注表面，而是更关注其内在意义。比如，著名品牌 LACOSTE 2018 年换掉用了 85 年的鳄鱼 Logo，用新 Logo 呼吁拯救濒危动物，"老牌"也不再倚老卖老。

品牌忠诚度下降。用户更换产品和服务越来越便捷，以至于他们更倾向于频繁地更换产品和服务。据埃森哲的调查统计，69% 的中国消费者愿意尝试新品牌，85% 的中国消费者至少在一个行业中因为不满服务质量而更换过供应商 [7]。另外，传播方式也出现了扬弃。商家硬广的影响力现在只占到 7%，而意见领袖的影响力则高达 25%，另外 68% 则来自口碑 [8]。

传统的购物体验过程基本上是线性的，而现在，体验的过程变成了动态的、触点式的、不间断的。用户通过品牌或者公开的内容和渠道，获取信息，进行体验过程，这个过程是不断循环、不断升级的。如果一个品牌不能够满足用户体验，用户则会迅速切换到其他品牌。

品牌同质化严重。曾经的营销者可以利用产品或服务的某一特点或功能做营销，而如今，竞争者似乎可以一夜之间复制任何产品的改进或差异化价值。考虑到物理特征和服务品质的脆弱性，如今品牌化已经不再拘泥于区别商品特征或服务特性，而是更多地考虑为用户创造可感知的、差异化的价值。

传播方式多样化。以往的传播是推式的传播，营销者通过控制渠道就可以控制传播路径，而现在的传播则是各种形式的，不仅包含他们直接管理的，还要加上他们参与的传播方式。现在，企业的品牌化路径也不再是粗暴的"推"，而是温柔的、机智的、个性化的"拉"。

品牌是用户体验的总和。不论品牌大小，脱离了用户体验的自信都是"谜之自信"。任何企业都不能脱离价值主张、价值需求和价值交互的过程，价值交互就是用户在体验中对价值需求与价值主张的匹配过程。价值的创造是在用户的使用、体验过程中实现的，企业无法单独创造价值。因此，价值主张绝不仅仅是一句口号、一套品牌形象的设计，而是将自身为了与用户的价值需求对应而做出的价值定义，它渗透进产品、服务、营销、组织等企业经营管理的方方面面。

价值主张首先体现在品牌的形象当中，因此，品牌形象设计也成为企业品牌经营的标配。爱彼迎的 Logo 设计将人、地点、爱和爱彼迎结合起来（图 3），巧妙地表达了他们的价值主张。企业很容易设计出这样富有深意的 Logo 和 Slogan，但能否在产品、服务等方面使这些口号不流为一句空谈，就非常具有挑战了。如果爱彼迎用户的体验一团糟，那么它的 Logo 反而会惹怒用户，这个企业的经营哪里有爱？

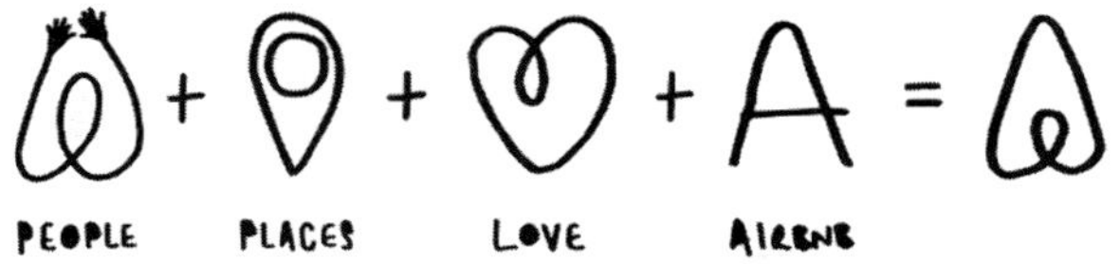

图 3　爱彼迎的 Logo

因此，品牌没必要在一开始就将自己的 Logo 和 Slogan 搞得过于复杂，想表达的太多，往往容易起到反面效果。简洁的价值主张减少了用户的理解成本，使用户对品牌的体验和感受更直接。下面举两个例子来说明这个问题。

K 杯咖啡让绿山咖啡赚得盆满钵满，前者的官网上看不到复杂的企业理念和价值主张介绍，首页的幻灯片也只是说为用户提供美味的咖啡，但后者将这一简单主张在产品和经营中淋漓尽致地体现了出来，这款不用磨咖啡豆、不用称量、不用清洗，被戏称为"傻瓜"产品的咖啡风靡世界。针对口味的需求，绿山与全球大品牌合作，开发出超过两百种口味的咖啡。咖啡机以非常低的价格出售，使人们不关注咖啡机，而更关注咖啡。便捷、随时随地喝到美味又便宜的咖啡，绿山咖啡完美地呈现了它的价值主张。

无印良品的意思就是"没有名字的优良商品"。它对自己的定义就是"从极致合理的生产工序中诞生的商品非常简洁，但就风格而言并非极简，就如'空容器'一样。正因为其单纯、空白，所以才诞生了能够容纳所有人思想的终极的自由性"。无印良品拥有极简、便利的设计感：每件商品从企划、设计、制造到售卖均要层层把关，均有设计师参与。它的标准化陈列不仅要求整齐、饱满、富有冲击力，还要求考虑用户的购物习惯。它在设计和理念上给用户以独特的价值，人们一想到简洁风格，就会想到无印良品。

2003 年，无印良品实施了名为"观察"的开发计划，开发团队会直接拜访消费者，观察其日常生活，并对房间内每一个角落乃至每件商品一一拍照，照片随后被提交并进行讨论分析，以此挖掘潜在的消费需求 [9]。可以说，在经营管理的各个方面，无印良品都渗透了它的价值主张。

瑞典的营销专家托马斯·加德提出了一个 4D 品牌的概念。他将品牌的价值分为了四个维度[10]：功能维度、社会维度、思想维度、精神维度。这实际上是提出了用户体验的不同维度，也为品牌价值主张提出了发展路径。你不可能一下子就建立一个 4D 品牌，而是随着品牌的发展提出更深刻的价值主张，给用户带来更深层次的价值和体验。

功能维度指的是产品和服务等品牌可见的优势。所有与外形、质量、品位、风格和效率相关的东西都可归为功能的范畴。功能维度的重要性也取决于品牌所处的生命周期，越是处于生命周期的早期，功能维度对品牌来说就越重要。但当品牌开始严重依赖功能维度时，则迟早会面临同质化的问题。

当品牌想要摆脱同质化的功能维度竞争，就要从社会维度来加深品牌的价值主张。在社会维度，品牌实际上变成了一种社会符号，成为个人生活中的道具，商标则成为品牌创造的特定社会下的群体象征物。只有当品牌能够从不同维度融入社会生活时，才能够形成这种符号化的象征意义。品牌是时代的产物，不同时代有不同的品牌，同一品牌在不同的时代也会有不同的意义。极简主义催生了无印良品等品牌，网购的发达催生了无数的互联网品牌，越来越多的品牌参与到保护动物、爱护环境、关爱贫困儿童等活动当中，社会维度使品牌具有了自己的调性和意义，并在此基础上迈向差异化发展的道路。有句话说，你花的钱都是在为你想要的世界投票。

最好的品牌不仅从社会维度，更精于从思想维度提出价值主张。这些品牌更了解用户的个性，会碰触到人们称为灵魂的地方。耐克的广告语"Just Do it"如此有成效，正是因为它直击大众心理，也提醒了人们战胜逃避心理或者消极心理的重要性。

精神维度听上去与宗教相关。精神层面的事情涉及一个更为庞大的系统，在这个系统里面，我们只是其中的一部分。理解了精神层面的内涵，就理解了品牌、产品、企业与一个更庞大的系统之间的联系。

你的品牌停留在哪个维度？不管怎样，请记住，品牌是用户体验的总和！

4. 营销

超越买卖的依文式营销

2003 年春节过后，夏华带着 12 名高管坐在家里的地板上，戴着口罩，思考着公司的未来。那时，整个国家的节奏都被突如其来的非典疫情打断了，当然也包括依文这家服饰公司。

公共场所里人人戴着口罩，学生们每天要测量两次体温，药店里的体温计更是卖断了货。人们减少了出门次数，原本人流密集的商店顿时门可罗雀。依文压了整整一个季度的衣服在仓库里卖不出去。

对于所有企业来说，非典都像是一次突然而来的考试。事实证明，有很多企业不及格，依文也在这次考试中挂了科。

工厂—商铺—顾客，这个链路似乎牢不可破，但既然挂了科，就说明有问题，这迫使夏华思考如何可以不依赖终端卖场去销售服装，而让顾客主动选择依文的产品。几天后的情人节，她力排众议，做出了一个大胆的决定。

当时，营销部门与市场部门为一个营销策划案闹得不可开交，营销部门的策划案是在情人节这天为三万个男性客户每人寄送一份礼品，包括桃花、甜品和写着"永远的情人，依文"的卡片，但这项几百万元的费用在当时足以拿下央视黄金时间的广告。是打广告还是寄礼物？夏华没有犹豫，将费用批给了营销部门。此举赢得了众多客人的心，让依文有了一批"以后就穿依文"的黏性客户，收获了不少"路转粉"的客户，为确立市场地位奠定了良好的基础。

攻心为上的情感牌

非典肆虐促使依文做出了两个转变：一是开社区店，二是创建了"管家服务"。时尚管家定位是顾客的私人服装管家，和许多企业"办公室里出真知"不同，依文的时尚管家真正做到了跟踪顾客的生活，小到工作、休假，大到出席重大活动，在不同场景下为顾客做好服装。每到年末，许多顾客会请管家到家里吃饭作为感谢，因为管家很多时候做得比太太还要好。这样一来，依文极大地缩短了与顾客之间的距离。

夏华一直坚信，好的营销不是花大价钱买下一整个报纸版面以吸引眼球，而是要能触及灵魂，要有温度。在设计服装之外，夏华专门为客户设计一些日用艺术品，比如杯子，在客户的生日、重大的节日甚至是客户太太的生日里送给客户。不得不说，夏华是个情感专家，在这一点上一点也看不出来她曾是个在法学院教法律的大学老师。

2001 年起，依文每年为客户制作一本《黑皮书》，讲述中国男人平凡而伟大的故事。《黑皮书》最多一次卖出 200 万本，比销售服装更快地让消费者认识到了依文这个品牌的存在和其倡导的企业价值观。也正是因为这本书，使依文获得了进驻赛特开店的机会。

静态摄影展也是依文独特的营销模式。2001年焦波老师的摄影作品《俺爹俺娘》跟依文合作，用一系列爹娘的老照片引发消费者共鸣，并借势推出情感故事吊牌活动——每件衣服的吊牌记录着不同人的情感故事，集齐10个故事就可以换一身衣服。赵忠祥、朱军、李亚鹏等娱乐明星也带着他们的父母亲来参与。这个活动使依文的VIP数量增加了60多万，获得了大量黏性粉丝，把品牌形象深植到了消费者的心中。例如，2002年的摄影主题是"思念，故乡"；2003年的主题是"风雨中的美丽"。这些活动都成为一个个社会话题蔓延开来。

夏华相信，所有的奢侈品都是用文化支撑的，用品牌背后精彩的故事去点燃中国消费者心中的欲望，是最有效的营销消费手段。

依文有很多20余年的老客户，依文把对客户的关爱做成了品牌20余年的坚持，这就形成了自己独特的企业情感文化。在依文22周年纪念活动上，一个老客户讲到，他20年前就开始接触依文了，这些年里，人生经历了许多起起落落，聚合离散，但无论刮风下雨天还是生日、节假日，依文的店长永远都会发给他一条信息，寄给他一份礼物，让他非常感动。这种情感的力量让依文和顾客的关系越过了任何渠道的阻碍，紧紧地结合在了一起。

"今天大家都觉得传统企业很难，其实是我们没把它做透，应让客户跟你之间的关系超越买卖关系"，夏华总结道。

用平台的方式深耕服装产业

依文在服装行业深耕20多年，沉淀了海量的数据资源，并且拥有超过470家全球最优质的供应商，供应链的实力在业内首屈一指。同时，它还成立了全球最大的设计师空间，近1000位设计师为顾客贡献创意与美学。这是依文的优势，也是许多传统企业的长处：吃透供应链，掌握大量行业资源，积累海量关键数据。

互联网品牌的涌现也不容小觑，它们往往能迅速吸引巨大的流量，爆发出极高的营销能量。但是受限于薄弱的行业经验，加之同业竞争激烈，致使营销势能无法快速变现。比如小黑裙、小茶服等互联网服装品牌，虽然圈粉无数，但供应链能力的缺失，无法让好的创意想法落地。

夏华瞅准了这一机遇。"过去传统行业总讲短板理论，互联网时代你去拼命补充那个短板已经来不及了，今天应该是长板理论，"夏华说，"长板碰长板，这个化学反应是巨大的。"依文走的是"集合'智'造"的思路,发现每家工厂的长板,并将其整合到同一个链条上,让整个产业链更加完善。

"集合'智'造"是依文为打通国内与国际服装行业产业链而开发的、连接全球设计师的项目平台。目前服装产业正在打破固有的"设计师雇佣制",设计师可以从原先单一的品牌商中跳出来,谋求更多样的发展空间。自 2011 年起,依文集团开始打造互联网 + 营销战略创业平台,夏华希望能把依文打造成产业链里边的一个服务器。依文实现了 22 年来从单一品牌到时尚生态系统,从创新型时尚企业到创业联合平台的蜕变。

兵者,攻城为下、攻心为上。依文的营销超越买卖,入心攻心。实际上,互联网强调体验、分布式计算都是女性主义的特征。当你学会了"撩",也就攻入了用户的心里。

营销的女性主义变革

特雷弗·特雷纳是一个连续创业者,1999 年,他将自己的电商公司 Compare.Net 卖给了比尔·盖茨。随后的 10 年间,他又先后把 3 家公司卖给了财捷等大公司。现在他经营的新公司叫作 IfOnly.com。

2008~2012 年的经济衰退让特雷纳意识到,人们对于实体产品的态度正在悄悄地发生转变。他对媒体说:"我观察到,实物产品的组合不再与众不同,也失掉了吸引力,人们期待着真正把自己的钱花在更多有意义的支出上。"

特雷纳将 IfOnly.com 看作是"世界上第一个出售体验而不是实物的商场"。之所以将公司命名为"IfOnly",是因为每个人都有自己的"if-only"。在网站上,会员可以与名人、明星们一起在美食、音乐、美酒、高尔夫、冒险、电影、运动、时尚等方面定制见面活动。比如,你可以在后台参与一场农场音乐会,感受音乐会的幕后工作,你还可以跟着著名摄影师拉塞尔·詹姆斯来个海地雅克梅勒海岸的二日游,可以亲自品尝著名厨师亲手制作的美食。用户的每次体验,都会捐助慈善事业,在一年的时间里,IfOnly 就完成了 2000 多次体验,为合作的慈善机构筹集了 100 多万美元。

"这种迅速的增长和收益是一个信号,"特雷纳指出,"整个营销行业,正朝着以体验为基础的经济转变。"[11] 事实证明,不管是企业家的个人经验,还是经济学家、社会学家、未来学家、互联网研究专家的调查研究,其结果都是殊途同归，指向了与特雷纳同样的结论。

女性特质中的非中心性、多元性、流动性、开放性、关联性在信息经济中被无限放大。与农业时代和工业时代对体力的依赖不同，信息经济建构在脑力之上，这使女性获得了要求平等的力量。

女性的优势并不是指女性赢得了两性间的战斗，这不是两性间的战斗，也不应该用这种方式去看待它。我们应该摒弃这种男女二元关系对立的视角，而将此视为两性历史上非常重要的进步，是女性真正参与塑造未来的开端。

依文的经营是女性特质非常典型的表现。在夏华的领导下，用柔性的情感力量成功打造了专业男士正装品牌，它不是简单地用年龄、阶层来区分男人，而是不经意间感动着这些平凡而成功的男人，并给他们以独特的品牌体验。

"女性可能更适合体验经济。因为与男性更擅长理性思维相比，女性则更加感性，更擅长于体验。当男性也加入体验经济时，人类的思想特质就从理性化转向了感性化。"姜奇平认为体验经济时代必然是要以女性的感性化思想特质为主要导向的。并且，他早在2004年就预言了体验经济的两个派别："搞体验经济，女性会有天然优势。我预言体验经济会形成直觉派和理性派两种搞法，前者是女性、艺术家，用感性的直觉去把握用户体验；后者像派恩那样，用数据化的方法一对一把握用户个性特征。"[12] 正如姜奇平所说，"技术上的互联，激活了情感上的互联。女性通过社交，把市场变成了情场"[13]。

在过去的很长一段时间里，营销部门不断讨论消费者行为的改变，以便据此制定宣传策略、举办营销活动来使用户购买更多的产品，却没有承担起创造用户体验这一角色。

在一项主题为"营销2022"的研究中，研究机构要求高级营销人员预测一下2022年的营销组织结构会是什么样。在调研了超过350位营销负责人、举办了12场CMO圆桌会议后，该机构于2014年7月发布了《终极营销机器》的文章，结论是营销组织必须转变结构来满足用户的"整体体验"，最重要的市场营销的衡量标准将很快从"钱包份额"或者"广告占有率"向"体验份额"转变。其中，所谓的"整体体验"既包括根据用户的需求提供个性化服务来加深用户关系，也包括增加触点来提升用户关系的广度。[14]

"体验份额"现在似乎难以衡量，但需要注意的是，各个品牌在同一消费者那里的确存在着份额之争。虽然各个品牌在产品和服务上可能没有重叠，比如苹果和耐克之间看似没有必然的竞争关系，但实际上在用户体验方面的确存在着竞争。行为营销学的研究表明，对每个用户来说，通常仅有 5~10 个品牌关系是他认为最重要的。

想象一下，要在浩如烟海的品牌当中挤入尽可能多的用户心目中的前五名，要付出多少代价？单从穿衣来看，如此多的服饰品牌，什么样的体验会让用户觉得不可或缺、极其重要？甚至比用什么品牌的手机、穿哪个品牌的鞋子更重要？

如果把营销当作一次城市旅行，我们可以发现，大多数营销所做的仅仅是将大量的游客带入一小部分最热门的旅游景区，而更先进的营销就像是一辆旅游巴士，将游客带向更多不太拥挤、独特的景区。营销人员就像是经验丰富的导游，一般的营销人员通过询问顾客想要什么来了解顾客的兴趣，但是真正的世界级的导游不会去问，而是在每次旅行中，他们通过观察顾客的行为来制定一个真正史诗般的旅程，为旅客创造毕生难忘的体验。

在女性色彩浓重的互联网时代，依文、IfOnly.com 这样的案例足以在营销上给企业带来启发。你呢，是在贩卖体验还是产品？

5. 价值网

优客工场的社群生态势能

创业成为越来越多影视作品的主题之一，躁动的年轻人动不动就要拉几个人租个办公室找点钱，就这样开始了他们的创业梦想。

作为一个拥有博士后学位的创业者，毛大庆显然比其他人的眼光更深远，他所构建的乌托邦和商业模型也更为精密。当人们刚搞清楚什么是众创空间时，他已经在 2016 年 4 月开始了自己的第二个创业项目"共享际"。

优享创智是以住为轴，优客工场是以办为轴，其思路非常清楚。两家公司各做各的中心，最后加在一起，基本上是一个人的生活。在毛大庆最初有创业意向的时候，就跟几个投资人一起思考过，在城市未来的更新和升级的过程中，会有什么样的趋势出现？这就是从冰川上掉下来的最早的一滴水，也是他最早确定的创新方向。

滴水成河，粒米成箩。有了源头活水，汩汩细流终将汇成江河湖海。

创造新的城市基本单位

毛大庆写过一本《一口气读懂新加坡》，他对新加坡有着很深的研究。新加坡是一个设计精良的城市，政府对社区进行了科学规划。在一个社区内，除了房子，还根据人口数量规划配套学校、商店、图书馆、邮政、医疗所、民众俱乐部、体育场馆、公园等各种便民生活服务设施。而反观中国的社区，在基础配套设施上则捉襟见肘。人们如果需要健身，就需要去健身房办卡，需要打球，就要跑到少得可怜的体育场里面去。

实际上，国内的城市及其消费形态仍停留在注重功能性上，除了高端物业项目之外，普通社区在住居体验上仍然比较差。如何解决人们的工作、生活环境问题？这里面无疑存在着巨大的市场。

在毛大庆看来，社群思维是这个时代最高段位的思维方式，甚至超越了互联网思维。任何人都无法离开社群，这无疑是全新的商业逻辑。因此，毛大庆有如下理解：

"以前我做商业地产的时候，商场门口都会装上各种探头，每天晚上最着急的就是数一天的客流，如果周末单天客流达不到两万，那么这一天就以失败告终，这是普遍的商业规律。而社群思维下的新商业什么样呢？首先要找到需求，然后再做产品。

"原来去看话剧，要根据上映的剧目挑选自己喜欢的，再买票。而社群下的剧场呢？比如有大学社团想表演《雷雨》，可以在排练好之后，租剧场，邀请亲朋观看；再比如，有孩子钢琴过了九级，家长想给孩子办一场音乐会，也可以租一天剧场，邀请别人来观看。

"原来是先有表演，再有人买票，看话剧是消费者的需求，是功能性消费；但现在变成了精神性消费，是先有对表演、剧场的需求，再形成消费，这就是靠社群思维无中生有地制造消费。"

"共享际"就是毛大庆口中"靠社群思维无中生有地制造消费"的城市基本单位。它借鉴了购物中心的设计理念，可将其理解为"共享社区"，只不过在这个"社区"内，办、食、住、娱乐都集中在一个大房子里。走进东四九条胡同的共享"社区"，24小时的无人超市、咖啡店、美食孵化器、健身房、线下书店、办公、露天电影院、住宿等应有尽有。

你可以将共享际理解成一套住房，楼上是卧室，一楼是客厅，中间的"浮游之岛"是一个功能房，供亲友聚会使用，而地下还有书房、健身房。

"共享际"并不在乎客流量，不用做广告，也不用招商，这就和传统的商业地产有很大不同，所有入驻品牌都是自带流量的。"共享际"是一个城市空间内容的化学实验室，我们不知道这个实验是否会成功，但是在这条路上，随行的人不少，不到一年，"共享际"就受资本热捧，估值突破 30 亿元。

二房东的好日子过去了

无数的众创空间、孵化器随着"大众创业、万众创新"的浪潮涌现了出来。原本闲置的办公楼忽然摇身一变就换了个名字，搭上了这趟开往春天的列车。但当潮水平息下来，人们不难发现那些裸泳者。这些在互联网浪潮里连一条遮羞布都没有的裸泳者，往往都是二房东。

在毛大庆看来，社群思维对于众创空间来说更重要，没有社群的空间和二房东并没有区别。认识到这一点，空间租赁也就只是优客工场商业模式中的第一个层面。

据毛大庆介绍，优客工场现在的商业模式，大概可分为四个层面。

"第一，空间租赁。空间租赁包括了桌子租赁以及场地租赁。优客工场在全国有几百块场地，包括会议室、报告厅、剧场等各种各样的资源，而这些资源均已在优客工场 App 上开通。以后，我们的 App 也会对其他品牌的闲置场地进行整合。

"第二，股权投资。我们已投资了入驻优客工场的 18 家公司，行业包括传媒、教育、体育互联、知识产权等，而投资方式直接是股权投入。

"我们投资生态圈有两个目的：首先，通过入股一批入驻优客工场的公司，加大联合办公的服务内容；其次，联合办公的关键是互为生意。一个做人力资源的公司，搬进优客工场以后，与其他用户互为生意，生意涨了十倍。

"Wework 70% 的入驻企业都至少有一度的生意连接，45% 的客户有超过三度的生意连接。这就是智能办公和传统办公的区别，新事物都是这样，很多国家已经遍地是众创空间了。如果中国的前 20 个城市有 1/3 的人都在联合办公空间里办公，基本上就能有 2000 亿元以上的业务量。

"第三，流量搭载。这个流量搭载很有意思，联合办公谈流量跟互联网不同，联合办公是 2B 的业务，2B 之后再是 2C。

"我们从 B 端的视角看，优客工场大概是几百家入驻公司，粉丝或者用户量超过 100 万的企业有几十个，超过千万用户量的有十几个，如果把这些公司放在一起互为流量，会是一个什么样的生态？

"我们做过一个测试，帮助一个叫 NTU 的组织为农村精准扶贫募款，发起线上众筹，我们调动优客工场入驻的企业，每人捐 10 元、20 元，到晚上 6 点，就募捐到了 480 万元，这就是社群思维里一个很重要的点——共享。

"第四，品牌的加盟与管理输出。当我们自己的管理模式、运营标准达到一定的标准以后，就可以连锁经营发展，我们可以变得更轻，我们需要扩大规模。当然我们并不会为了规模而规模，我们是为了扩大用户量的数据库。加盟之后，我们的收益就是纯收益，除了加盟费和管理费，用户的流量都会跑到我们的数据库里。"

优客工场的核心竞争力是"链接能力"。

搭建气味相投的共同体

"不要停止奔跑、不要停止创业。"在翻译《鞋狗》时，中英文交错之间，毛大庆有一种与奈特在不同时光交流的酣畅。

"跑马拉松的时候，15~20 千米最难熬，这个过程离胜利还很远，离出发点也有距离，体力消耗不少，而且你不知道究竟能不能跑完，不知道在哪里会出现什么问题，所以 15~20 千米并不是简单的无氧阶段，会让人感觉特别累。

然而创业的目的只有一个，就是改造社会，制造幸福感。每一位创始人都会带着自己特定的生活情节去创造商品或产品。"

Wework 的创始人在以色列的军队大院长到 20 岁，与之相同，毛大庆也是在大院里度过了童年，这对于他之后的创业项目或多或少有着影响。

"我第一次去 Wework 跟创始人交流，问他们联合办公最重要的价值是什么？Ethos、气质——他们脱口而出。气质是一个特别复杂的东西，它是由内而生的，甚至比长相还重要，是有感染力的，所以我们的企业愿景，也是希望我们的客户能成为具有精神共同体和利益共同体的群体。"

由外而内的谷仓爆破

每个人的生活都是最好的商业案例，简单的要素能勾勒出最直观的商业结构。然而，不在学术里面耕读一番，就开不了天眼，对于平凡的生活缺乏敬畏与好奇。所以，常人往往看山是山、看水是水，而饱经风霜的老人抑或饱读诗书的学者则往往看山不是山，看水不是水。

你的一天是从早餐开始的。你可以到楼下包子铺里挑几种口味的包子，也可以到炸油条的小摊那里喝豆浆、泡油条，当然，如果你不想吃这些，也可以到早餐店、自助餐厅、食堂里吃蛋糕、沙拉、汉堡等食物。这其实就是一个简单的商业模型，分析一下各种早餐店的产品与成本结构，就可以发现里面的学问。

如果你想同时吃包子铺里的包子、油条摊的油条、餐厅里的蛋糕和沙拉，你要怎么办？你可以亲自一家一家地买，但是这又太麻烦了。于是，你会想，如果可以有一个 App，在不同的店买了不同的产品，下单付款后，外卖骑手一起给送过来。如果与同事、朋友拼一单，还免了配送费。实际上，外卖平台已经非常成熟，但由于客单价低、配送成本高、个性化需求低等原因，外卖平台基本放弃了早餐外卖市场。

人们始终需要这样一个汇集各种早餐、配送的平台，并且随着平台的扩大，会有更多种类的早餐可供选择。但 3000 亿元的早餐市场却成为互联网企业久攻不下的阵地。事实上，如果包子铺、油条摊、甜品店等店铺能够彼此合作，你的个性化美味早餐也是可以实现的，只是它们还不知道该如何合作。

从如何吃一顿完美的早餐这个问题上，就可以意识到手机在多大程度上释放了我们的想象力，如果像吃早餐这样的问题不能够通过手机解决，那么肯定是哪里出了问题。

实际上，类似的问题从 20 世纪以来一直存在，但人们对此习以为常。每种既有秩序都倾向于让自己的体系看起来完全合乎情理，就像农民精心构筑自己的谷仓。正如吉莲·邰蒂在《谷仓效应》一书中所说的："这个时代的两难困境在于，世界一方面密切整合，一方面分散零碎。全球日益牵一发而动全身，我们的行为与思想却陷于小小的谷仓之中。"[15]

吉莲·邰蒂是《金融时报》的专栏作家，她此前曾对 2008 年的金融危机进行深入的追踪观察。她的研究显示，美国房地产泡沫固然是引发金融海啸的重要原因，但是现代金融体系内部的过度分工、彼此割裂的组织模式早已为这场全球性的经济震荡埋下了祸根。从人类学和心理学的角度去审视世界，她发现"谷仓效应"其实不仅仅存在于金融系统内部，同样也充斥在现代生活的各个方面，不仅存在于组织等实体，也同样潜藏在每个人的思维之中。

索尼在 20 世纪 60~80 年代凭借不断推陈出新的各类产品牢牢占据了市场的领先地位，旗下 Walkman 随身听风靡一时，影响了一代消费者的生活方式。1999 年，索尼在拉斯维斯加举行了新品发布会，所有人都认为索尼拥有一切在

21 世纪继续引领市场的有利条件，却并未注意到日后遭遇的危机已初露端倪。事实上，1999 年的发布会已经显示出索尼当时已经深陷"谷仓效应"。集团的扩张导致公司内部各部门之间的过度分工，互不沟通的两个部门不仅无法协作开发单一产品，甚至无法互相交流、统一策略，研发出的产品互相竞争、内耗严重。各部门负责人只顾保护自己部门的利益，无法站在整个公司的角度统筹考虑问题，员工则深陷过去成功的历史，对提出批评、要求革新的声音视而不见。这些因素使索尼积重难返，只能承认失败，退出音乐电子产品市场。[16]

垂直发展的谷仓在一定规模内可以表现出高效率，但随着谷仓的增高，对于仓壁的压力也就越大，因此随着谷仓规模的扩大，必然要对仓壁进行加固，或者另外建立一个谷仓。与此类似，像索尼这样的 20 世纪的公司就是谷仓组织，每个部门各自为政，随着部门规模的扩大，就要加强对部门的管控，由此产生繁杂的管理规则，一旦超出管理能力，就分拆成另外一个部门。身处密闭谷仓里的人很难看到其他谷仓的情况，也很难跑到其他谷仓当中。

用谷仓的隐喻来比较传统商业地产与优客工场的商业模式差异，就可以理解为什么优客工场能够如此受到资本的追捧。传统商业地产实际上就是建好了一个一个谷仓，每个公司要购买或租用办公空间，关起大门来各自经营。地产商把写字楼里每个能用到的角落都尽量用于办公空间，公共基础设施自然少得可怜。办公室里的白领工作累了，想要活动活动筋骨，都找不到地方。而优客工场一开始就不是想要建立谷仓，而是将谷仓爆破拆碎。在优鲜集 App 上，创业者可以很轻松地花费少量租金租到一个工位、办公室，并享用里面的基础设施和服务。联合办公的关键是互为生意，这就与谷仓的概念完全不同，每家入驻的企业都能加入社群，与平行世界的人彼此相遇。

谷仓组织正在承受着巨大的外部攻击。就像吃早餐一样，习惯了在智能手机上寻找解决方案的人们对于价值的需求不仅仅停留在孤立的价值水平上，而更进一步对于连通的价值产生了需求。连通的价值产生自价值网络。因此，谷仓组织想要生存，有很大可能性会被从外部爆破，最终逼迫组织内的人走向开放的市场，被价值网络连接。

截至 2017 年 12 月 31 日，温氏拥有 5.54 万个合作家庭农场，通过合伙制度，建立平台，把这些家庭农场用互联网链接在一起，实现了所谓的集约化管理 + 分布式作业。通过齐创共享合伙机制，温氏形成了巨型养殖价值网络。

内部性是谷仓组织的根本特征，企业所有的经营活动都是由内而外的。从内部性转变到外部性，从由内而外转变到由外而内，这是所有的企业、组织在当今时代都要进行的根本逆转。企业向外拓展的所有活动，如研发、销售、营销、广告、推广、服务，现在都必须逆转。同样，组织内外部的关系也必须改变，由收缩边界的内耗型竞争关系变为扩张边界的创新型合作关系。当谷仓得以爆破，组织内外将不再被围城般的进退两难与庸常无为困扰，而在价值网络所包含的广阔市场中相互链接、释放能量。

6. 战略

猎豹移动的战略出海

T恤、牛仔、运动鞋，1978年出生，没有显赫的家世和名牌学历，站在我组织的几十名企业家参访者面前的这个男人笑称，自己只是一个重视用户体验的产品经理和一个超级爱玩的学渣。

他说："我人生到今天，给自己最大的一个财富就是我终于越过了恐惧，越过了委屈，越过了攀比。生活给我最大的回报，就是我把以前经历的所有恐惧、委屈都放下了。"

统一战线，排解内忧外患

回顾创业的历史，傅盛用"九死一生、内忧外患"来形容。

2010年，可牛和金山毒霸合并的时候，是他们最困难的时候。他没有和雷军多谈条件，只提了一条——"四年不解雇"，然后就答应了合并。

2011年是傅盛最难熬的一年，他与团队整天徘徊在生死线边缘。金山与可牛的团队融合很难，雷军当时正是看中了可牛的互联网思维，却没想到两支团队的格式不兼容。傅盛想要稳定军心，但业务不断下滑。

傅盛懂互联网，懂免费，却不懂管理，这着实给他出了个难题。能不能用一个最简单的目标，把所有的人心连接起来？技术控总是想要一招制敌，傅盛找到了，这个招式就是他所擅长的产品。"中国最牛的产品经理之一"的名头毕竟不是浪得虚名。

外忧内困之下，傅盛需要一场胜利来统一人心。他给参访者看了一段视频，是猎豹浏览器手机版的概念视频。他说："金山团队的人问我规划是什么，我说只要把手头做好就行了。"当时，北京的团队基本走了，珠海的研发中心又不愿来北京，他只好开始组建北京研发中心，封闭3个月开发猎豹浏览器。概念视频出来之后，团队上下为之一振，珠海的十几个核心成员来到北京，参与研发。不懂管理的傅盛总算通过这个产品凝聚了团队，建立了统一战线。

花大量时间，找"第一个人"

雷军对人才特别重视，队伍的搭建花费了他大量的时间。傅盛是雷军的"第一个人"，而张泉灵则是傅盛的"第一个人"。口袋购物CEO王珂创业的时候，每天在百度下面的咖啡馆挖人，见到百度的人就聊，后来隔壁桌的猎头过来说："嗨，咱俩交换下名单吧！"

"创业公司不能吸引最好的人才，但带领普通部队也能打胜仗的才是名将。"傅盛说。创业就是不断打怪的过程。微妙和伟大的平衡，就是创业的难度。

小米加步枪如何战胜装备精良的正规军？傅盛也没什么特别的手段，就是花足够的时间，给予足够的支持，给他一个特别简单的命题，也就是管理的三要素——目标、路径、资源。

对于很多参访者提到的人才缺乏问题，他的建议是，看你所付出的代价，互联网的本质还是人的竞争。他用了各种办法说服张泉灵入伙，带她去美国，告诉她，"推动世界进步，要靠投资，而不是靠记者"。

国际化是移动互联网最后的希望

"选择比努力更重要。"傅盛对这句话深有感触。国际化的本质取决于大环境。"我们当时好几拨人去冲击国内市场，最后发现完全冲击不下来，我们每一次版本的更新都会被对手迅速地封堵。既然中国市场我们不容易竞争了，不如我们侧翼去打全球化。在三年前我们抓住了谷歌、安卓在全球爆发的机会，全力以赴做Clean Master（清理大师），做一个很小的清理类App。但就是这个App创造了我们全球化的奇迹。"

选择错了，越努力离终点就越远。2012年，傅盛提出国际化战略，与其在国内当老三，还不如甩开江湖险恶，另辟蹊径。全球化的先决条件是，产品是否具有全球化的特质。傅盛去硅谷考察后认为，硅谷的应用类、安全类App是蓝海市场，工具类产品的文化差异并没有想象中大，只有这类没有文化壁垒的产品容易全球化。而移动互联网，无论是从人力资源储备还是用户体验的经验积累、执行力方面，中国都已经领先，所以傅盛决定做 Clean Master，并迅速集结优势兵力，将四五人的小团队扩充至 200 人。

虽然不被外界看好，但傅盛还是坚定地认为工具能全球化。第一天两万的装机量对团队来说是一剂强心针。2013 年 5 月，猎豹公开宣布，Clean Master 海外用户已经破亿。在此之前，他们一直藏着掖着，怕公开早了，自己就失去了先发优势。

以 Clean Master 为尖兵，猎豹移动逐步在欧美主流市场构筑起一个强大的移动 App 矩阵。这些应用互为犄角，交叉互推，既提升了用户规模，也增加了用户的使用时长及活跃度。以此为基础，猎豹移动在工具应用的变现上进行了积极的探索。一方面，凭借清理服务（相当于先给用户一个甜头）积累的影响力做应用分发；另一方面，凭借掌握的百余种用户兴趣标签，为用户精准画像，实现了精准的广告分发。

傅盛总结说，完成海外收入的商业化，靠的是这三点：

第一，广结盟，与 Facebook、Google、Yahoo 和 Twitter 等巨头合作；

第二，产品端，放眼数据分析，招募 Yahoo 个性化推荐团队，建立美国研发中心，着力内容驱动型产品，在中国与少数海外市场试推行新的内容产品；

第三，收入本地化，团队本地化，只有收入本地化，才能融入当地的生态链，像当地企业一样运行。

猎豹已经转型为一家移动公司，建立了强有力的全球移动广告平台。提高移动广告收入的行之有效的策略是：（广告）展示次数 × 千次展示费用（eCPM）＝移动广告收入。

参访企业家们问到关于 BAT 的问题，傅盛笑着说，BAT 不仅很牛，还很勤奋，在他们视线所及之处，你基本没有机会。他觉得，移动互联网对创业公司不是好战场，唯一的希望是国际化。今日头条的崛起对百度的冲击，比饿了么对它的冲击大多了。互联网从来不是技术驱动，而是用户场景、用户需求驱动，产品的本质是打穿。技术的革新会非常快，PC 是"十指经济"，而手机是 24 小时"拇指经济"，主动推送、精准投放的广告更容易变现。

从 Facebook 身上，傅盛学到不同的思考维度，他再也不想回到只凭执行力竞争的状态，正是全球化的视野让他更接地气。傅盛在一年前遇到华为手机的 CEO 余承东的时候，聊起了国际化。余承东说华为当时做国际化更困难了，当时只有任正非坚持要做，大家都觉得中国市场很容易挣钱，但是任总不遗余力地开始国际化。今天华为总收入有 70% 来自海外。余承东的一句话对傅盛触动很大，也是他内心感受最深的，"华为的国际化带来的绝对不仅仅是收入，它更带来了全球的视野和全球的人才配置"。

虽然今天猎豹还很年轻，但是猎豹今天看到的很多东西，也是用全球的视野在看，这是一个英语说的自称不怎么好的傅盛以前不敢想象的一件事情。

做个永远简单的公司

简单的思考模式 + 明确的目标 = 一家全球化的公司

"5 年，赤子心不变，做个永远简单的公司"，傅盛以此为目标，保证这家公司足够简单。"简单"和"创业的心态"是无论猎豹移动怎么走下去都必须坚持的。因为只有这两种东西，才能让人不纠结。

傅盛相信每个人都有成就的欲望，业务就是最好的管理。一个简单的公司，目标朝向产品，朝向业务。2000 人的公司（截至 2018 年），没有 P1、P2 的员工等级，全体人共创，虽有不稳定因素，但他觉得大方向没有问题。强文化、弱管理，猎豹坐拥一整个产业园，进门一片绿地，有星巴克的咖啡师，有一整面室内攀岩墙、三层高的滑梯，下楼直接进公园，随处可见的是世界各地不同场景和风格的休息区……参访者说，好像到了硅谷。

未来，我们会怎么去面对那个时候的自己？我希望猎豹依然是中国公司当中全球化最牛的公司：它不仅拓展了全球的海量用户，还打造了 Top3 的广告平台，它能够把中国的声音甚至全球的声音传递到全球各地，让十几亿人与我们产生连接。我们用了 3 年的时间，证明我们能够做成全球化，也证明中国移动互联网其实已经和美国一样变得非常领先。它有能力全球化并且有能力整合全球资源，不管是技术的还是人力的，我们都有这样的机会。"

永远寻找"第二曲线"

傅盛似乎早就了解到互联网的一些规律，因此在 2012 年放弃了国内的地位而选择出海，在工具类产品中打出一片天地。每个人对于战略都有不同的经验与认识，傅盛认为，战略就是格局 + 破局。他将自己的经验总结为战略三部曲：预测—破局点—All in（囊括所有）。"首先，脑海要有大格局。大格局就是对这个行业深入而清晰的认知。其次，养成格局和破局结合的思维习惯。高是什么？你的格局，大风口。破局就是找到与众不同的那个点。二者缺一不可。"实际上，这个规律与杰克·韦尔奇说的"数一数二法则"一致,"因为不数一数二,长期没有竞争力,还耗费精力。就不是一个累加势能的点"。

傅盛对战略的理解与"创变·序"中对"格物致知"的理解是一致的。作为一个年轻的企业家,傅盛的表达更加具象化,老一辈的企业家对战略的理解则更加抽象一些。

阿里巴巴集团参谋长曾鸣认为,"战略就是构造壁垒来加强竞争"。张瑞敏认为,企业最大的战略就是寻找"第二曲线",即企业"新的生路"。两人看似是从不同角度来谈战略的,实则殊途同归。构造壁垒就要不断寻找第二曲线,而这是竞争最有效的战略。只是曾鸣的说法更有些商学院教授的口吻,而张瑞敏更多的是一种企业家实践中的经验之谈。

张瑞敏经常引用海德格尔在《存在与时间》里的一句话:"人的一生确定的是死亡,而不确定的是哪天死亡。""企业应该向死而生,寻找生路,还有比这个更'战略'的吗?"他认为,"海尔不应该执着于如何强化现有的市场地位,而应该思考如何跳出竞争"。战略是为了跳出竞争,而非陷入竞争,也就是"以不争为争"。如果停留在竞争理论的窠臼里,就必然是"为争而争"。"以不争为争"是以生存为根本目的,而"为争而争"则脱离了这个目的。任正非对于战略的看法则更加朴素直白:"战略就是活着。"可以说一语中的。

从猎豹移动和海尔的实践中,我们不难看出这两种战略思考的不同。猎豹为了生存下去,果断放弃一片红海,放弃竞争惨烈的国内市场,精准地选择了工具类产品市场。如果它非要在国内拼个你死我活,那现在它或许已经无辜牺牲。对海尔而言,"家电的硬件竞争已经是饱和的价格战,而互联网的趋势摆在那里,我们应该转向获取用户的终身价值。正因为这样,我们提出了要把电器变成网器,把网器变成网站,把网站变成社群。我们瞄准的,是那条'第二曲线'"[17]。

第二曲线的概念来自英国管理思想大师查尔斯·汉迪。他在《第二曲线》一书中写道:"第一个曲线的成功会挡住人的视线,让人看不到新技术和新市场,让人错失主动权。"柯达就是一个典型的例子,破坏性创新往往是一个企业的第一条曲线,柯达被第一条曲线挡住了视线,忽视了数码摄影的可能,等到别人替自己创造出第二条曲线时,为时已晚。"新技术每天都在为新曲线提供机会。发现它们、抓住它们是教育、医疗、政府和商业的新战略、挑战。"[18]

乔布斯是第二曲线的大师。当麦金塔电脑大获成功时,乔布斯和他的创新团队已经在计划着进军音乐领域,研发 iPod。当这个产品开始主宰市场时,乔布斯又开始设计 iPhone，一个全然不同的新品，它成功之后，紧接而来的则是 iPad。每一个新曲线都是在上一个曲线到达峰值之前发展出来的。每一个新曲线都是从上一个发展而来的，但是面向的却是非常不同的市场——从表面上看是一个很大的风险，但对乔布斯来说，是有逻辑可循的下一条曲线。第二曲线的思维并不是短期内就可轻易看出来的。比起理性分析，它更需要想象力、直觉、本能。[19]

接班人与继任问题一直是企业家的心结，上一代企业家对接班人的评价也成为人们津津乐道的话题。稍有远见的企业家往往很早就着手考虑这个问题，但结果往往不尽如人意。杰克·韦尔奇就对用 8 年时间选出的接班人杰夫·伊梅尔特评价不高。张瑞敏跟韦尔奇探讨过这个问题，因此他觉得"接班人不是培养出来的，而是在市场中竞争出来的。希望在我任期内，能够让每一个人都能主宰自己的个人价值，就像德鲁克说的，'让每一个人都成为自己的 CEO'"。[20]

北大光华教授曹仰锋认为，企业能够成功转轨第二曲线并获得持续成长，面临着三大挑战 [21]：第一大挑战是能不能勇敢地走出"舒适区"。任正非将华为的成功归结为"奋斗精神"，其核心就是让管理者不断走出自己的"舒适区"。第二大挑战是能不能坚持创新。倘若领导者不能走出舒适区和安乐窝，组织创新就不可能发生，因为创新是面向未来，它的另一面就是失败。第三大挑战是能不能坚持把优质资源配置到新业务上。企业的资源永远是稀缺的，但是，没有资源的配置，任何创新性业务都无法开展，更无法形成未来第二曲线的增长。

第 2 章

新管理：战胜复杂性的管理熵变

不谙变通者，必将毁于执。

——老子

1. 变革

视源的"无管理"变革

在紧张的 6 周里，我带领案例研究团队深度体验了视源股份的工作与生活、忙碌与狂欢。到来之前列出的疑问也几乎都有了答案。

一家低调的企业，近年营收每两年翻一番，过去 5 年连续归母净利润复合增长率高达 43.67%，市值超 500 亿，凭什么？

一家人数逾 4700 人的企业，从不依靠上下班打卡、KPI 业绩考核等传统方式，却让每个员工都将企业利益放在第一位，凭什么？

从成立之初寂寂无名的部件供应商，到如今成为一家产品改变家庭、教育、办公、医疗等场景的中国成长最快的高科技上市公司之一，领跑多条行业赛道，产品覆盖全球多个国家的背后，视源有何不为人知的秘诀？

市场规模是自己"造"出来的

企业要发展壮大，吃着碗里的，看着锅里的，还得想着田里的。

视源正是以这样一种不甘现状的战略远见，奠定了如今的产业格局。

2005 年，视源以 TV 板卡（现部件业务产品之一）起家创业。一般人刚创业的时候，想的都是怎么扩大份额，怎么做得更好。但视源的初创团队不是，他们在担忧一种可能性：全世界的 TV 电视市场规模可能只有 2 亿多台，总价值大概 200 亿元，即便实现了 1/4 的份额目标，也只有 50 亿元。

所以他们一开始就摸到了自己业务的天花板，这项业务不可能撑起百亿、千亿级的企业，那么下一项业务在哪里？他们一直为此心急。

机缘巧合之下，他们发现了新的机遇：在一次办公室搬迁过程中，他们发现大的投影幕布搬动很麻烦。这启发了他们，何不做一款一体化的智能演示产品？如今,这样的产品,视源股份和希沃,已经被广泛应用在教育和企业服务两大产业。

自组织、自考核、自管理

创业伊始，创始人孙永辉（2019 年辞任董事,继续在公司从事人才培养工作）就为视源定下了一系列规则，这是视源所赖以存在的法典，有很多条款至今一直没变过。孙永辉的梦想就是建立一家理想主义者的公司。

决定企业未来发展的因素，除了布局新产业的战略目光，也少不了这家企业的文化特性。在视源，他们觉得自己还没到企业文化的层次，更多地谈"氛围"、喊着要"民主开放"的企业一抓一大把，而视源股份却更大胆。它做了很多企业都不敢做的事。

将员工和主管的薪资奖励在部门内全透明公开，并且规定：员工拿多少，他的主管没有权力去评定，而是由部门里的所有同事一起来评。

举个例子来说，有一组销售可以拿20万元的奖金，领导只会告诉他们有20万元，至于每个人拿多少，领导不会定，要让他们自己评出来。高的可能有三四万元，低的可能只有几百元。

此外，视源不会轻易辞退员工，而是充分肯定每个人。如果在一个岗位上做得不好，这并不是说明员工能力不行，因为员工是通过人力部门严格的考核才进来的，绝不会这么差，肯定是哪里出了问题。换个位置，或许就能海阔天空。

芬尼克兹创始人宗毅考察过视源很多次，很多想法也来自视源。他说："其实，KPI最大的问题就是抑制创新。后来在视源学习了这样的绩效评价方式。最初采用了比较温和的办法，内部点评排序，只说好。比如说今天20个人，我们允许你把十个人排出来，你认为最好的那个人，可以给他10分；第二好的，给他9分；依次到第十；从第十一位开始，全部零分，强制排名。评选完毕，分数相加，好坏一目了然。后来就不断加码。比如说最开始是说谁最好，就会拿出一个名额，让他们评，觉得谁应该改进。逐步深化，相关部门之间也有。比如说我是技术部门，服务于销售部门，在销售部门评价的时候，可以在技术部门随便挑选5个人参与互评。凡是透明的东西才公正。怎么样让收入全透明？很简单，按照绩效评价来。前面10%是A，然后A一定是C收入的两倍。这感觉很刺激。同级人员，原来收入差不多，现在一下变两倍了，这个太刺激了，除底薪外的浮动收入被拉得很开，这样就会激励员工每个月都会改进。"

"放任"员工，让他们自己做主

在视源，没有考勤制度，员工可以做自己喜欢做的事情，尽情发挥潜能。事实上，与依文一样，早餐是视源最好的闹钟，每天定时的班车，丰盛的早餐、午餐、晚餐和夜宵，免费的健身房、泳池等设施，员工们根本没有偷懒的动力，为自己而工作的人没必要偷懒。

在分享会上，孙永辉经常喜欢分享一个故事。

"有一位女工程师，跟HR提出说不喜欢写软件，她喜欢的其实是画画。我们就让她自己想，跟软件部门的主管说不做了，或者再想自己能干什么。后来她成为视源工业设计团队的创始人。她离开软件部门后，把视源的各种 PPT 和视频都弄得比以前漂亮，企业 VI 和 CI 也慢慢搞起来了。这一切，都源于她的内心动力。真正做到有成绩的人，有几个是为钱才干的呢？大多数是源于精神的需求。"

如果员工在工作中有一个很好的点子，并认为这个点子或产品未来会有市场，那么员工可以自行调研，调研取得认可后可以调动公司的所有资源来做这件事情。不仅如此，如果公司的孵化委员会认为员工的这个调研结果是很合理的，甚至会为这个项目先成立一个事业部，确保让产品有一年的销售。当每个月的盈利能够有保障的时候，再成立一个子公司。现在，视源每年都会筛选项目进行孵化。当时的孵化委员由创始人孙永辉、首席财务官等 5 人组成，给项目以最成熟冷静的评估。

安心工作，其他的都不用管

宗毅说，视源有两个东西是绝对要学的：一个是绩效评价方式，另一个就是幼儿园。

其实，来到视源，每位访客都觉得可以学的东西太多了。很多案例工作坊的企业家学员都有想要打包带走的冲动。

视源的创始人从濒临破产的电子公司出来，所有员工生活中所能遇到的问题，他都经历过，他也深知每个员工生活的不易。因此，尽量为员工提供一种便捷的生活就成了孙永辉的责任。他觉得，企业家唯一拥有的就是责任。有一次，他到员工家里去借用卫生间，却发现里面只有毛巾，没有浴巾。洗澡怎么可以没有浴巾？这肯定不是个别现象。于是经过简单的调查，他就做出了决定，公司拿出十万元，购置一批质量好的浴巾，每人一条。

孙永辉把主要精力放在人力工作上。对于所需要的人才，千方百计都要挖过来。对于这些人才在生活中的问题更是了如指掌。建幼儿园的初衷就是为了吸引现在负责财务的高管。因为孙永辉了解到，孩子上学问题是决定这位高管选择工作的主要考虑因素。为什么不能建一所幼儿园呢？有这样需求的肯定不止她一个。

同样，对于员工需求细致入微的观察和满足让视源的福利设施越来越多，视源每年拿出超过 10% 的利润来做这些事情。当然，这建立在视源强劲的业务能力上。视源为员工提供了一个安心工作的环境，员工也将业务做得更加出色。共享单车车锁的芯片，就是视源提供的。视源已经不只是一家企业，更是一个社区，一个不靠管理却能有效管理的社区型组织。

管理模式变革的中国时代

2002 年，茅忠群从中欧国际工商管理学院毕业，获工商管理硕士学位。读完 EMBA 的他却有些迷茫，一时不知道再去学什么，有点找不到方向。后来他突然有了一个灵感："中国 5000 年的文化怎样用到管理当中？这或许是中国未来企业管理的一个方向。"于是，他在 20 多年的时间里用儒家文化锻造了一把君子之剑。

2005 年 12 月，军人出身的孙永辉从日渐衰落的乐华电子走出来，在一间小黑屋里开创了视源科技。乐华的衰落让他感触很深，一家有实力、有优秀人才的公司，最后却输在了管理上。从那以后，孙永辉就梦想创立一家理想主义公司，于是有了今天的视源股份。

1991 年 9 月，50 多名年轻员工跟随任正非来到深圳宝安县一座破旧的厂房中，开始了他们充满艰险和未知的创业之路，人们在高温下挥汗如雨、夜以继日地作业。43 岁开始创业的任正非，凭借军事化的文化，一手把山寨公司变成了震惊世界的科技王国，《华为基本法》也被众多企业奉为圭臬。

2015 年 11 月 9 日，海尔集团董事局主席、首席执行官张瑞敏应邀来到英国伦敦，参加全球最具影响力的"50 大管理思想家"颁奖典礼。在这届颁奖典礼上，张瑞敏被授予 Thinkers50 杰出成就奖之"最佳理念实践奖"。同时，张瑞敏还入选了"2015 年度 Thinkers50 榜单"，他是唯一同时获得两个奖项的中国企业家。

在中国市场经济还没有兴起之前，哈佛商学院就已经在 1908 年成立了。30 多年来，哈佛商学院的案例库里也有了越来越多中国企业的身影，一共有 80 多家企业被写入了《哈佛商业评论》的案例库。当我和案例研究团队的脚步深入中国的各个省份、各个地区、各个企业时，我们越来越惊奇地发现，还有那么多低调的企业没有被写成案例，他们的经营管理智慧还没有被很好地梳理和总结。且不说中国数以千万计的企业，单单正和岛上的岛邻企业就让我们认定：中国管理大有可为。

正如前面所说，金融资本主义和分析至上主义是美式管理的两大特征。这两大要素给美国企业带来了怎样的后果[1]？

第一，自上而下的意向。企业的目标是赚钱、确保利益，而最终负责任的是

CEO。

第二，股东利益至上。

第三，雇员的部件化。

第四，追求"一招鲜，吃遍天"的破坏性创新。

尽管比较管理学的研究让美国及西方一些国家的学者掀起了比较研究日本等东方国家企业管理的热潮，尽管管理学界对美式管理有很多反思和批判，但这些并没有改变美式管理的本质，毕竟难以在短时间摆脱对旧范式的路径依赖。

我们再来看日式管理。日本的经济奇迹使全球管理学界都不得不将目光转向日本企业。丰田精益管理、稻盛哲学、阿米巴、工匠精神等概念成为人们热议的话题，但实际上，由于日本的企业管理特色太过鲜明，大多数人只看到了日式管理的特色，而忽略或者根本没有看清它的本质。

终身雇佣制、年功序列制和企业工会制是日式管理的三大支柱，但这只是日本"特色"，而不是日本"范式"。日式管理在具有自身特色的前提下，其管理学范式与美国或西方管理并没有太大区别。

稻盛和夫曾经经营的京瓷采用的就是终身雇佣制，与很多日本企业一样，京瓷内部是家庭式关系，用集团主义的忠诚来形成一个命运共同体。为了防止浑水摸鱼的情况发生，稻盛通过划分阿米巴来加强成果主义。稻盛和夫强调，企业经营成功的必要条件是建立起"每名员工都热爱公司，为了公司的发展不惜一切"的企业文化。

从京瓷这里我们可以看到，如果抛开终身雇佣制、年功序列制这种集团主义关系和以公司为中心的社会文化这些特色，阿米巴管理模式可以供中国企业移植的地方也就是阿米巴的分形组织和财务管理了。但分形组织的组织形式就是减缩版的金字塔组织，而财务数据公开的财务核算和管理也绝不能说是范式的转变。稻盛"敬天爱人"的经营哲学很难被其他文化完全接受，现在的年轻人很难接受一辈子待在一个集体里面，被这种企业资本主义牢牢地绑定。

当我们谈论管理模式的时候，很容易会为了谈论管理而谈论。不管摆在我们面前的是什么样的管理模式，始终都不能脱离"创造顾客"这个根本目的。也就是说，管理不能脱离价值创造，管理模式需要回归到价值创造的过程，回归到"人"的管理过程。

管理模式创新具有极大的经济效益，丰田模式的大规模定制化生产使丰田不仅在销量和规模上遥遥领先，单车利润同样名列前茅。日本的经济增长也离不开丰田，甚至有日本学者称，丰田已成为日本经济发展的"顶梁柱"。[2] 而纵观世界经济史，虽然高增长的经济体不一定出现创新的管理模式，但创新的管理模式往往会出现在高增长的经济体里。

管理模式如何回归价值创造？这是所有中国企业都要思考的问题。或者，我们可以在它前面加一个限定条件：数字经济下的管理模式如何回归价值创造？在"创生"的"重新定义'价值'"一章中，已经对数字经济下的价值创造做了比较明确的论述。价值创造的过程发生在价值网络的交互共创中，而交互共创的基础就是对所有权的放弃与对使用权的拥抱。这也是数字经济带来的范式转变。

这一范式转变能为管理模式的创新提供什么启示？企业为谁所有？为谁使用？传统的管理模式下，股东、管理者、委托代理人、员工都对企业有着所有权的诉求，价值和利益也依赖于按所有权的归属进行层级分配。数字经济下，企业的所有权将如何解构？谁是经营者？谁是管理者？如何管理使用权的分配？这些都需要从深入数字经济的管理实践中去摸索与总结。

很庆幸，中国的企业家已经在数字经济中做出了令人瞩目的探索与实践，而管理模式上的创新也一定会将中国经济的发展带入下一个拐点。这样的星星之火正在燎原。

2. 组织

蒙羊的"羊联体"组织

这家成立于 2012 年的企业，通过并购的方式杀入农牧行业，短短 4 年，销售额达到 18 亿元，产销连续 3 年居行业首位。相较于行业内规模化企业少、竞争力不足、生产方式落后的现状，蒙羊说，他们建立起了一个羊肉生态圈。

先弄明白顾客想要什么

蒙羊的天猫店不仅仅只售卖羊肉产品。所有的产品，如羔羊原切后腿、羔羊 A 排、羊肉卷、羊汤骨等，都附送炖肉酱料、刷子、穿串神器。顾客买了产品，客服还会教顾客怎么做羊肉。

过去中国 85% 的羊肉消费都是通过餐饮渠道来完成的，很少有家庭消费。其中有两个比较重要的原因是，很多顾客不会做羊肉，另外没有回家吃饭的习惯。

但随着社会的变化，蒙羊分析，家庭消费才是羊肉消费的一个突破点，并且突破的方向要回到顾客身上——顾客吃羊肉，吃的不是肉，是一盘菜。因此，蒙羊围绕着羊肉的吃法和羊肉产品加工的升级，创造出更好的菜品，以更安全快捷的方式送到顾客的餐桌上。

2013 年，蒙羊建立了一个全程可视、可控、可追溯的体系，这套体系成为每一款产品的标配，消费者买了产品以后，只要一扫二维码就知道这只羊来自哪个养殖场，养殖场的环境，羊的父代、母代、兽医，打疫苗的次数，到工厂后的官方检验，现场生产的生产线班组长等信息。

此外，蒙羊的每一块羊肉都有一份保险。"我们说安全无污染的草原、非常健康的管理、完善的生产体系，最后送给消费者，消费者还是不相信。食品安全用什么来保障呢？我觉得最简单的就是用保险。"闫树春说。

蒙羊除了给消费者买羊肉保险，还给养殖户买肉羊养殖险。保险公司在这当中不仅扮演了保险者的角色，还是市场清道夫。羊如果遇到了问题，保险公司会赔偿，但必须"活要见羊，死要见尸"，这在一定程度上杜绝了养殖户在羊死后，把它偷偷屠宰混入市场的乱象，把病羊阻于市场门口之外。

让养羊的老百姓先挣钱

最初，闫树春进入这个行业时，发现行业体系标准非常不健全，产业链过长，养羊的农牧民非常痛苦。这个行业里任何一个环节的人，肉贩子、料贩子、草贩子、药贩子、羊贩子都比农牧民挣得多。蒙羊意识到，需要砍掉中间这些无谓的成本，让行业里该进来的进来，该出去的出去。蒙羊清理这五种贩子后，行业内成本大大降低，如此一来，就可以把利润分给农牧民了。对此，蒙羊的原话是：让养羊的老百姓先挣钱，企业挣钱晚一点没关系。这就是蒙羊企业核心价值观中的"牧者富"。

而这也正是蒙羊设计的"羊联体"带给农牧民的极大福利。所谓"羊联体"，就是采用"基地 + 农户 + 公司 + 银行 + 担保公司 + 保险公司"的模式，创新地引入了保险公司的金融要素。在这个模式下，过去处于劣势的养羊户在市场议价中终于有了话语权。

资金、优质种羊、养殖技术服务、市场等因素在"羊联体"中自由流动。闫树春说，"羊联体"联的不是羊，而是农牧民的心。

不养羊的蒙羊，可持续发展能力将会怎样？

提起内蒙古，大草原是它的标配印象。北纬 35°~ 49°，有着纯天然、绿色、无污染的草原地带，有着"风吹草低见牛羊"的场景。全国 50% 的可利用草场全在内蒙古，它有非常好的地缘优势。毋庸置疑，内蒙古能出好羊，但好羊不一定出好肉。要出好肉，在它的加工过程中需要技术体系、产业链体系的有效支撑。

蒙羊还没切入农牧业前，整个行业处于"小散乱"的水平，最大的羊肉企业年产值不超过 3 亿元，内蒙古有几百家羊肉屠宰的企业，但几乎没有成规模、标准化的企业。如果从投资的角度来看，羊肉是个体价值很高的肉类，据估计，它的市场容量超过三千亿，蕴含了巨大的市场价值。

蒙羊面临的第一个问题就是资本问题。没有资本关注，行业就没有办法承担高端人才的人力资源成本。2012 年，蒙羊通过并购重组，把产业链打通，从育种、养殖、繁育到加工，甚至精深加工，整个纵向产业链规划清晰后，再引入职业化的团队管理。

蒙羊不养羊，它更像一个平台、一个服务型的企业。不是所有事情都能由一个人或一个团队来做，当企业成为平台以后，它的视野会被瞬间打开，会整合最好的品种，会形成最完善的生产管理体系。它也支持团队内部的创客计划，只要团队想做与羊有关的事业，比如，回农村养羊，带着农牧民致富，开饭馆研究羊的菜品，甚至是开网店，只要形成销售，蒙羊都提供支持。在这样的逻辑下，能培养出一百个甚至一千个农村创业企业家吗？2016 年，蒙羊又做了一个调整，所有的农牧民都上村淘。最后，交易的数据能被统合、分析，实现了互联网金融和农牧业经济的无缝结合。

读者朋友们，蒙羊的商业及组织模式可持续性，你怎么看？

用信任降低组织复杂性

早在 2010 年，IBM 对全球大量公司的 CEO 进行的一项调查显示，"应对世界的复杂性"成为 CEO 的主要挑战。

在《去中心化 2.0》这本书中，荷兰奈耶诺德大学商学院组织行为学教授杰瑞特·布鲁克斯塔将充满复杂性的世界比喻为沙堆 [3]。沙堆中每个砂砾都相互接触，就像商业系统那样，彼此组成了一个临时的平衡状态，任何重量放到上面，都会导致沙堆的失衡，甚至导致整个沙堆的崩塌。对于沙堆这个系统而言，它本身就面对着不确定性和不可预测性，这是系统的特性，而不仅仅是外部环境变化造成的。

人们如何应对复杂性？实际上，组织就是应对复杂性的产物。著名的控制论专家、管理学家斯塔福德·比尔早在 1975 年就提出，新兴世界需要"管理的复杂性"。他强调，处理复杂性的工具就是组织。[4] 然而，人们为了应对复杂性而设计出了复杂的组织，可当面对突然而来又日渐增长的不确定的复杂性时，这些组织却又像一个个沙堆那样无力，不堪一击。

为什么组织会发生这样的溃败？我们不妨来看一下管理学家罗素·艾可夫对于组织的类型学研究。

艾可夫将组织分为机器系统、生物系统、社会系统三类，后来他又补充了生态系统这一类。机器系统是泰罗和法约尔开创的，生物系统由巴纳德开创，艾可夫则开创了社会系统。[5]

在艾可夫的社会系统中，"人"被视为企业的一个"利益相关者"，承认其是一个具有自己目标的独立系统，为企业工作是为了实现自己的目标，而不是为了实现企业的目标。企业应该为"人"实现其目标而提供服务。企业有义务服务于其员工，而不是以前那样员工服务于企业的单向度模式。企业是服务于三个层次目的的社会系统：企业自身的目的、企业员工的目的、企业环境（顾客、社会和政府等）的目的。

的确，艾可夫在企业管理理论上也颠覆十足，他将社会系统引入了企业，使企业这种组织冲破了其自身的限定。张瑞敏虽然还没有退休，但他现在将主要精力放在人单合一模式的打磨上。伦敦政治经济学院的克里斯蒂安·布施认为海尔的人单合一模式可能越出企业层面，成为一种社会模式。我们先不讨论他这个结论是否合理，但不能否认的是，海尔在组织变革上的努力正像艾可夫所言，是将社会系统引入了企业，将企业这个封闭的机器、生物般的组织系统变成社会系统。因此，如果这种精心设计的社会系统超越了人们生活的社会系统，那的确有可能成为一种社会模式。

将社会系统引入企业无疑增加了系统的复杂性。企业内每个人都有自己的个人目标，企业需要照顾所有人的利益，这岂不是增加了管理系统的复杂性？但实际上，这里的复杂性用得并不准确，而应该用多样性。这两个词有着本质的区别，多样性不一定复杂，甚至是对复杂性的一种解构。

不管规模大小，大多数公司习惯性地建立了控制体系来防止出错带来的复杂性。大公司更突出一些，正如邓巴数字，人们的有效社交只能是 150 人，那么人们的有效信任也只能是 150 人。因此，高层领导者不可能跟每个人建立信任关系，就这样，他用控制体系取代了信任体系。这样一来，公司便形成了复杂的部门体系。

设想一下，在一个小公司中，老板足以跟每个人建立信任，每天不打卡，员工自行设定目标，安排自己的工作，那还需要设立复杂的监督、管理机制吗？观察视源等公司，我们发现这种实践完全是可行的。更不可思议的是，这家公司并不是一家小公司，4000 多人的员工数量远远超过了孙永辉自己的有效信任数量。孙永辉设立了有效的法则，鼓励自由和多样性，以此来降低复杂性。

信任似乎是一个很重要的问题。社会学家尼克拉斯·卢曼将信任视作"降低社会复杂性的机制"[6]。信任可以降低社会的复杂性，自然也可以降低组织的复杂性。依赖信任机制，社会可以运行，企业组织自然也可以用信任机制来运行。

美国管理学者沃伦·本尼斯相信，在一个全球化和复杂程度提高的时代，如果人们要长期生存并享受一个成功的未来，信任如今必须取代传统的工作关系，也必须越来越多地充当各种组织的联系纽带。[7]哈佛政治学博士弗朗西斯·福山也认为信任来自共同的价值观，并"有大量的可衡量的经济价值"。[8]在他看来，更强的、最有效率的组织都是基于共同的道德价值观的社区，这也使"相互信任构成了有效分权的基础"，一个高度信任的组织能够将更多的责任下放给下级组织。相反，信任度低的组织必须建立栅栏，用一系列规则将彼此区隔。

在《信任》一书中，弗朗西斯·福山指出："完全失去合作能力将无力组织起码的社会群体，甚至家庭，低信任的合作只能在家族中展开，高信任的合作会超越血缘。"高信任的组织将在高复杂性的时代中脱颖而出，而信任机制的设计指南存在于我们的案例、我们自己的生活中。[9]

3. 领导

人民币玩家的裂变领导力

宗毅的故事大家都很熟悉了。这个会讲故事的人把自己的故事讲到了世界各地，讲成了商学院的著名案例。

宗毅的创业之路起始于 2002 年，当时的芬尼克兹只是一个传统小工厂，而他也只是一个开工厂的小老板而已。

偶然的机会，宗毅发现空气能热泵在欧美销售火爆，却只有美国人能生产。于是，宗毅果断转型，一心扑在空气能热泵的研发上，并迅速达到欧盟标准，进而以贴牌生产的方式一举杀入欧洲市场。后来因为赶上了中国对外贸易的第一波浪潮，芬尼克兹销售额连续 4 年都保持 100% 的增长率。

2004 年的事件对于宗毅来说是一个转折点。手握 80% 销售业务的公司销售高管突然离职，自立门户，生产出跟芬尼克兹一样的产品。这对于一家以制造为主的小企业来说，无异于是个晴天霹雳。

这个事件让他一直思考：公司里总会出现牛人，但给多少钱都不可能留得住，怎么办？这种危机感使他想要创造一种制度。

唱好创业样板戏

宗毅曾考虑过把企业的股份切一块给管理层，但管理层买不起，而且股东意见不统一。2005 年的泳池热泵项目又摆在了宗毅面前。泳池热泵在中国找不到供应商，从美国进口又太贵，货期很慢。然而，这个东西利润很高，1 元的成本可卖到将近 4 元。

宗毅把公司骨干召集在一起，一人至少入 5 万元，50 万元筹起来做。50 万元其实不少，马云的阿里巴巴也是 50 万元开始的。几个高管刚开始很兴奋，但第二天却跟宗毅说，我们决定还是继续跟你打工，不参与了。这让宗毅很吃惊，为什么？原来是对他的信任度不够。后来宗毅花了一个月给他们一个个做工作，最后 6 个人里面有 4 个人加入了，有 2 个人死活不同意。

拿了钱入股的高管拼了命，7 个月就搞定了生产线项目。第一年营收的 400 万元产生了 100 万元的纯利润。宗毅拿出 60 万元来分红，这让没参股的高管后悔不已。

第一个内部创业样板的成功让宗毅得到所有员工的信任。2007 年成立第二个公司的时候，宗毅想让员工投 100 万元，实际上并非需要 100 万元，只是因为想团结公司前 20 位的员工。结果这 20 人一夜之间筹了 220 万元。

把创业变成比赛

2008 年金融危机给宗毅带来了不小的麻烦。从 2004 年到 2008 年，泳池热泵这个细分市场一直连续 100% 增长，但 2009 年却突然负增长。金融危机爆发，有钱人突然没钱了，在困难的时候车要开，饭要吃，但冬天可以不要游泳。

塞翁失马，焉知非福。当时分析行业的特点，宗毅发现这个项目不是刚需行业，他们要做一个刚需的行业。于是宗毅决定深耕 2C 市场。

在此之前，宗毅已经做了四个裂变公司，带头人、总经理都是他选的，但是现在这个公司他却不知道选谁当。因为制造行业很简单，就是把产品做好，无所谓品牌。而现在却要完成从富士康到苹果那样的转变，谁都没有经验。

人力资源没办法满足公司的需求，他们考虑过从互联网公司挖人，但最后发现挖不来，因为一听是传统企业就没人来。无可奈何之下，宗毅决定做一个比赛，公司里所有员工都可带队参赛，只要谁赢得比赛，总经理就是谁。大家反应很踊跃，因为之前裂变了四个公司，都成功了。但大赛评分是个问题。

宗毅觉得，初创企业靠的就是领导人。领导人一对就行，领导人一错就死。所以比赛规定，必须写上自己心目中的英雄，以及自己出多少人民币。也就是说，这一票是需要自己从家里拿钱出来押注的，马虎不得。另外，竞选人是大股东（占10%），比如这个项目需要 1000 万元，自己准备 100 万元就可报名。

"你会把钱投给什么样的人？第一是靠谱，道德水平够，第二是能力，能给公司挣钱。而这个人与你的关系好不好却不重要。大家设想一下，你手上有 50万元，准备投给你认识的同事，你要投给谁？最关键的是第三个，我们以前提拔干部特痛苦，提拔谁都得罪人，但现在简单了，就竞选。很多公司越级提拔的时候会出问题，原因之一是有的老同事不爽，就给你使了心眼。我的方案就解决了，有本事就参赛，把皮球踢到他那儿。所以，我们公司的内耗相对较少，排在前面的都是后来的股东，因为排在前面的都有钱，当他是股东的时候，就会全力以赴地支持。我们有一句话：人民币选带头人才靠谱。如果不是钱选，一定会出现贿选或拉票。"通过人民币选带头人，宗毅一下子解决了干部提拔、内耗、股权分配等若干问题。

对于比赛评委的选择，宗毅也有自己的一套："我们的比赛有两大类别，一半是投资人，另一半是慕名而来的企业家，相当于一个对外开放的真人秀。我一般会在企业家里选一些创业企业家来当我们的评委，因为我要用第三方，特别是我不认识的第三方来评判这些商业模式是否成功。"

是不是只有有资本的人才能够参选？宗毅给出的答案是否定的："第一，我们必须让新员工参赛，因为这可以让他们尽快融入企业竞争文化；第二，公司是这么选高管的，让他们知道腐败的后果。我这个制度是保护新员工，不让他们从到岗就开始犯错，这样公司的腐败率就低一点。"

是不是选出来总经理就行了？当然没那么简单。"首先要强调过程比结果更重要。组队的人都要重点培养，其次是对于大家都抢的人，不管他是否赢了都要提拔，因为大家都抢说明他有真材实料。另外，我们有淘汰机制。我们发现最优秀的员工不一定进得了决赛，因为他们都当参赛队的头。通过淘汰机制，后面的人可以再组队，这时候发现在弱队表现出色的人更容易进决赛，而且他们会在比赛前就约定好，谁输了就到对方队里，所以他们很快就能进行重组。"

与视源的轮岗制一样，芬尼有一套基本法来保证机制的运行："总经理任期 5年，最多连任两届，包括我自己。只选一个总经理，之后他自己从各个队伍里选优秀的人。我的这套方法一定会遭到很大的抵制，因为总经理上任时是 30 岁以下，离任是 40 岁，很残酷，后来没办法我就把自己也加进去了。"

什么样的人是合格的领导者？

宗毅对合格的领导者有着很明确的标准。

不会理财的人千万不能用。"最大的问题就是没有信心，有钱不敢拿出来，一个人整天说这个项目有多好，但自己不拿钱，凭什么说它好？所以，没有信心的人不要相信。再说，我从来没要求这个钱是从你口袋里拿，你为什么不去借？能不能借钱说明很多问题。我创业时自己只有 50 万元，在外面借了 200 万元。能不能借到钱能说明很多问题。借不到钱的人，要么人品有问题，要么能力有问题，所以借不到钱的人不能用。融资是总经理最重要的一个职能。"

学习也很重要。"一般销售人不懂财务，但不懂财务的总经理是不行的。"

没有口才的总经理是不合格的。"以前做市场营销，做广告，现在不行。回顾这几年，新兴企业的总经理口才都非常好，比如说雷军。"

通过裂变式创业的机制，芬尼克兹收获了体制创新的收益。宗毅认为有五个收益：

"第一，利润共享的原则，管理层有 20% 的利润分成，目的是让管理层收入比纯股东高，这才是企业真正的主人。管理层最大的问题是防止贪污腐败，传统办法是监管，但是监管会制造矛盾。我们的财务是员工选出来的，我们公司没有监管，因为我们的总经理自己就是股东和老板。有贿赂采购部经理的，贿赂副总经理的，甚至贿赂总经理的，但有谁贿赂过老板？我们不用纯职业经理人做总经理，不是说他们不好，只是很容易出问题，甚至小股东也容易出这个问题。

"第二，内部良性竞争。通过竞争，方案会比较好，因为每个人的智商有限，但是拼出来方案就会很精彩。

"第三，快速扩张。很多企业转型是用核心团队做新的事，但这不好，因为核心团队手上有一大堆事，比如旧产品销售 10 亿元，新产品销售为零，所以不会有太多精力管新产品。

"第四，监管。没有监管就没有矛盾。监管少，矛盾就减少。

"第五，创业是否成功跟有多少钱没关系，而是创业团队用有限的钱得到最大的股份比例，降低投资总额。"

裂变世界的领导力转型

生物学研究揭示了人类天生的部落冲动。哈佛大学生物学家威尔逊明确表示：作为人类，我们有天生的意志、倾向和情感能力，领导我们确定一个小组或部落，并让其为我们提供奖励、保护、协调机制、行动指标和解释人类经验的框架。[10]

部落冲动形成了对道德规范的不同定义。哈佛大学道德认知实验室的乔舒亚·格林在其《道德部落》一书中描述了人类大脑是如何为部落生活而设计的：它会引领人们做出选择以牺牲他人利益来维护自己团体的利益，并自动将这些行为定义为合理和符合道德规范的行为。对道德规范的定义决定了部落之间的界限。[11]

当人们面临复杂局面的时候，往往会选择打破并超越边界。危机提供了冲击边界的契机。金融危机、埃博拉病毒、宗派战争、环境污染使所有部落面临着共同的危机，人们需要超越边界才能解决这些系统性挑战，相互依存。每个部落都有不断进步的倾向，并负有解决系统性挑战的责任。领导者的挑战就是要改变那些拥有狭隘观点并阻碍进步的部落，使之在相互依存的世界里贡献自身的力量。

当前世界所面临的复杂局面前所未有。这就意味着当下的领导者面临着打破边界、改变部落的挑战，而这需要新的领导力。

对于宗毅的裂变式创业，大多数人着眼于组织的变革维度，而很少从领导力的角度去看待这一问题。在进行裂变之前，宗毅是作为一个小厂的统治者，并没有赢得别人的忠诚，反而是赤裸裸的背叛。销售主管的翅膀硬了之后，他的管控就失效了，因此他是一个失败的统治者。

在吸取教训、走上裂变之路后，他的领导力也就发生了转变。他不再是孤独的统治者，而是通过入股的方式拉着四名高管进入他的小部落，带领他们一心想要把项目做成功，不仅项目成功了，他的领导力也大大加强了，从刚开始的"听我的，我是成功的老板"转变到"听我的，因为我带你们走向成功"。在这种领导力的带动之下，宗毅成功地打造出了一套裂变创业的机制。

我们再来看，裂变模式的成功也离不开这种追求卓越的领导力。因为裂变项目是通过比赛的方式选出来的，而比赛选出来的就是最有市场潜力的通向卓越的项目，这就消除了组织内部小部落和部落边界及其冲突带来的隐患。促使上下同心，在组织外部的市场中表现部落的冲动，而不是在组织内部。

裂变式创业最值得赞赏的地方，是让每个人都有成为领导者的机会。这与中国传统的大家长式的领导力有着本质的不同，大家长往往把所有的责任和风险扛在自己肩上，为组织内部的其他人挡住来自市场和环境中的风浪，于是就成为人人称颂的英雄。但组织内不能仅有一个英雄，而是要让每个人都成为英雄。宗毅让芬尼克兹的每个员工都直面市场、直面挑战、直面投资者与风险，让每个人都看到整个系统的复杂局面，面对问题的复杂性，使他们有机会去冲破边界，引领卓越。

在《崩溃：社会如何选择成败兴亡》一书中，社会科学家贾雷德·戴蒙德引用了格陵兰岛维京人的例子，他们在公元 1000 年从斯堪的纳维亚来，在格陵兰岛定居，在这里他们建立了一个强大的群落。然而，历经 500 年后，他们就彻底消失了。这是为什么呢？因为他们没能面对一个现实，体现在他们的日常习惯和实践中的生活方式与能够在格陵兰岛存活下去所需的特质不符。他们砍伐森林、过度放牧并耗尽了土壤中必需的养分。最后，他们为了争夺对群落和少量资源的控制而进行了激烈的斗争，许多人在斗争中死亡或者被饿死了，或者干脆放弃了这个岛屿并试图寻找新的领土，又或者是直接退回到自己的祖国。[12]

这种崩溃本来是可以避免的。如果之前他们注意到自己的现实困境，并有勇于打破边界的领导者采取纠正性行动，那么他们或许能够成功地存活下去；如果他们能够打开自己的文化边界，并让该地区的土著、因纽特人都参与进来，那么他们或许已经学到了生存下去的新技能。

经济历史学家尼尔·弗格森的研究显示：许多繁荣的国家和文明在一夜之间消失了，就是因为他们没有限制自己和经济现状有关的过度的不恰当行为。而这种崩溃在现代商业领域出现的概率更大，在 50 多年前的财富 500 强企业中，只有 13% 的企业能够存活到今天。[13]

你的部落如何在这个裂变的世界里生存下来？

4. 决策

宏钢数控的智造升级

在美国南卡罗来纳州格林维尔工业区通用电气的工厂内，成排的工业级 3D 打印机正在忙碌着，将陶瓷基矩阵复合材料进行激光烧结。"微喷"刀发出的激光束正通过一个薄的水流将金属精确切割。机器人"管家"用眼睛扫描工作区，控制着铣床的操作。内嵌的传感器则把这一切捕捉成数据，用于云端的工业互联网分析。

在通用电气这座未来感十足的工厂里，设备和电脑相互沟通，工厂的生产线通过数字化方式与供应商、服务商、物流系统相连接并用来优化生产。这样的场景发生在 21 世纪初期。

消费者的个性化需求推动了制造业向柔性化的方向进化，而柔性化制造离不开新的生产工具。3D 打印技术快速发展，但现阶段在精度和效率上还无法取代数控机床。而数控机床产业也在不断创新，DMG Mori 等公司相继推出混合增材制造数控机床。

互联网像是一颗还魂丹。在互联网时代，人们惊讶地发现，中国与世界站在同一起跑线上，甚至跑在了前面。在把一切产业进行互联网化改造上，中国的企业家建立起十足的自信。工业领域也不例外。信息化技术以及新的生产工具、商业模式的运用，使中国的工业 4.0 进程疾速前行。但相对于发达工业国家深厚的工业底蕴，很多企业家的心里总是缺少些底气。

中国不缺机床，而是缺好机床

在重庆市九龙坡区西彭工业园区里，有数十家企业的工厂坐落其中。走进一家新建成的工厂，就会发现它与其他工厂很不一样：工厂里没有几个人，机器却在自动地、不停地工作。组装好的机器上面，写着制造商的名字——重庆宏钢数控机床有限公司。

这是宏钢数控投入巨资兴建的智能工厂。为了这一天的到来，汪传宏探索了 18 年。

自 1990 年，数控机床的产量以年均 18% 的速度增长，机械专业出身的汪传宏看到了机遇，于次年成立了宏钢数控，开始了数控机床的改造。宏钢数控的规模并不大，网络上能找到的信息也寥寥无几。十几年的创业与培育期间，它都显得十分低调，这不由得让人联想到德国和日本的那些隐形冠军，尽管它在市场上还没有统治力。

"中国不缺机床，而是缺好机床。"宏钢数控的大厅里面挂着这 12 个大字。目前，我国数控机床年产量 20 万~30 万台，而在高端数控机床方面，国内产品仅占 2%。"高端失守、低端过剩"，汪传宏对数控机床的市场和发展方向有着清醒的认识。

从第一次工业革命以来，机床已经发展了 200 多年，起步较晚的日本，从 1889 年至今也有 130 多年的历史。1949 年以来，中国的机床产业已经发展了 70 余年，但相比发达工业国家而言，差距仍然很大。坐以待毙肯定不行，那么该怎么破局？

不入虎穴，焉得虎子

从 1998~2003 年，宏钢数控一直做的是传统机床的数控化改造。后来汪传宏感到，一台床子做出来之后，上面有自己的 Logo，才能让人知道这是我的品牌、我的商标。他投入了巨大的资源来做高端数控机床，到德国和日本深入学习制造的标准和流程。汪传宏把德国和日本的产品看了又看，引进、消化、吸收，做了很多自己的创新。"中国人的智慧和中国人的情怀一旦打开，机会很多，创新点很多。"汪传宏说。

除了产品上的借鉴和创新，宏钢数控还与 DMG Mori、山崎马扎克进行合作，借用它们的人才来进行创新。"不入虎穴，焉得虎子？"汪传宏经常说起这句话，他也笑称自己是"经常走入虎穴的人"。

转型升级，不再埋头拉车

2013 年，德国正式提出工业 4.0 战略。2014 年 12 月，中国制造 2025 的概念也首次被提出。汪传宏看到了新的机遇。中国制造 2025 在国家战略层面上，不仅仅是要把产品做好，而是要做得非常好，价格很低，具有国际影响力。参观了雅马哈、本田和科勒的自动化工厂之后，汪传宏意识到自动化、数据化和信息化的重要性，并于 2015 年开始着手部署工业 4.0 的升级。与其他企业不同的是，汪传宏首先从管理上进行了改革。

汪传宏给员工讲了新的使命感、愿景和价值观，并要求所有人都记在心里。两个星期以后，早上 8 点，汪传宏把所有人召集起来进行抽查。除了两个人外，其他员工全部通过。对企业文化的重新认识是汪传宏做的第一件事。

随后，组织架构和激励机制也进行了改变。在学习了日本企业的阿米巴经营之后，汪传宏对阿米巴进行了改造，将组织架构变为扁平化。除了老板之外，只保留部长一个职位。此前的年薪制被取消，岗位也不再是固定的，而是采取了轮值制，搞生产的要去做技术，技术做完了再去做销售。每个员工都要自己去体验如何把产品做成用户所需要的。

100多人的企业，除了两个70后之外，全是80后。相对于大企业来说，中小企业的敏捷性在企业转型上具有很大的优势。新的管理机制很快得以贯彻。而技术体系的构建，汪传宏早已轻车熟路。

PDM、CRM、CAPP、SOP、ERP、MES，谈起智能工厂的技术模块，汪传宏如数家珍。有了智能工厂的支撑，宏钢数控转型为智能制造设备支持商，此外还成立了智能机器人公司，使智能制造体系更加完善。而在商业模式上，汪传宏探索以入股等方式帮助传统制造企业转型升级。

PK世界大咖的底气：价值

2016年1月至10月底，中国投资人总共收购了58家德国企业。收购的资本量为844亿元（116亿欧元），比2015年全年高了20倍，比过去历年的总和还要多，大有抄底德国工业4.0的意味。

海外并购成为很多企业转型升级工业4.0的捷径，但也有很多企业凭借自身的努力逐步完成了这一升级跨越，站上了与世界工业大咖PK的擂台。宏钢数控就是这样一个例子。

"中国在这个时候，核心的问题不是价格，而是价值。只有有了真正的价值，有了底气，才敢跟世界大咖PK。"

从复杂中寻觅"破茧优势"

应对世界的复杂性成为CEO的主要挑战，但他们却往往陷入复杂当中不能自拔。

企业高管消耗了更多的时间和精力来制定战略和决策。科尔尼公司最近的研究[14]表明，62%的高管认为战略制定过程比10年前更具挑战性。75%的受访者表示他们在战略规划上花费的时间比之前要多。超过80%的高管称，满意规划结果。然而，50%的管理人和员工却质疑战略决策的有效性，甚至根本不相信高管设计了正确的战略。

复杂性是谁造成的？环境复杂性的存在毋庸置疑，但组织内部的复杂性，高管却难辞其咎。经济学家舒马赫说："任何聪明的傻瓜都可以让事情更大、更复杂、更激烈。但需要一点才气和很大的勇气，才能朝着相反的方向发展。"[15] 只要高管拿出一点才气，鼓起一些勇气，或许就可以让情况逆转，但他们总是习惯用复杂性来应对复杂性，而结果却收效甚微。于是，经理和员工带着满腹牢骚继续按照高层指定的方向和预算计划按部就班地执行。

当其他公司还在用越来越多的铃声和按键来使他们的产品变复杂时，乔布斯已经通过精简预见到用户的需求，用一个按钮取代了原本的三个按钮，并且用通俗易懂的图标取代了技术术语。苹果公司前任总裁约翰·斯卡利认为乔布斯是一个极简主义者，"他总是将事情简化到最低程度"。但斯卡利做了一个细致的划分："这种极简主义并非过度的简单化。"简单化与过分简单完全不同，它们的区别在于，简单化是在认识到什么才是真正重要和有意义的同时，将那些不重要和无意义的内容坚决去除，只强调和保留那些重要且有意义的内容。[16]

影响决策效率和效果的，是企业高管的能力低下吗？是外界环境太复杂吗？显然都不是。任何一个高管的能力都不会比基层员工差，但其决策往往被基层员工指摘。其原因何在？事实上对比一下两者所处的位置就可以了，一个高高在上，坐在办公室里，一个需要在一线去生产产品、服务客户。显然，员工总会觉得自己对客户的理解要比高管更多，他们凭借服务客户的经验来对决策的质量进行判断。

所以，我们似乎找到问题的所在了：高管经常把以用户为中心挂在嘴边，但忘记用户的往往不是员工，而是他们自己。

高管身处其位，也是身不由己。因为公司在一开始就设定了这样的"用复杂解决复杂"的机制，组织内谷仓的形成是必然的。然而始作俑者是谁？深究下去，很难找到始作俑者，不能把锅甩给创始人，因为这不是他一个人的错，每个人都心知肚明，但都没有明确提出反对意见。

宏钢数控的汪传宏就是要打破"用复杂解决复杂"的机制，用一种更简单化的机制向智能化战略靠拢。智能制造转型成为许多传统制造企业不得不面对并亟须做出的艰难决策，但如果只是老板决定了要去做智能化转型，然后一层层传达到下面去，背一背企业愿景、价值观和使命，那就无济于事。为了使战略落地，还需要再增加几个部门来执行和督导。但汪传宏却从组织结构和激励制度上入手，用阿米巴来简化解决复杂性的机制。虽然阿米巴仍旧是分形化的正三角组织，但对于宏钢数控来说，这个战略需要尽快实施，很难抽出时间来自己琢磨一套组织和激励系统。这未尝不是一种快捷有效的方式。如果有一套中国原生的经营管理体系，那企业的转型就省力多了！

史蒂夫·乔布斯曾说："苹果的产品成功源于对我们无法解决和做得太多的1000件事说不。我们经常思考我们能进入的新市场，但是只有说"不"才能将精力集中在真正有用的事情上。"[17]苹果在产品线和管理上都尽可能保持简单，远离复杂。

企业的任何一个决策，都要以"保持简单"为原则。而保持简单，才能像乔布斯那样，把精力和目光始终聚焦在需求、价值和用户身上。

OXO是美国一家著名的家居用品公司。一踏入它的纽约总部，你就会感受到扑面而来的简单和开放。多种学科的团队一起工作，任何人对任何项目有任何想法都可以发表。公司内部的交流直接、简单、非正式。

OXO公司内的大部分员工使用公司研发的产品，因此他们能够把顾客的实际经验带入产品中。例如，很多员工有孩子，这使得公司开始研发面向儿童的更简约、更实用的产品。孩子长得很快，公司便开始设计像可以转换成适合大龄孩子坐的高脚椅子之类的产品。

OXO公司不仅依赖公司内部的专家，还欢迎来自公司外部的发明家和设计者的观念和想法。如果你真的向公司提交了一个想法，你也不必埋头研究你们签订的法律文书，因为OXO会尽最大努力使合同合理，简化与外部合作的协议。例如，一个来自公司外部的设计理念就是对更易于使用的新型量杯的设计：学会使用一个量杯太简单了，是吗？OXO被这个设计激起了兴趣，发起了全面深入的调查研究，他们派一些设计者到用户的厨房中，观察曾经使用标准量杯的客户。

他们注意到一些有趣的事：因为典型的量杯壁上都有刻度，而用户要看清这些刻度必须不断低头。（见图4）

这个问题很少有人会注意到，在群组实验中这种问题很难被发现，只有深入客户的厨房中仔细观察，才让OXO公司有能力对"学会使用量杯"这一问题重新思考，量杯确实需要一个从上边就可以看到的刻

图4　学会使用量杯

度。这款新量杯在第一年就卖了几百万个，占量杯市场份额的一半。

OXO 公司是简单化的受益者，他们用简单来解决复杂，而不是用复杂来解决复杂。他们深入、仔细地了解了用户使用量杯的细节。这使他们的产品从竞争激烈的市场中"破茧而出"。[18]

"复杂的极致便是简单化。"达·芬奇如是说。复杂之中蕴含着商机，但不要让这些商机在另一种复杂中迷失。正如一位名叫格里丝·尼古拉斯的美国作家所写的："毛毛虫，毛毛虫，不要哭泣，不久之后你将成蝶。不要担心，只需清楚，你有翅膀后是否还能认识自己？"

5. 文化

人人都是小狗"饲养员"

蔡明和潘长江在 2016 年的春晚小品《给你差评》中道出了无数电商卖家的心声。与小品中的潘长江一样，2012 年的一天，小狗电器的 CEO 檀冲前后三次亲自飞到杭州去找那个给差评的用户。问了当地的居民、交警，终于找到了这个用户，他给差评不是出于产品问题，只是由着自己的心情。这件事情在小狗电器内部引起了巨大的反响，用户的重要性和价值不是停留在墙上的标语，而是敏感至用户的一个评价。

金木水火土，五行归一

诞生于 1999 年的小狗电器，在塑造企业文化方面独具匠心。他们利用中国传统的五行文化，塑造出小狗电器独有的五行价值观。顾客，永远被放在第一顺位上。

"在我们的五行价值观里，'金'代表诚信。我们觉得诚信很重要。我们会很珍惜别人对于我们的信任。'木'代表团结。集体的力量是巨大的，在集体面前，个体犹如散沙，尤其是公司发展越来越大的时候。团队的强大才是真正的强大。'水'代表着事物的变化。我们的岗位、我们的员工，包括我们的产品，还有市场，都在变化，我们要积极地拥抱变化。'火'代表着热情、激情。看到好的东西，我们的眼睛还是会冒光的，会很兴奋，这是我们的创新驱动力。'土'代表着人，也就是我们放在第一位的顾客。一直以来我们的五行价值观都是按照'土木水金火'的顺序排列着的，客户第一。"檀冲说。

"水——拥抱变化，面对变化及变化带来的困难和挫折，理性对待，自我调整，不抱怨。从变化中寻找新方法、新思路。"小狗电器，也正是在不确定的变化中一步步走来的。

根据一项数据显示，吸尘器在我国仍是小众产品，普及率仅为 11%，年内销量约为 780 万台。而在欧美和日本等发达国家和地区，吸尘器的普及率在 20 世纪 90 年代后期就接近 100%，成为家庭必不可少的小家电。尽管当前的市场规模较小，但檀冲认识到它的重要性，这意味着吸尘器处在国内行业的上升期。因此小狗电器并不贪多，"少即多"，抓住一批忠实用户，为这些用户创造价值。

换道超车，初心不移

1999 年，开始于线下卖场的小狗电器，随着线下成本的增加，利润被大大压缩。檀冲发现线下盈利很难，于是陆续把实体店关掉，将一线员工撤走。2007 年，小狗电器转战线上，开了第一家淘宝店，把线下的库存放到网上销售，没想到第一天就有了业绩。

2008 年，檀冲一个人专注做电商，PS、文案、搬货等工作都自己做。小狗电器第一款创新的产品，为了更好地保护吸尘器，包装盒用了瓦楞纸。每个包装盒里放一个红包，里面有一元钱，为了更突显诚意，还有一个檀冲自己手写的卡片。这一年，6000 多台线下吸尘器库存不经意间售罄。清完库存，小狗才真正开始互联网品牌之路。2010 年，小狗电器成为吸尘器行业唯一一家淘品牌。

"专注、极致"的特点在小狗电器体现得尤为突出。多年来只专注于家庭清洁领域，主打吸尘器的小体量品牌，公司的业务核心也放在设计研发吸尘器上，并在此基础上拓展到同品类的扫地机器人和除螨仪。对于檀冲的专注，许多朋友都表示出了疑惑，有人给他提出了多品类的建议，但檀冲却不这么认为。"从现在中国制造产业升级的趋势来看，我们的未来就是要争取把一件事情做到最好，再决定做第二件事，这是小狗电器的成长经验。小狗电器始终坚持专注于吸尘器生产与服务，其间也有很多诱惑，但我坚信专注给企业带来的回报是很可观的。"

除了在产品上的极致追求外，面对用户在小家电后期维修的痛点时，用檀冲的说法，是换了一条道往同一个方向去。参考国外大量的案例后，他做出了"逆向物流"的决策。于是就出现了《给你差评》中的一幕。这项免费的服务看似增加了小狗电器的成本，实质上是在倒逼小狗电器对产品品质有更加严苛的追求，不仅解决了用户的需求,还进一步推动了产品技术升级。一项数据显示,保修期内,吸尘器行业的维修比例通常会超过 4%,小狗电器的维修比例却控制在 1% 以内。

把品牌当宠物饲养

在小狗电器,没有"总裁""经理"等级的划分,檀冲没有自己的办公室,他带头起了"战略饲养员"的名字,其他员工都是高级饲养员、饲养员,养小狗品牌。在他看来,职级的划分意味着享受的资源和责任不同,而做服务工作的人不应该执掌权力、发号施令。无论是对内还是对外,小狗电器的调性与小狗"忠实""忠厚"的形象是一致的。他们在与用户动态互动中发现,同理心是被不断验证后的制胜法宝。

小狗电器有一个中央维修服务的细节让许多用户都不习惯:每一台机器在中央维修处完成维修后,维修工程师都会把它清洗干净并在机器表面上打蜡。小狗电器用的都是进口的蜡,质感就同刚出厂的产品一样,常有用户以为换了一台新机器。关于用户的故事,比比皆是。

小狗电器的资深饲养员闵农说,互联网时代,电子商务虽然不能面对面,但当用户在网上搜索产品、浏览评论,看到品牌商家的图文帖,打开包装箱时,我们就是在跟用户接触,也许因为你电话中的语气不好,你就会损失一个客户。"我们要求自己不放过每一次与用户接触的机会,让用户在每一个环节都获得满意的体验。"

用游戏设计文化解决方案

文化的差异在跨国旅行时可以很明显地被感受到,也正是有了不同的文化才让旅行变得丰富多彩。

我们经常意识不到自己的行为是按照文化的脚本来运行的。这就像 Web 程序一样,不同的程序语言有着不同的构造,C 语言规整而强大,PHP 简洁高效,Python 灵动洒脱,你可以在程序代码中看到这些区别,虽然前端界面看起来是相似的,但底层脚本的架构决定了一个程序的功能性和可扩展性,一个小的脚本错误就可能导致前端界面的崩溃。

从福岛核灾难事件中,我们可以清楚地看到底层脚本的力量。2011 年 3 月 11 日发生在日本东海岸的地震和海啸袭击引发了福岛核电站的核灾难。在海啸袭击了核工厂后,该工厂的 6 个核反应堆中的 3 个出现了坍塌,随后将大量的放射性物质释放到环境中，这使得政府不得不大规模紧急疏散 20 多万人。一个独立委员会对此次事件进行分析并得出结论：尽管是天灾引发了此次事件，但同时它也是一次人祸，究其原因还是公司、政府等部门的文化、管理和监管不足所导致的。

委员会主席黑川清说：这份报告不能完全传达此次灾难背后的疏忽。我们必须非常沉痛地承认，这是一起由日本引发的灾难。其根本原因在于日本文化中根深蒂固的东西：反射性的服从、不愿质疑权威、坚持程序、集团主义以及偏见狭隘。

该报告还提醒人们注意一个事实：这个国家应该需要更大的社区参与和强大的公民社团来作为监督机构，去"照亮"政府和行业缺陷，并让这些暴露出来的文化问题得以解决来实现繁荣发展。[19]

想要改变这种文化氛围谈何容易，但日本已经饱受时代不确定性之痛，箭在弦上，不得不发。硅谷的崛起说明：竞争优势是暂时的，只有文化是唯一可持续的竞争优势。企业要想持续生存，就要不间断地创造竞争优势并重新发明，而文化是推动员工参与、创新、业务增长与重新发明的隐形武器。

小狗电器的文化建设思路值得借鉴。首先，以金木水火土的五行作为文化建设的根基，契合中国文化的传统，员工容易接受；其次，企业文化牢牢地抓住了用户这个牛鼻子，时时刻刻以用户的需求、体验和评价为核心；再次，组织架构紧紧围绕品牌，从战略饲养员、高级饲养员到饲养员，每个人都与品牌紧密相关，代表着品牌的形象。而在很多企业中，品牌只是品牌营销部门的事，其他部门容易觉得与己无关。

这种组织架构区别于其他企业，采取了一种游戏化的方式来取代一般的按照层级、职能划分部门的做法。用户的每一次好评、每一次点赞都作为游戏的奖励。每个人都是游戏的参与者，不存在不参与游戏的人，因此，每个人也都是游戏规则的遵守者。

传播学大师马歇尔·麦克卢汉在《理解媒介》一书中早就宣告了游戏的作用："游戏是大众艺术，是集体和社会对任何一种文化的主要趋势和运转机制做出的反应。和制度一样，游戏是社会人和政体的延伸，正如技术是动物有机体的延伸一样……作为模式来说，它们是内在生活的集体戏剧化模式，而不是个体戏剧化模式。"[20] 他将游戏视为人与社会的延伸。从这个角度来说，小狗电器的饲养游戏就是品牌与企业中每个人的延伸，使它们能够更好地为用户创造价值。

从小狗电器的案例中可以察觉到，游戏与文化之间似乎有种浑然天成的默契。

荷兰历史学家赫伊津哈在极具启发性的《游戏的人》中认为，游戏首先是文化现象和社会现象，而不是生物学家、心理学家和行为学家那种刺激—反应现象。"文化以游戏的形式出现，文化从发轫之日起就是在游戏中展开的……文化在滥觞期就具有游戏的性质，文化在游戏的形态和情绪中展开。"[21]

信息技术的发展，使人类社会的游戏从运动、聚会、战争等扩展到了虚拟世界，越来越多的人开始进入虚拟世界游戏的"魔圈"，而各大杂志也开始把游戏化标榜为最新的经营理念。

老板出资，员工出力，大家一起按照规章制度追求盈利，这就是企业经营活动的游戏。在这个游戏中，产品、服务、营销等各种经营管理活动都是其中的关卡，每个企业对关卡与游戏规则的设计都不尽相同。有些企业部门林立、关卡繁多、规则复杂，而有些企业则朝着相反的简单化方向设计游戏。

有限的游戏以赢得胜利为目的，无限的游戏旨在让游戏永远进行下去。在VUCA时代，什么样的游戏和企业能够一直玩下去？

不要忘了，文化是唯一可持续的竞争优势。在《游戏化思维》一书里面，作者也提到："伟大的设计来源于对文化游戏化的理解。每一种文化在看待自身与游戏的关系上都有着差异，因此在设计游戏前，了解该社会群体成员的文化是非常重要的。文化为设计提供了一个很好的起点。"[22]

当越来越多的企业热衷于推出一些哗众取众的营销游戏时，他们往往忽略了前端界面背后的底层脚本。尽管前端界面类似，但底层脚本的设计千差万别。有人写得规规整整，有人写得凌乱不堪，有人精心设计，有人七拼八凑。只有当出现问题时，底层代码的隐形竞争力才显现出来。

那么，你在玩什么样的游戏？你要如何设计企业的底层代码？

6. 激励

远东控股的激励不含糊

当过钟表匠，办过仪表厂，27岁自筹180万元，征地开厂搞创业，他叫蒋锡培。如今，他所领导的远东控股已经是资产超过200亿元的中国500强企业，20多年来，企业的电线电缆产销年年位居全国第一。

远东控股这一路的发展谈何容易。"搞企业是永无止境的过程，置身于企业，既由得了你，又由不得你。有形的、有把握的，能由得你，但社会进步和市场的风云变化，总是逼迫着企业家不能停顿，不敢有丝毫懈怠。"这短短的一段话，蕴含着多少年的经验教训，只有蒋锡培心里明白。

钱从来不是一个人赚的

1963 年 4 月，蒋锡培出生在太湖之滨。高考失利后，他便与哥哥来到了杭州，在钟表店里练就了一手好手艺，存下了不少积蓄。

1990 年，乡党委书记来到蒋锡培家中，商量着想帮乡亲们办个企业，他与亲戚朋友们一起凑足了 180 万元，开始在乡里办起了电工塑料厂。蒋锡培的创业之路就此拉开了序幕。在当时的环境下，民营企业缺乏政府支持、贷款等方面的优势，这阻碍着蒋锡培事业的发展，他开始了艰难的改制之路。

1992 年，继温州模式之后，蒋锡培果断地把民营企业改制为乡办企业，从而解决了引进人才、享受政府支持等深层次的问题。

1994 年，远东销售额超过 1.5 亿元，蒋锡培又将公司改制为股份制企业，使得远东人拥有了自己的股份，成为真正意义上的企业主人，这一举措激起了员工们高昂的创造力和为企业而奋斗的决心。

两年后，远东总资产达到了 2.5 亿元，销售收入是改制前的 3 倍。蒋锡培抓住了国企改制的"尾巴"，在 1997 年与华能集团公司等成立了江苏新远东电缆有限公司，借势"新鲜出炉"的混合所有制，远东一举走到了市场的前列。

2001 年，中国国有经济体制改革还在全面推进，混合所有制企业被激进的改革派怀疑，蒋锡培痛下决心，回购 4 家国企手中的股份，远东集团再度民营化。2010 年 7 月，远东将集团电缆业务全部注入上市公司，此后，远东控股拥有了全新的发展平台。

激励机制绝不含糊

蒋锡培是改制改革的老手，一次次成功改制让远东在他手里发展壮大，不断创新。怎样让员工适应远东的创新与改革？蒋锡培自有一套办法。

首先，对于远东来说，在招聘选择员工时，最为注重的并不是学历与行业经验，品质与行动力才是远东最为重视的部分。在远东的企业文化里有这样一句话："学历只是纸牌，经历是铜牌，脉力是银牌，能力是金牌，思力是王牌，品力才是天牌。"

远者不以学历论英雄，也不以经验断高低，蒋锡培明显地感受到，在这样的氛围下，员工的状态才是最为活跃的。

新员工进入远东之后，蒋锡培设定了 361 绩效评价原则：30% 的优秀员工要及时受到鼓励和表扬，60% 的人是要促进以后提高的，还有 10% 的人要降薪降职。第一年可以留用，第二年如果还在 10% 当中，只能离开。"企业一定要保持旺盛的激情和活力，同样也需要有意见。"因此，奖惩并用是远东一贯的管理手段。

蒋锡培深知，不断地考核员工并不会对企业的管理产生多大的作用，关键还是要采取激励的措施。人们更希望得到赞赏，赞赏的内容应该经过认真思考，并能真正显示出人们的价值。著名心理学家威廉·詹姆士曾说，人类本性最深的企图之一是期望被赞美和尊重。渴望赞美是每个人内心里一种最基本的愿望。

20 多年来，远东在制度建设上花费很多心血，建立了很多制度，包括员工手册、薪酬福利制度、干部晋升制度、营销制度、创新制度、监察守纪制度等。企业都希望员工有奉献精神，但永远让员工奉献是不可能的，所以激励机制非常重要。

"给到合理的票子和房子，以及梯子和位子，还要里子、面子都照顾到。只有这些方面做到了，你在本行业、本地区当中才有竞争优势，你才能招得来、留得住、用得好他们！"股权激励和组织激励是蒋锡培常用的方法。远东集团曾在宜兴规划出一块风水极佳的楼盘，按照成本价 6 折的价格卖给员工。如果员工想要入股，可以按照不同岗位年限以不同的收入入股。薪酬制度更是远东的第一号激励制度，按照设定的薪酬结构，有保障薪酬、岗位薪酬和激励薪酬，保障薪酬占 30%，激励薪酬占到 70%，营销这一块的激励薪酬甚至占到 90% 以上。

在蒋锡培看来，激励与员工的薪资一样，是绝对不能拖欠的。当天的激励，绝不拖到明天，当月能激励的绝不拖到下个月。在远东，几乎每个月都会举办大型的表彰会议，对优秀员工进行表彰与奖励，借此机会强化员工的荣辱意识。这样一来，受到表彰的员工激发出自我优越感，同时也为其余员工设立了全力追求的目标。

为了使奖惩制度更加透明化，蒋锡培早在公司成立第二年就建立了法律事务部门和审计监察部门。20 多年来，这两个部门已经发展到近 100 人，无论是董事长、总经理还是普通员工，都要接受监察。在规章制度面前，人人平等。长此以往，远东集团员工的晋升通道非常清晰。做到什么程度，就可以得到什么职位，绝不含糊。

　　蒋锡培通过"以人为本"的管理方式，重视人的价值，激发人的整体意识，突出人的主观能动性，从根本上调动人的积极性和创造性，进而充分挖掘"人"这一最大资源。除确立科学的股权治理结构，建立有竞争力的薪酬体系外，企业还应拥有良好的发展环境和价值平台，使"人"真正融入企业的充分发展之中，融入成果的完全共享之中。通过"事业经理人，人人是老板"的制度安排，把营销人员的责权利统一起来，将其利益与远东的利益紧紧捆绑在一起，使员工成为企业的真正主人，激励员工成长。

赢得人才战的体验方程式

　　每年拿出净利润的 10% 做员工福利，员工与直系亲属享受每年免费体检，员工子女享受近乎免费的幼教，免费每日四星级自助四餐，住宿补贴，价值数千万高级音响随便听，有游泳池、健身房、网球场、书吧、茶水间，鼓励内部恋爱，豪车接送，每周五有美食会，老板甚至亲自参加员工亲属的葬礼……

　　每个来参访过的人都对视源丰富的福利措施赞不绝口，但孙永辉却并不觉得有什么大不了。自己喜欢音响，员工也会喜欢；自己喜欢豪车，员工肯定也喜欢。现在的孙永辉负责招聘，谈到怎么挖到好的人才，他总是滔滔不绝，自信十足。

　　"对人要狠一点。"这是孙永辉常说的一句话。视源的人力是很强势的，对于学校里的人才、行业里的人才、竞争对手的人才都了若指掌。有一次，有个竞争对手的工程师因为拿不出丈母娘要的十万元彩礼，竟然打电话找到了视源的 HR 那里，HR 果断拿出十万元解决了他的燃眉之急。

　　HR 在视源具有很高的地位，出差全部都是坐头等舱，人力资源的领导年收入甚至达到千万元。"如果自己的待遇都不行，怎么给招到的人说明白？"孙永辉说。

　　对人才的重视让视源不断增长，也不断孵化出新的高增长业务。福利项目也不是净支出，可以作为孵化项目来做，员工们就是最好的用户。在增加福利项目时，视源也会考察这样的市场机会，华蒙星幼儿篮球这个项目就是这么来的。

　　把项目当作福利的企业不止视源一家，华大基因也是这么做的。走入华大基因，你会感受到人才力量的强大。华大基因就像是一块磁铁一样将各种人才会集在一起。在这里，你随便抓一个人，可能就拥有生物学博士学位。

　　人才资源不只是企业成败的关键，也成为城市活力的重要保障。人口红利正在消失，取而代之的是人才红利。如何打赢人才战？这取决于企业是否为金凤凰种下梧桐树。

人类幸福研究实验[23]发现，当人们把钱花在体验上时，满意度会随时间的推移而提高。而当人们把钱花在物质上时，满意度会随时间推移而下降。研究还发现，等待体验比等待物质会带来更多的快乐。工作也是如此，人们通过工作获取金钱和物质收入，但人们想要获取更多的是体验，因为体验能够带给人们更长久的回忆和快乐。

人一生中大约 30% 的时间都在工作，职业网站 Glassdoor 对 221000 个用户样本的研究结果发现[24]：工作体验时间与工作幸福之间存在着明确的关系。简言之，工作时间长的员工往往不那么满意。

长久以来，人们对组织的假设被证明是完全错误的，将效用和体验混为一谈，或者说，根本没有意识到体验的问题。想努力吸引和留住最好的和最聪明的人才，组织必须从创造人们需要的组织转变成人们真正想要的组织。这种转变也使组织从关注效用转向关注体验。

真正的组织转变很难完成，这就像你在二手市场买了一辆旧汽车，然后花上一两万来喷漆、翻新内饰。虽然这辆车看起来很漂亮，但它仍然是一辆旧车，发动机出卖了它。许多组织在企业文化项目、办公室设计、员工参与和幸福感上大做文章，投入很大，但往往南辕北辙、事与愿违。盖洛普对全球员工的调查结果[25]显示，全球企业的员工敬业率仅为 13%，难以想象地低。更令人震惊的是，这个数值几乎数年都没有变过！

为什么组织做了这么多工作，员工却仍然逃不脱厌倦的怪圈，显得不够敬业？

在电影《楚门的世界》中，楚门生活在一个设计好的世界中。他感知到的整个世界都是由一个巨大舞台搭建的，发生的每一个行为和事件都是计划好的。无论组织如何努力阻止楚门离开为他创造的世界，他终于还是逃脱了。如今也有越来越多的人像楚门一样离职创业。

以效用和敬业度为目标的组织却被效用和敬业度羁绊，作茧自缚。组织需要的不是鸡血般的肾上腺素刺激，而是以体验为中心的长期组织设计。

《重新定义工作》的作者雅各布·摩根是全球公认的"未来工作与协作"领域的思想领袖，他将员工体验定义为"员工的期望、需求和欲望与组织设计的期望、需求和欲望的交集"，而这个交集就是"设计一个注重员工想要的文化、技术和物理环境的组织"。[26]（见图 5）

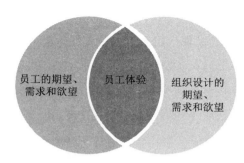

图5　员工体验

在《员工体验优势》一书中，他用一个等式来表示员工体验的定义：文化环境 × 技术环境 × 物理环境 = 员工体验。每个环境都要另外两个环境的支持才能发挥最大潜力。三者共同作用会比单独作用产生更大的影响。（见图6）

图6　员工体验

在远东控股的案例中，我们可以很清楚地看到蒋锡培在这些环境中做出的设计。当然，远东控股的组织结构和员工体验有其自身的特色。

不以学历论英雄、361绩效评价、该有的激励毫不含糊，这在文化上提供了一个公平竞争的环境。作为一个技术型企业，技术环境毋庸多言，实际上，体验好的企业必须是科技型公司。股权激励、完善的薪酬体系、内部房产开发等措施在物质、物理上提供了保障。

不只是远东控股，任何一家员工体验良好的企业都可以在这三个环境中找到闪光点。体验型组织具有很大的商业价值，从远东控股、视源、华大基因这些企业的业绩上就可以看出来。雅各布·摩根在统计客户服务、创新、雇主吸引力、员工幸福度、品牌价值、企业实力、多样性、智能化、受千禧一代喜爱程度等方面的研究数据时发现 [27]，体验型组织比其他组织更频繁地出现在榜单上。而在业务指标和财务绩效上，与非体验型组织相比，体验型组织的员工少了20%，离职率降低了40%，平均收入多了2.1倍，平均利润多了4.4倍，每个员工创造的收入多了 2.9 倍，每个员工创造的利润多了 4.3 倍。另外，体验型组织付出的工资要多 1.6 倍。

良好的体验并不意味着高成本。谷歌员工比世界上任何组织的员工福利都多，从洗车、换油到有机食品配送、理发和美容、免费食物等，但这些东西并不是谷歌全额支付的。谷歌邀请服务公司入驻，并给予员工折扣。在视源的工业园里，也有很多服装、食品等企业到工业园中开打折促销会。同时，在体检、幼儿园这些福利的背后，也在积累着项目经验，是一种为企业的长远发展所做的投资。

组织的规模、行业或地点都不是疏于体验的借口。就像任何企业都将是科技公司一样，任何组织也都将成为体验型组织。为了赢得人才战，每个组织都应该有自己的体验方程式。

第 3 章

新动能：引爆指数增长的动量效应

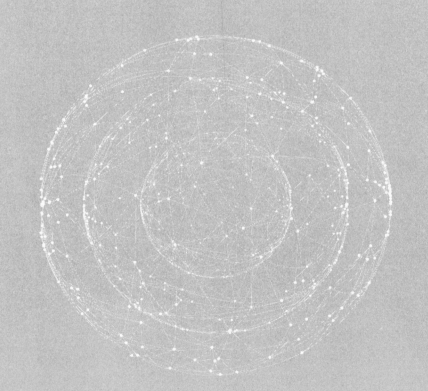

如果你想要说服别人做某件事或是买某件东西，在我看来，你需要说的应该是他们的语言。

——大卫·奥格威

1. 科技

新松弄潮机器人市场

2018 年 2 月 25 日，在韩国平昌冬奥会闭幕式上，由张艺谋执导的"北京 8 分钟表演"为观众献上了一场视觉盛宴。24 台来自中国科学院沈阳自动化研究所持股公司新松机器人自动化股份有限公司的移动机器人车体携带"冰屏"与舞蹈演员精准互动，通过 16 套复杂的机器人动作规划，配合 24 名舞蹈演员，完成了一系列曼妙复杂的舞美动作，将闭幕式推向高潮，展现了人工智能与中华文化的完美融合。

冬奥会上的精彩表演让这家机器人公司为世人展示了一个科技担当的当代中国形象，刷爆了人们的朋友圈。与赛场上的运动员一样，大多数人只看到了他们在赛场上的光鲜与荣耀，却没有看到背后十年如一日默默的付出与积累。

市值早在 2014 年 1 月就超过 300 亿元的这家国内最大机器人公司并不安静，它与世界工业巨头合作频繁。2015 年 11 月 3 日晚间，它发布公告称，公司与西门子（中国）有限公司签订战略合作伙伴协议，就数字化制造领域达成合作。新松机器人与西门子的"联姻"，也被业界看作是"中国制造 2025"携手德国"工业 4.0"的具体体现。之后，短短几个月内，新松机器人又分别与掌握世界领先传感与控制核心技术的跨国企业欧姆龙集团、施耐德电气签订了战略合作伙伴协议。

谈及与世界工业巨头的合作，新松机器人总裁曲道奎有种轻松感，他也应该感到轻松了——新松机器人早在 2014 年就成功进入世界机器人企业市值前三名。

没有包袱就是最大的优势

1980 年被称为日本"机器人普及元年"，各个领域推广使用机器人如井喷般出现，至 1991 年，日本机器人生产额达到其历史上第一个峰值 6003 亿日元。3 年后的 1994 年，曲道奎的德国留学之旅结束，回到中国。

2000 年，中科院进行战略大调整，提倡科研人员带着研究成果出来创业，将研究成果推广到国家产业。曲道奎和他的沈阳自动化所科研团队租了自动化所一个 800~1000 平方米的地方，成了第一个吃螃蟹的人。

曲道奎把现状看得特别清楚。初创公司受到种种因素限制：一无市场，二无产品，三无设施，唯独有的是 30 多个不笨的脑袋——科技研发是他们的核心优势。

在此背景下，新松机器人形成了"两头在内，中间在外"的组织模式：只保留研发、设计、市场的一头与装配、调试的另一头，其他中间环节全部扔出去，通过外部合作伙伴来实现。恰巧的是，这样的组织模式与当前的社会历史发展模式极其吻合：进入工业 4.0 时代，产能过剩，买方市场占据了话语权，并且随着科技发展，产品的生命周期极速缩短，企业不能再以生产制造为主，必须往研发型企业发展。"假如没有这个变化，我说新松肯定是死定的一个公司。"曲道奎说。

许多媒体试图挖掘出新松机器人生生死死、破茧成蝶的故事，曲道奎诚实地告诉他们，没有，新松一直在做的是如何快速地发展。"机器人所处的领域属于高科技行业，在这样的行业里，没有什么是值得炫耀的，今天是冠军，明天就有可能被超越了，"曲道奎说，"你不能走下来，你只能当弄潮儿。"因此，新松"不计成本、不计后果"地投入研发，一直以科技前沿者的面孔示人，有研发创新人员 4000 多，截至 2019 年 6 月底，公司合计拥有 90 项软件著作权和有效专利 328 项，其中发明专利 173 件，实用新型专利 83 项，外观设计专利 72 项。

破局与格局并重

新松机器人的产品性能和对市场的占有份额是有目共睹的。新松机器人产品线包括工业机器人、洁净机器人、移动机器人、特种机器人和服务机器人五大类 80 余种机器人产品。其中，工业机器人产品性能领先；洁净机器人是国内唯一的产品和解决方案供应商，打破被日本、韩国、欧美国家等发达国家垄断的局面，大量替代进口；移动机器人占据国内汽车市场、电力市场份额 90% 以上，产品批量出口国外；经过七八年的积累后，服务机器人现已成为公司的新经济增长点。

在现有的这些成绩下，新松机器人看得更加长远，专业人才的缺口还很大。他们既能破局，又有格局，开拓与方法并存，不满足于只做机器人产业。

2016 年 8 月，新松机器人与东北大学合作，成立中国第一个机器人科学与工程学院。不仅如此，新松机器人还积极与国内的职业院校联合办学。至此，新松机器人的格局逐渐明晰，工业、消费到教育板块统统被打通。为了支撑这些板块，现在又开拓创新平台，创立产业创新基金，在上海设立中国第一个机器人创客空间，等等。

越稀缺越珍贵的科学精神

相比于企业家，曲道奎更愿意把自己定位为科学家。他说，十几年里，他的科学家情结很严重，"我做了这么多事，从来没有一件事是为挣钱的，这非常重要"。在他的眼中，挣钱叫作附加值。

谷歌在创立之初就定下"组织全球信息，使人人皆可访问和使用"的宏大社会目标。Facebook 在它的招股说明书中阐述"让世界更开放，联系更加开放"的使命。曲道奎说，一个企业不仅要考虑经济价值，更要考虑自身存在的社会价值，"卖东西从来不是新松真正的目的。我们要推动产业技术进步，提升生活品质，保障国家安全"。

用科技砝码撬动权力杠杆

2018 年 4 月 18 日晚间，一张中兴通讯创始人侯为贵拖着拉杆箱现身机场的照片，在中兴通讯新老员工的朋友圈疯传。有人为这张照片配上说明是："这是一场没有硝烟的战争。76 岁的中兴通讯创始人侯为贵临危受命，再次踏上征程。"[1]

随后，媒体翻出了任正非在 2012 年的实验室讲话："我们一定要耐得住寂寞，板凳要坐十年冷""要构成一个突破，需要几代人付出极大的努力"。道理不难懂，但不经历危机就不会吸取教训。这也是任正非不断提醒"华为的冬天"的原因。

凛冬将至。美剧《权力的游戏》中史塔克家族的族语始终提醒人们注意长城北方恐怖的异鬼力量。然而各个家族势力却深陷于你死我活的权力之争，忽略了对抗凛冬的核心力量。给人类带来寒冬的力量在哪里？给中国带来寒冬的力量在哪里？给企业带来寒冬的力量在哪里？

2017 年腾讯 WE 大会上，霍金做了 5 个预言[2]：2032 年地球变冷，进入冰河时代，2060 年离开地球，2100 年进入外太空，2215 年地球将面临毁灭，2600 年地球将变成炽热的火球。霍金的预言会不会成为现实呢？

科技极大地推动了人类的进化速度。霍金预言的新人类应该就是《未来简史》里面说的神人。我们常常在科幻电影里看到外星人的样子，设想一下，那些外星人会不会就是人类自己？或许，给人类带来寒冬的力量就在人类自己身上，就像来自氪星的氪晶体能够让超人丧失力量。

如果说给人类带来寒冬的力量来自人类自身，那么是否也可以说给国家带来寒冬的力量来自国家本身，给企业带来寒冬的力量来自企业本身呢？即便不是这样，我们也只能这样想，因为没有人能改变外部环境，而改变自己是唯一能做的事情。

　　弗朗西斯·福山在《国家构建》一书中认为，大国与小国的制度都限制了其自身的发展："在 20 世纪中，许多国家过于强势，它们暴虐人民、侵犯邻国。这些国家尽管没有实行独裁，但由于国家职能范围过广而阻碍了经济发展，功能失常及效率低下现象泛滥……贫困国家之所以无法发展经济，关键是它们的制度发展水平不适当。它们不需要什么都管的国家，但它们确实需要在有限范围之内具有必要功能的、强有力并且有效的国家。"[3]

　　依赖别国的资源输入永远无法解决国家的兴衰问题，在全球化日益成熟的今天，资源得以快速流动，但这并不足以使弱国崛起，反而使经济全球化的红利分配更加不均衡，形成资源配置的马太效应。没有自身的体制和能力，就无法形成国家的核心竞争力。

　　哈耶克说："现代经济不断增长的科技复杂性使信息具有局部性质，因此需要更高程度的权力下放。"[4]尽管在互联网的数字背景下，资源、技术与知识得以快速流动与共享，企业间的并购与合作的频次更多更快，但信息的局部性带来的权力制衡也不可忽略。然而，数字经济带来的红利往往让人们沉浸在资源、知识流动所带来的快感当中，而忽略了权力制衡存在的风险与危机。

　　虽然中国目前的专利、发明专利申请量都是世界第一，但在很多高端核心技术领域仍然捉襟见肘，"缺芯"只是一个方面。

　　2003 年，法国电器制造商 Thomson 找到 TCL 集团，想要将旗下的电视生产线卖出去。Thomson 的 34000 项电视专利对当时在海外市场还寂寂无名的 TCL 很有吸引力。在完成并购之后，却由于种种问题而导致 TCL 连续两年陷入赤字，并在 2007 年重组失败后，宣布新成立的子公司破产，损失达 35 亿元。[5]

　　家电企业作为中国企业界的急先锋，却在专利数量上略显难堪。以海尔为例，近年来，海尔的专利持有数终于突破了一万件，但是能阻止巨头渗入的发明却很少。海尔在全球建立了研发中心，并购了多家海外家电企业，与很多企业建立了广泛的合作，但在原创、颠覆性技术上仍需投入很大的精力。这也是海尔在小微化组织变革之后业务不断多元化的一个隐忧。

　　2017 年，华为的全球研发投入超过苹果，达到 811 亿元，占营收的近 20%。而 Alphabet、微软、英特尔等企业的研发投入都近千亿元。相比之下，格力年研发投入 40 亿元，海尔年研发投入 60 亿元，14 家电企业研发投入比仅 3.42%。家电企业只是中国企业的一个缩影，更多的产业需要走出舒适区，看到即将到来的冬天。

如果只将目光放在信息的局域性上，那么科技的复杂性可能就是一道无解的难题。于是，哈耶克给出了解决方案：科技复杂性需要更高程度的权力下放。

在新松机器人身上，我们似乎看到了中国企业的出路：既开放合作，又自力更生。在经济全球化和互联网的大背景之下，任何企业都很难独自形成巨大的颠覆和创新，开放企业边界、共创共赢成为企业的共识。但开放合作必然要建立在自力更生的基础之上。

从一家无市场、无产品、无设施的初创企业，通过适当的市场战略，避轻就重，不计成本、不计后果地投入研发，发展到站在机器人市场潮头的"独角兽"，新松机器人走出了一个"换道超车"的新模式。这种勇于开拓的科学精神就是他们的砝码，将权力的杠杆压向自己的一端。

2. 设计

瑞德设计的四维十六式

1995 年夏季，浙江大学工业设计专业毕业答辩的现场出奇热闹，主讲学生李琦面前摆着重达数十千克的油烟机模型和数百张调查问卷、产品原型稿，它们成功地吸引了评分老师的目光。这场答辩前后历经一个小时，彼时这个全部师生都关注的主角的产品后来成为方太集团的第一款油烟机产品。

这款产品后来卖了 30 万台，不仅是方太历史上重重的一笔，也是李琦职业生涯中得到的第一次巨大的肯定，同时开启了李琦和方太长达 22 年的合作关系。

站在消费端发现共鸣

"跟方太的合作，源于我们的专业性，也和我们对用户本能的洞察分不开"，面对我的访谈，留着长发长髯、浑身艺术气质的瑞德设计董事长李琦说道。

在这款产品诞生前，李琦和同班同学晋常宝跑遍了 300 多户人家，花了一个多月的时间做用户调研。当你俯身去体会用户的痛点，以创新满足用户需求时，往往能获得他们的忠诚度和商业价值的双赢。后来现实再一次向李琦证明了这一点。

在研发静吸式油烟机时，李琦和团队埋头在实验室里，把自己当作用户来模拟炒菜的过程，直观感受油烟、风速，获得了大量关键数据，并在此基础上和工程师配合，有力地克服了传统油烟机的不足。上市之后这台定价高达 8000 多元的油烟机的销售情况竟然比 6000 元价位的还要火爆，一时间成为明星产品。

这让李琦感到非常意外和惊喜。"用户最需要的是完美的解决方案，不要小看用户的消费能力，只要你激活他骨子里的需求，这种商业的张力是非常大的。"

设计思维还是设计师思维？

在李琦看来，真正的设计思维不是设计师的思维，而是一种面向用户的思维。设计思维背后是"用户是资产"的逻辑，对用户的认知是企业最大的资产。

李琦举了宜家的例子："宜家做得很成功，它作为一个家具厂商能在食品里都做出故事来，这背后有多少用户相关的大数据在支撑！"

瑞德同样没有把自己局限在油烟机设计领域。通过对中国 1000 户家庭的长期调研，瑞德发现相对于烹饪，前期的准备及后期的洗涤、整理更为耗时耗力。深入了解用户在厨房场景的行为习惯，挖掘出用户的两个痛点："没有人喜欢倒垃圾，没有人喜欢洗碗，倒垃圾和洗碗都是恶评。"

提炼出厨房场景中这两个痛点后，瑞德深度解读场景，将视点聚焦到洗碗的情节中。发现洗碗瞬间的有趣现象：在双槽水池中，有 70% 的用户习惯将一个槽用来洗碗，另一个槽用来晾碗。

"如果没有进行调研，我们不会相信这个现象的存在。于是我们就从这里寻求突破口，做一款把水槽和洗碗机放在一起的产品。最后这款洗碗机上市后良评率非常高。这就是从用户角度出发来考虑产品存在的可能性，带着任务来设计产品。"李琦回忆说。

设计以用户为视角，设计师一切的创造和创新都在满足用户的需求。解读用户需求是企业的必修课。"但有些时候我们可能会过度解读用户需求，这是个很可怕的现象"，李琦说道。

那么，如何避免过度解读把产品设计带跑偏呢？

李琦提供了一种思路。在挖掘用户痛点的时候一定要放在对应的场景里去进行，很多时候伪场景对产品设计造成了严重的干扰。如前面所提到的，瑞德在研发水槽洗碗机的时候就曾经做过大量的深入调查，大样本过滤掉了伪场景带来的误导，反而使真实的场景和痛点清晰了起来。

李琦说，企业设计和创新一定要守住用户的底层需求。油烟机无论做得多么多样，都得把吸力做得很好，基于底层需求的创新才是用户价值所在。改变思维，捕获产品的性感点，实实在在帮助客户解决商业问题，这让瑞德至今能安安静静地做设计。

李氏"四维十六式"

在22年深耕用户需求揣摩和用户价值实现后，2017年，李琦把自己的"商业经"总结为"四维十六式"。

"四维"：一是以产品为入口、聚焦产品战略为核心的科技思维，用大数据的支撑去创新产品，用科技去创造和挖掘客户的价值；二是以用户为资产的设计思维，基于用户的需求来研发出变革性的产品；三是建立社群的思维模式，用社群关系链接新的消费场景，打造共享经济；四是云思维，秉持联盟开发的格局，产业协同、链接商业的无限可能。

找客户、挖痛点、植场景、锁定义、炫视觉、酷体验、小快跑、速迭代、重品质、拼服务、讲故事、爆产品、自营销、聚粉丝、创入口、建设群——这是瑞德制胜的十六式。无论是在工业设计、空间设计、商业展具、品牌设计、包装设计，还是IP孵化等业务上，瑞德设计都坚持用"四维十六式"来引导设计。

在李琦看来，设计是一门技术，它无法解决商业的所有问题。解决商业问题需要技术、设计、管理、服务、产品、人才、资本等多元的方式。"在未来，驱动设计的一定是消费，中国作为人口大国，未来消费将在全球领先，中国工业设计未来有大好的趋势。"

作品带有极强的科技文化属性，具有感染力，这才是设计真正的未来。

设计思维开启想象力经济

2014年六七月份的一天，贾伟从外地出差回到北京，还没来得及走出机场，便接到了故宫博物院来的电话，对方说是故宫博物院原常务副院长王亚民的助理，副院长王雅民希望能见贾伟一面。

在接下来的一年多里，故宫规划出了7000多种产品，其中800多种是由洛可可设计的。故宫文创产品一改昔日无人问津的尴尬，华丽转身，变成了热门产品。

故宫自2008年上线故宫淘宝店后，陆续开设了官方微博、微信。起初以科普文化知识、展示商品为主，在2015年底招聘了年轻的设计团队后，"萌变"的文案和表情包赢得了市场。"朕饮食甚好"骨瓷碗、"朕亦甚想你"折扇、"奉旨旅行"行李牌、"十二美人"贴纸、朝珠耳机、雍正折扇、花翎官帽防晒伞以及日历"每日故宫"、小游戏"皇帝的一天"、纪录片《我在故宫修文物》等各种商品在年轻人中引发极大热潮。故宫博物院研发的文化创意产品在 2017 年已超过10000 种。故宫文创收入 2013 年 6 亿元，2017 年增至 15 亿元，4 年间翻了 1.5 倍。

如果对比一下之前的形象，就不难发现故宫的改变有多大，设计思维产生了巨大的经济效益。长久以来，人们对故宫的印象就是封建时代帝王权力的象征，而这是典型的左脑思维。

左右脑各司其职，右脑呈现的是人所接触的生命世界，左脑却是虚拟的无生命的世界。从这个意义上可以说，左脑"寄生"于右脑。它本身并没有生命，它的生命从右脑而来，它只能对事件进行逻辑判断。

基于右脑分工的设计思维带来的是一种想象力经济。贾伟认为："想象力经济是一种自由经济，不存在于空间，不受所谓资源体的限制，它是可以打破空间从而被无限开发的，就像深海里的游鱼，而站在岸上的人是永远也无法捕捞到它的，更别提圈养了。"

人们的创造力往往与想象力紧紧结合在一起，运用创造力的权力来之不易，可人们有时却疏于使用它。

在古代，创造力被视为一种神圣的特质，是万能的神赐予的。在各种宗教当中都是这样诠释的。直到文艺复兴，尤其是人文主义的诞生，一切才发生了变化。一种理念开始在人们之间传播：伟大的创造性成就和重大科学成就是个人教育和能力的结果，而不是外在的神力使然。突然之间，人类成了天才。理性主义慢慢瓦解了神秘主义的力量，人们被鼓励以前所未有的方式挖掘他们自身的智力和创造能力。文艺复兴开启了释放人类潜能的新时代，大量科技、艺术及文化成就喷薄而出。

科技和艺术方面创新的极大增长源于意大利北部的城市化，在这些繁忙的贸易及金融中心，富有的商人、银行家及市政官员通过作为艺术赞助人的形式维持其主导地位，他们彼此竞争，争取给他们那个时期最伟大的画家、雕塑家、建筑家、作家、哲学家及科学家提供赞助。一个典型的例子是佛罗伦萨的美第奇家族，该家族在 15 世纪拥有欧洲最大的银行，因而资助了著名画家米开朗琪罗、达·芬奇和乔万尼。赞助人的努力使得艺术界、教育界及科学界等各领域的有识之士会聚一堂，形成了"产生创新良机的交叉点"。而正是这些交叉点"在新思想的基础上建立起新世界"。

《加德纳世界艺术史》中谈到了达·芬奇难以遏制的好奇心，在达·芬奇

13000 多页的日志中，每天都以笔记、图画及科学图表的形式记录了他的研究和发现。

达·芬奇的发现引发他对之前从未严肃考虑的事情进行思考并设法找到答案。从未有人问过他降落伞、汽车、潜艇、悬挂式滑翔机、直升机等这些东西，但在他头脑中却有了这些东西的形象。达·芬奇能够发现人们未满足的需求和各种创新机遇的原因在于，他比其他人更细心、更能参与到环境中。他总是能将精力放在人们忽视的问题上。

"所有类型的科学家和艺术家都是关注世界的那些人。"斯坦福大学教授蒂娜·齐莉格在《天才训练》一书中这样写道。同样，所有伟大的创意和产品也都属于那些关注世界的企业。当企业真正把注意力放在人们所生活的世界中的每个细节、每个场景上，它们也就走在了通向伟大的路上。

"世事洞明皆学问"。正是出于对人们生活场景和人情世故的观察和揣摩，瑞德设计才设计出了一款款经典的产品。

李琦始终与用户一起站在消费端，才能够发现需求的共鸣，在需求与设计之间扩张着商业的张力。真正的设计思维不是设计师的思维，而是一种面向用户的思维。这种思维不是只有瑞德和洛可可这样的设计公司拥有，所有企业都应该深刻体会。

3. 数据

尚品宅配的数字进化史

1994 年，电脑还没有普及，中国刚刚接入互联网。

这年年底，马云第一次听说了互联网，而 1993 年刚拿到计算机专业毕业证书的马化腾，此时也开始着手开发中国的 ICQ（一款即时通信软件）。

这一年，机械制造专业的李连柱和计算机图形专业的周淑毅已经在华南理工大学留校任教了 4 年。李连柱的学生彭劲雄已经毕业。20 世纪 90 年代初，广州科技创业蓬勃发展，3 个人按捺不住创业的冲动，成立圆方 CAD 软件公司，开始了他们 10 年的软件生涯。

成立伊始，公司做的是机械设计软件这一老本行。然而，这个市场并没有给公司带来惊喜，反而是一个无心插柳的事情为公司确定了未来的发展方向。在公司经营中，他们发现来画机械图的人寥寥，画装修图的人却趋之若鹜。个体装修公司对软件的需求让公司嗅到了商机，并开始研发室内设计系统。

圆方室内设计系统的研发很受欢迎，使公司获利颇丰。其软件在国内装修软件市场的占有率一度达到 90% 以上，成为家居产业提供 IT 技术服务的领导品牌。然而，宏观政策和盗版等因素给公司发展带来了瓶颈。

20 世纪 90 年代末，我国房地产业发展迅猛，房地产开发开始迅速升温。这带动家居市场火爆得一塌糊涂。相较于家居企业赚得盆满钵满，2003 年的圆方软件实现的销售额却只有 3000 万元。

2003 年，阿里巴巴推出了淘宝网，而腾讯 QQ 注册用户已经超过 3 亿。一场电商和移动互联网的浪潮在慢慢酝酿、涌动着。顾客的需求和喜好也潜移默化地发生改变。家居市场火爆的背后，掩盖着深深的隐忧：厂商对于顾客一无所知，每年都在猜测什么产品能让消费者满意。库存与压货成为每个家居厂商乃至每个传统制造企业的痼疾。

如何去库存？怎样让顾客来引导生产？

定制！佛山的付建平心里给出了答案。可他除了想法，一无所有。既然我们有软件，何不自己卖家具？李连柱的心里也有了答案。

2004 年，尚品宅配应运而生。

十几年过去了。阿里巴巴已经成为中国最大的电商平台，腾讯亦成为移动互联网的巨无霸。而经过孤独的创新和痛苦的培育，历经信息化、电商、移动互联网、工业 4.0、大数据的洗礼，尚品宅配已经从一家传统家具定制公司蜕变为一个互联网 C2B 平台。

这是一个平台化的过程。反观尚品宅配的发展，不难理出平台化与 C2B 的关系：互联网将 C 端的权利无限放大，促使 B 端必须构建以顾客为中心、零摩擦参与的线上线下交互共创的平台，依托于富有创造性的人力平台，以及信息化、智能化、协作的制造平台，才能实现大规模个性化定制。换言之，企业只有平台化才能真正实现 C2B。

交互共创：让用户参与创造价值

互联网时代，企业创造价值的方式发生改变，顾客能够深层次地参与价值创造。顾客需求是这个时代的黄金。

尚品宅配的初心就是从顾客需求出发的。通常，家具厂家也可以提供一般定制服务，但都是个别位置的标准定制，无法满足顾客的个性化需求。尚品宅配从商家思维变为顾客思维，推出了全屋定制服务。

尚品宅配通过线上线下让用户参与价值创造。线上则推出了新居网，由专门的移动营销委员会运营，拥有近千万粉丝，数据采集系统使用户喜好能够被精准捕捉到。通过分析用户需求的共性，设计师能够快速生产匹配的方案，不只解决了大数据的效率问题，也解决了精度问题。

用户还可以直接参与创造。尚品宅配每天会有 1~2 万个用户提交设计方案。公司有专门团队负责发掘有价值的用户方案，以此来推进产品研发和创新。通过用户的榻榻米方案，尚品宅配每年可以获得 5 亿元的收入。

如何经营用户是互联网企业获得增长的核心命题。尚品宅配在家具之外，也与老板电器等企业合作，开发新的消费场景，产生更多的边际效益。

设计岛：激活个体只需一个游戏

尚品宅配将设计师从后端推到了前端，有万名左右设计师在一线服务。李连柱开创了设计岛，希望能以游戏的力量激发设计师的创造力和对企业的归属感。

每位设计师都有自己的段位，通过日常的订单、业绩和客户评价等获得积分，用积分在平台上兑换礼品、购买方案、置换假期等。全国的设计师都可以在此进行交易。设计岛上还有很多部落，设计师们可以根据不同的兴趣爱好加入不同的部落。因为这种游戏化的机制，尚品宅配曾被《快公司》杂志评为年度最具创新力企业。

C2B倒逼工业4.0：只做一件事

大规模个性化定制很难解决规模和效率的问题。这也是尚品宅配面临的问题。

最初，李连柱并不想要自建工厂，而是想做一家轻公司，由公司做设计和营销，家具制造进行 OEM 代工。但是，对于很多供应商来说，原有的基础生产方式无法满足个性化定制的要求，它们可以大规模生产产品，却不能大规模生产个性化产品，自建工厂成为必经之路。

在李连柱看来，工业 4.0 的核心就是零件指挥设备，用信息化推动自动化。尚品宅配首先做的一件事，就是车间的信息化。采用数字标签的零件和板材都印有二维码，扫描二维码，机器就知道如何去进行组装了。包装和仓储也同样实现了自动化。可视化的订单生产控制系统，极大地提高了生产效率和产品质量。

数据在互联网时代成为新的生产资料。很多企业将之视作珍宝，紧紧攥在自己手里。但在互联网时代，共享比占有能发挥更大效力。李连柱深谙这一点，将数据进行全流程的共享，这也倒逼生产端和供应链的合作厂商进行升级，以适应个性化产品的生产。

"成功者总是不约而同地配合时代的需要。"电影《中国合伙人》里引用的这句名言让人咀嚼再三。李连柱、周淑毅、彭劲雄三位"中国合伙人"用他们的探索和实践配合了互联网时代的需要。

踏准时代的节拍，现在还为时未晚。

数据驱动的企业转型路径

在没有数字网络的年代里，满载文件夹的小推车穿梭在各个部门的过道里。那时候，政府的每个部门都需要大量人手来处理烦琐的流程。比如，20 世纪 70 年代美国联邦负责雇员退休的部门有 600 人，摆满高大文件柜的房间有超市那么大。在 1977 年，完成一位政府退休人员的正式文书平均需要 61 天。而现在把这些步骤数字化的得克萨斯州只需要两天的时间。[6]

一旦人与机器之间的分工向机器倾斜，那么被解放出来的人们该何去何从？哈默和钱皮在《企业再造》中早已给出了清晰的答案：计算机处理日常事务时，人们应该有权行使自己的判断。"在企业业务流程的重新设计中，大多数的检查、协调、等待、监视、跟踪等非生产性工作都被取消了。员工在这一过程中必然会被授予权利。员工是团队工作的成员，企业允许也需要员工去思考、互动并做出判断和决策。"[7] 即便在一个遍布硬件、软件和网络的世界里，人们依然因为他们的判断力而有价值，机器只能取代日常工作，却无法取代创造性的工作。

丹尼尔·卡尼曼与阿莫斯·特沃斯基的行为经济学表明 [8]，人们都有两种思考模式，他们将其称为系统 1 和系统 2。系统 1 快速、自动，从古代进化而来，与我们的直觉密切相关，而系统 2 则缓慢、有意识，是近代发展出来的，需要付出大量努力。技术的发展使得后者并没有什么劣势，因为他们可以用计算机来做那些算数之类的事情，而把精力放在创造性的工作上。

尽管系统 1 很重要，但并不是说系统 2 无关紧要，人们可以完全依靠直觉来做出判断，但不管是社会学、经济学、法学还是对企业的调查研究都显示，就连专家在判断和直觉上都不可避免地存在着严重的局限性。

越来越多的美国企业得出结论：在美国的一项调查 [9] 中，18000 家具有代表性的制造业工厂样本中，使用数据驱动来做出决策的企业正在快速增加，因为越来越多的企业使用 IT 技术，并且使用这种方法的企业业绩得以显著提高。

如今，自动决策已经变得普遍。经济学家布瑞恩·阿瑟将这种"巨大的、沉默的、互相连接的、看不见的以及自动的"经济形式称为"第二经济"。[10] 算法正在利用庞大的数据代替专家。正如企业管理顾问华伦·贝尼斯讲过的一个笑话："未来的工厂里只有一个人、一条狗。人是要喂狗，狗是要看住人，不让他碰机器。"

系统 1 和系统 2 都有各自的局限性，而将数据和直觉结合起来，让它们亲密无间地合作，似乎将是一个完美的解决方案。尽管技术和社会发展如此迅速，但世界永远需要艺术家。就像乔布斯传记中所写的那样，将科学与艺术的愿景结合起来，"他的一生都在将神秘的启蒙思想与核心理性思想结合在一起"。

数据成为尚品宅配的核心。每个企业的数据都是从 0 开始，商品宅配也不例外。从第一次量尺、第一次设计、第一次定制、第一次交付开始，商品宅配逐渐构建起了自己的数据优势。每年几十万次的免费量尺、设计使顾客能够很快地凭数据和直觉来确定自己想要的家居风格，而企业也得以快速掌握顾客需求，为顾客推荐并提供更多的产品组合。而用户参与进行的设计以及设计师所做的设计方案也将这个过程变得有了艺术感。

从卖软件到卖家具，尚品宅配的转型之路走得并不容易，这离不开几位创始人刀耕火种般的积累与探索。与商品宅配一样，许多优秀的企业发生了根本性转变：企业正在减少长期的预测、计划和大的赌注，取而代之以短期持续的重复、试验和测试。正如计算机科学家艾伦·凯所说，预测未来的最好方式是创造未来。在这个时代，优秀的企业往往积跬步而至千里，而不是闷在屋子里想什么宏才大略。

在机器与人的较量中，你似乎已经无路可选。要么当一台机器，要么当一个数据艺术家。请开始你的表演！

第 4 章

新基础：抵御未知风险的商业基石

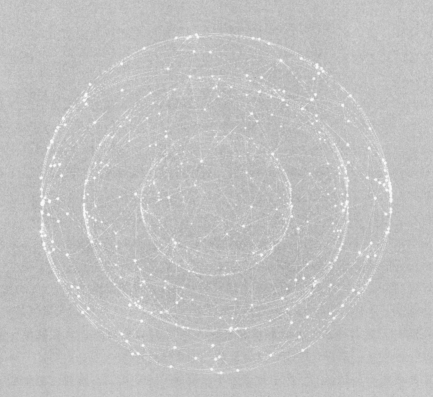

你可以设计、创作并且建造出世界上最美轮美奂的地方，但若想将梦想变为现实，
你所需要的是形形色色的"人"。

——华特·迪士尼

1. 良知

老美华的百年慈孝基因

天津市古文化街坐落着一个特殊的博物馆。在博物馆 800 多平方米的空间内，中国的鞋文化以编年史的形式向游客展示着它悠久的历史。从远古时期到现代，从鞋履民俗到制鞋工艺，上千件展品显示了中国鞋文化的生命力。

筹建这座博物馆的是天津老美华鞋店。将自己的生命历程融入中国鞋文化的历史中，老美华前瞻性地把文化做到了企业之外。

老美华董事长韩永志介绍，老美华的核心文化是"为天下儿女尽孝心"。这份以慈孝为内核的文化可以追溯到 1911 年。那一年，辛亥革命爆发，封建帝制走向坟墓。象征封建时代的"缠足"成为民众革命的对象，一时间"放足"引领了社会的新潮流，而机遇就在变革中产生。

老美华的创始人庞鹤年先生嗅到了商机，并说做就做。庞先生在天津南市口物色了一个房子，准备开家鞋店，但苦于资金不够，便向父亲寻求帮助。这时候庞老先生说资助开店没问题，但未来要庞先生养活他的姑姑庞美华。为什么会有这个要求？原来那时候姑姑庞美华已经 25 岁，仍没有成家，在 20 世纪初，这个年龄已经算是老姑娘了，很有可能再也没法嫁人，会无依无靠一辈子。

庞先生一听这个条件，为了表示真诚和孝心，不仅答应了父亲的要求，还把这个品牌以姑姑的名字定为老美华，让父亲放心，自己一定会赡养姑姑。从创建伊始，老美华的慈孝文化已经生根发芽，从一开始就融入它的生命和血液里。

慈孝基因融入产品设计

在产品设计上，韩志永经常和研发的员工说，"我们做鞋，其实就是在帮助我们自己的爸爸妈妈设计产品，这就是我们的评价标准"。

老年人由于年龄的增长，身体会发生很多变化，比如足弓塌陷，拇外翻，这是一个很普遍的现象。韩志永回忆道："我给我奶奶买的第一双皮鞋就发生过一个问题，当时没有考虑到老人家拇外翻的问题，我就给她买回去了，结果穿上以后她不舒服，磨破了皮，但老人家又不好意思说，脱的时候流了很多血。"

这件事对他的触动非常大。后来在做企业的时候，他特别强调企业要真正地从关爱顾客的角度去做事，老美华要把慈孝文化带到产品设计中去，真正站在为自己父母设计鞋子的角度，为老年顾客设计出舒适健康的鞋子。

让小脚鞋成为一种陪伴

坤尖鞋,也叫小脚鞋。在 90 后的记忆里,穿着小脚鞋的老人已经并不多见了,这个市场也一再萎缩,现在老美华一年只能卖出 100 双坤尖鞋。因为太不赚钱了,市场上做坤尖鞋的企业几乎都放弃了这个市场。韩志永下定决心,老美华不仅要继续做坤尖鞋,还要有产品更新。

驱使他做出这个决策的一个关键因素就是企业文化。他解释说,老美华是一个注重孝道和责任的老店,顾客在别家买不到坤尖鞋,只能来老美华买。

有人从年轻时就开始穿老美华的鞋子,一直到耄耋之年。顾客用将近一个世纪的时间陪伴老美华。"老美华能走到今天,都是我们顾客的支持,现在到了我们回馈她们的时候了。"

老美华接下来会为这些老顾客建立信息档案,未来他会让年轻的新员工去为老顾客免费送鞋。知行合一,这样的企业文化才能真正传承下去。

从搬砖到董事长下跪

韩志永一直琢磨一件事情,怎么通过一个动作让顾客一看到就认准这是老美华?思来想去,他认为在鞋店顾客总少不了试鞋这个环节,那么一个递鞋的动作就是必不可少的,为什么不在这里下文章呢?

他设计了一套完整的递鞋服务标准,对拿鞋的位置、递鞋的角度、鞋子的朝向,甚至左手右手的前后顺序都做了规定。为了推行这套标准,韩志永规定让所有老美华的员工一人拿一块红砖去练习,前线员工一练就是 21 天,每天要举 15 分钟,这才慢慢流传出来"搬砖"的故事。

其实除了"搬砖",老美华还有一个跪式服务的要求。很多老年人腿脚不便,在试鞋的时候可能身体转不过来。老美华推行了跪式服务,其实就是单膝跪地帮助顾客提鞋。

老美华已经走过 108 年的历史了,经历了风风雨雨,也陪伴一位又一位顾客走过他们的生命历程。韩志永有一个愿景,希望老美华再传承发展 100 年。

产品"花式"新招飙不停

一提起对手工艺品的传承,韩志永总是眉飞色舞:"不是我吹,这方面我们做得真的还不错!你首先要让师傅们得到足够的尊重,让他们认同你的价值观,认为自己在做一件非常有意义的事。"到今天,老美华还保持着百分之十几的纯手工制品，它们都出自山区里的阿姨们。韩志永透露，老美华下一步要建立"公司＋农户"的合作模式。即使走工业化之路，老美华的制鞋标准、选原材料的标准也不会降低。

品牌老化的问题一直困扰着民族老品牌，在保证工艺的前提下，百年老店也必须推陈出新。"扩大品牌内涵，可以拓展产业链，不能只发展单一产品"，韩志永说。

老美华的鞋不仅从样式上"求新"，在鞋的功能上也在"求变"。在老美华店里，可以看到晨练鞋、敬老鞋、踏石鞋、散步鞋、孕妇鞋、防滑鞋、龙凤婚庆鞋、老寿星鞋，等等，顺应现代人的生活方式，勇于创新，老美华的市场有开发不尽的资源。

老美华的"天津记忆"

"一提到天津文化，大家好像只知道一些碎片化的象征：比如十八街麻花、狗不理包子，我们希望能把天津文化做成一个系列，把所有值得被铭记的天津记忆都纳入其中，把天津的文化系统传承下去。"将来，老美华将在这些古文化街上打造老美华的系列表演，通过主题活动让游客充分感受老天津的神韵，还可以打造工业旅游，把厂房、老手艺匠人的制作过程打造成特色景点，向旅客开放。

这不只是说说而已，如今在天津机场，老美华租下了 300 多平方米的店面，里面展示了各式各样的天津手工艺品，还时不时会有模特穿着特色旗袍出来走秀。这些举动都令老美华从一个传统的制造企业慢慢向承载着传承使命的文化创意企业转变。这些有力的突破，不仅宣传了老美华的品牌特色，还彰显了天津文化的魅力，吸引了各色的"天津记忆"加入这个文化传承的大熔炉。韩志永说，文化产业才是未来。

呼唤良知为魂的企业家精神

从人类开始有自我意识就已经为了自己的"利"而忙碌。随着人类社会规模的发展，人们彼此开始了利益的争夺。到了近代，"西方开创近代商业文明的这几百年，都是以股东利益最大化，以局部利益、小我利益、眼前利益最大化，却忽略、践踏、伤害其他利益相关者的利益，所以商业世界里面难以持续"。正和岛首席架构师刘东华老师在 2014 年的演讲中直指资本之恶，呼吁"良知资本"，以此来实现工具理性和价值理性的融合 [1]。

"资本代表着工具理性，过去几百年极大地推动了人类社会整体的进步，但资本的属性决定了它可能是盲目的。它把人类物质的力量无限放大，但是精神世界，不要说良知，就是灵魂和内心世界都迷失了。良知是价值理性，良知资本把价值理性和工具理性统一起来，为商业社会、企业家提供追求的方向。为什么要提倡良知资本？良知资本不是做给别人看，不是迫不得已而做；而是企业家的内在修为需要，企业可持续发展的内在需要，是一个正向的价值追求和正循环。资本只有有了良知，才可能服务、服从于人类的共同利益和未来利益。"

良知将人类带入利益与价值的正反馈循环，这触及了商业的本质。到底什么是商业的本质呢？金蝶董事局主席徐少春认为："商业的本质从商业开始的那一天起就推进着人类文明的进步。我们现在数字化这么发达，许许多多的改变其实都是为了推动人类社会的进步。商业的唯一目的就是创造最大的价值，为了给这个世界提供更多的美好。"[2] 与徐少春一样，无数企业家在这一问题上都给出了与德鲁克一致的结论："企业的唯一目的就是创造顾客。"

熊彼特将企业家视为开拓者与创新者，是把科学技术发明引入经济生活之中，把经济向前推进的人。德鲁克在《创新与企业家精神》中，将企业家精神作为美国经济可以持续繁荣的原因。陈春花也认为："企业家精神最核心的特点，就是他能够与不确定性组合在一起。从某种意义上来讲，企业家其实是让有限的资源创造出更高、更大的附加价值的那一群人。"[3]

关于中国人的信仰问题，不管从文化、文明、宗教还是哲学中，都难以逃离道与善的范畴。中华文明有强大的包容性，而"良心""良知"似乎可以很好地对这种包容性做一个总结，心即理也，天道善恶皆存于心、践于行，知行合一，在知与行中进入一个兼顾家国天下的正反馈循环。可以说，良知实乃企业家精神之魂。

在各国企业家特质的对比中，我们不难发现中国企业家的特质。

犹太人企业家始终关注"金钱"。关于金钱的格言深深影响犹太人企业家的精神取向。犹太人企业家崇尚金钱，追求金钱，懂得利用别人口袋里的钱来实现自己的梦想，他们的经济头脑与商业运作能力出类拔萃。

美国的企业家特质随着美国国力的强盛和美国企业在全球市场的领导地位而被推崇。野心、热爱冒险、尊重个性、鼓励失败和坚韧的事业心成为美国企业家的显著标签。从沃伦·巴菲特、史蒂夫·乔布斯、埃隆·马斯克等杰出企业家身上都可以感受到这种精神的力量。

日本作为亚洲发展最成功的资本主义国家，其企业家特质不仅受到欧美的影响，也打下了东方文化的深深烙印，别具一格。在现代经营管理中，日本的企业家特质体现为"敬天爱人""自利则生，利他则久"和工匠精神。索尼创始人盛田昭夫曾经说过："当经济衰退的时候，我们不应该辞退员工，公司应该自己牺牲一些获利。这是管理阶层应该承担的风险，也是管理人员的责任。这并不是员工的错，为什么要他们来受苦？"

印度人往往在谷歌等科技公司身居要职，甚至担纲 CEO 的角色，比如微软 CEO 萨提亚·纳德拉、谷歌 CEO 桑达尔·皮查伊等。除却英文的天然优势，印度企业家身处多元的成长环境中，有包容精神，并对普惠大众有更多的责任感。

但在"致良知"之前，中国企业家精神并没有被很好地总结与挖掘。

"工匠精神"与"企业家精神"在 2017 年被双双写入政府工作报告。在福耀集团董事长曹德旺看来，企业家精神就像是"我过去三年盖了一座很漂亮的大楼，现在进入精装修阶段，要把里面装得更丰富，更精致，更适用"。企业的业绩是面子，企业家精神和与之呼应的企业文化就是里子。

作为一家百年老店，老美华从清末民初天津的一家鞋店发展到覆盖全国 22 个省、市、自治区、直辖市的规模，可以说就是一部中国近代企业发展的历史。从庞鹤年对店铺的要求就可以看出这家企业的精气神。

"店员要站有站相，坐有坐相，站姿要端正，前不靠货柜，后不倚货架。伙计们的肩上搭着马尾做的掸子，在售货过程中，无论上高或弯腰，掸子都一动不动。伙计们要做到一周一理发，两天一刮胡子，三天一洗大褂，个个精气神十足，待客更是主动热情。如有遇到定做鞋的顾客，就在一楼画样，三楼马上制作，并且送货到家。对商品质量要求更为严格，鞋面采用'瑞蚨祥'的好面料，女士皮底鞋厚 3 毫米，男士皮底鞋厚度 3.5~5.5 毫米，反绱鞋鞋槽要深浅均匀，线缝一寸三针半，成品检验要一正、二要、三不准、四净、五平、六一样、七必须、八一定。

"慈孝为里子、工匠为面子，这不正与政府工作报告相契合吗？当初，天津形成了中国近代制鞋产业的集群，为何老美华能够延续至今？

在王阳明的《传习录》中，'良知'出现了 324 次，是出现频率最高的概念，可见良知的分量。正如横河电机终身荣誉总裁赖涯桥所说：'商业环境中诱惑颇多，企业想长远发展离不开对良知的维护。'

"以良知为魂的企业家精神将催生更多的百年企业。中国在 21 世纪向世界输出什么？是输出以良知为灵魂的中国企业家精神，通过中国越来越多的良知企业、良知企业家，赢得全世界对中国、对中国企业、对中国企业家的越来越大的信任和尊敬。"[4]

2. 关系

五星控股的独角兽图谱

从辞去商业厅的铁饭碗开始，汪建国就开始了商海浮沉的生涯。20 世纪 90 年代，他抓住了家电连锁的黄金时机，创办了五星电器，盘踞华东。在国美苏宁的争霸赛中，大中电器、永乐电器相继卖出，五星电器最终也被汪建国"糊里糊涂"地卖给了百思买。

2009 年，怀揣着 4 亿美元的汪建国又一次站在了命运的分岔口。这一年，90 后们刚刚踏入大学校园，而 1960 年出生的他年近半百，他卖掉了苦心经营的事业，又将何去何从？

汪建国做出了自己的选择。从 2009 年到 2017 年，付出亏损数千万元的代价，走过年弯路的摸索，汪建国创办的五星控股孵化出孩子王、汇通达、好享家 3 家独角兽公司，总估值达 500 亿元。

不捏软柿子，专啃硬骨头

孩子王是汪建国卖掉五星电器后的第一个项目。百货业老总和他说，这不可能成功，小孩子的东西在百货业中做不成一个大产业。汪建国亲自去采访街边小店创始人和老板，他们也说做得苦死了，没有做头，开店亏了。后来，他请了几个咨询公司，调查细分市场的情况，发现一年有 2000 万新生儿，整个母婴市场很大，是个上万亿的市场，很分散——商品 + 服务 + 教育。一个妈妈一年消费不止两万元。

第二个项目是汇通达，农村电商比较难做，但让人想不到的是，他做成了，马云还投资了 45 亿元。"汇通达把农村的夫妻店用互联网链接到一个平台上来，前端 App，每个站建立信息点，顾客使用 App 获得服务。一个镇有 5000 户农民，我就把这 5000 户农民作为我的会员，不做大众商品，做特定的商品。"汪建国说。

消费升级是一种商机。汪建国把目光放在了这件事上，于是就有了他的第三个项目——好享家。家居上的消费升级就是智能家居吗？汪建国显然不这么认为："我用互联网的方法，在每个城市挑最好的产品，集成服务商并跟他们合作。前端为顾客服务，我在后台把供应链、信息化系统打通，做了一个平台，平台上的企业都还不错，增长速度很快。"在他看来，一个健康舒适的环境才是人们需要升级的消费刚需。

花钱买来的教训，蹲点蹲出来的需求

汪建国曾经花 300 万元买了一个教训。五星电器创业的时候，美国人让他做市场调研，研究一下顾客为什么来买东西，汪建国一口答应。但后来打听到做调研要花 300 万元！

调研的结果让汪建国非常意外，因为他原以为顾客到五星电器买东西，第一是价格，第二是售后服务，第三是质量。可调研结果却是：真正影响顾客买东西、做决策的是接待顾客的员工，顾客对他产生的信任程度是决定其购买的第一要素。零售的本质就是让顾客产生信任，基于信任之后才能产生信赖。

有了这次教训，调研就成了汪建国的基础工作。在创办孩子王的时候，开妈妈座谈会，每个月坚持开一次，10 多个妈妈在一起座谈，听下来以后，他感觉收获非常大。后来他要求团队都要去听座谈会，尤其是 CEO、COO（首席运营官）。

孩子王的服务升级离不开这些调研，有一次，一个顾客说孩子王确实不错，东西质量不错，价格也很公道，但有时候快递员送货上门，她独自在家带小孩，又在哺乳期，快递员是男性，她会尴尬，因为她没有穿内衣。怎么办呢？后来汪建国就让女快递员送货。再后来成立了妈妈后援团，社区妈妈可以送货。

在做汇通达的时候，汪建国也深入一线亲自调研，了解农民的消费习惯。通过聊天和观察，他了解到：第一，农民的品牌意识和判断力相对弱，信息量相对小，有消费需求会找熟人推荐；第二，农民会讨价还价，而在卖场却不能还价，员工做不了主；第三，农民希望当场提货，特别是很多年纪大的农民没有送货上门的意识。乡镇小店很好地满足了这些需求，且店主和村民联系密切，村民有任何需求，店主都可以及时收到反馈并给予解决，而五星电器不能。

与顾客建立盈利性关系

真正了解顾客，去跟客户交流、互动，这是做生意要坚持的。孩子王每一年

做一千场活动，意味着每天有三场，规模也很大。从人心的角度打动顾客的心，顾客认为商家真的为他解决了很多问题，在做了很多咨询的基础上，产生了信任，一定是基于信任才能达到信赖，产生依赖，产生情感。

乡镇小店与电器卖场的区别是显而易见的，这种区别是组织形式的区别。这一点，汪建国心知肚明："原来我们的组织都是靠规模化运行的，但是现在明显不太适用。现在我们的组织可能更多的是小微化，而且还是员工驱动。"

互联网红利时代已经过去，线上获取一个用户的成本很高。孩子王怎么办呢？怀孕的妈妈一定会建母子健康卡的，在建卡的地方，倒茶倒水的有可能就是孩子王的。扬州4万多个数据就是这么获取的。帮孕妈妈们倒茶倒水就可以要到她们的电话号码。只要拿到手机号码，76%的孕妈妈就可以成为孩子王的顾客，转换率特别高。孩子王95%的生意都来自会员。

这样，这个店就不再是一个店了，而成了一个平台，因为会员可以随时订货。员工手上都有一个智能终端，在终端里可以回答所有顾客的问题。根据这些数据分析，员工更容易和顾客互动，一互动就容易产生订单。"这样的店不再是靠门店自己的流量做生意，也不靠上班时间做生意，打破了空间时间的界限，一体化了。"

对于如何与顾客发生联系，并从互动中建立盈利性关系，汪建国很有一套："从理念来说，顾客从互联网上能够享受到需求，随时随地，千人千面，基本上可以把每个顾客的画像都描绘出来，之后我们就能够给他精准的信息交流和个性化推荐，同时互动更顺畅，而不是机械地和客户经理沟通。"

汪建国经常讲起一个小故事：原来有一个老木匠，怀表掉了，找不到了，发动他的徒弟们去找，但找来找去都找不到。后来老木匠把徒弟们赶出去了，怀表找到了。为什么呢？因为人出去了，心静下来了，就听到表嘀嗒嘀嗒响。他用这个小故事来鼓励员工、高管深入一线与顾客沟通和交流。在他看来，顾客的抱怨一定是做好生意的基础。

"关系社会"的关系再造

当西方企业在20世纪80年代来中国做生意的时候，他们第一次听说了"关系"这个词，从那时起，这个词就成为西方管理学出版物讨论的对象。为了能够顺利在中国经商，西方企业花了数年来了解"关系"的意义，并学习如何在中国经营"关系"。对他们而言，这个词神秘而又隐晦，像是某种渗透在中国社会中的魔法。

西方人发现，这"中国式关系"比在西方国家里的"人际关系"要复杂多了。英文单词里甚至找不到可以表达其真正含义的词，所以西方人只能干脆用拼音称之为"guanxi"。[5]

对于关系社会的形成，西方学者也进行了追根溯源。他们认为，关系是儒家文化的产物，用于规范人与人之间的社会行为[6]。儒家思想的核心价值是"仁"，即"爱别人""仁以待人"。"仁"阐述了个人关系的伦理规则，强调要以爱和同理心对待别人，友爱，和睦相处，以和为贵，家和万事兴，和气生财。因此，中国人特别注意人际和谐关系。

所有关系都是从亲属关系和氏族制度开始的。与西方国家每个人都有社会分工的个人主义不同，从农业社会起，中国社会和经济的基本单位就是家庭。儒家士大夫的人生道路是修身齐家治国平天下，每一个人都来自一个家庭，注意自我修为才能家庭和睦，家庭和睦才能治国。从这个角度来看，儒家文化可以解释为一种氏族文化，中国的个人关系和社会秩序由血缘关系和情感维系。

西方国家与组织治理呈现出契约型文化特质，法律精神、逻辑主义、尊重规则和秩序，而中国则呈现出伦理型文化特质[7]，法制与制度意识相对较弱，这给按部就班、一丝不苟的西方企业造成了不小的文化障碍。

西方人看待利益往往只涉及具体的货币、货物或服务，中国"关系社会"的Token 就是"人情"，人情可以是具体的，也可以是抽象的，比如情感、机会等。当有人对你有帮助的时候，你就欠他一个人情，然后需要在适当的时候通过特定的人、特定的方式来偿还这个人情，但具体采取什么方式，就要揣摩对方的喜好和需要，甚至需要了解对方亲属的情况。通过这种方式，人们彼此有了更深的了解，形成一种情感上的默契、信任和更深层次的相互帮助。

中国是一个讲究含蓄的国家，人们的欲望表达总是晦涩难懂。人情的互惠规则就像是破解 Token 的矿机，只有计算对了，密钥才能够获得信任的奖励，在对方面前得到面子。如果密钥不对，没有遵循人情规则，那就失去了信誉和面子。

互联网时代的到来让人与人之间更快地建立关系。汪建国放弃了五星电器，却孵化出了三家独角兽。无论是孩子王、汇通达还是好享家，他都在阐释自己对于互联网和企业经营的独到理解："我们做生意没有那么复杂。第一，顾客是本质；第二，员工是驱动力。给顾客带来价值的事情你去干，有利于员工做的事情你去干，抓住这两点就抓住了整个企业发展根本的东西。"

当企业把目光全部放在了用户身上，企业的每个人都在与用户交互，解决用户的需求，与用户建立关系，那也就与用户有了人情往来，开启了互惠原则下长长久久的信任关系。汪建国把权力下放，为一线员工提供更宽松的权限和更灵活的工具，方便一线员工经营顾客，让员工在为孕妈们的端茶倒水中建立联系，在多次免费产品体验和课程中开始人情交往，在千百次活动中与用户持续沟通，了解用户的喜好和需求，最终得到的是用户给予企业的价值回馈。

儒家文化、中国人的大智慧存在于点点滴滴的人情世故当中。对人情的体察是每个中国人的天赋，但可惜很多人已经荒废了。"关系社会"中，"关系"需要真正回归它的本质。当企业与企业、企业管理者与员工、员工与用户之间建立起充满仁与爱、充满人情味的关系时，一个崭新的"关系社会"就显现出来了。

3. 财务

知卓集团的跨界投资经

"最成功的企业，一定是给用户带来最大价值的。"知卓集团的陶闯说，这也是知卓投资企业时所关注的关键点。陶闯早已是中国互联网"跨界型"传奇人物，他是微软并购史上的首位华人企业家，与孙正义面谈 7 分钟斩获 2.5 亿美元的投资。2014 年，他开始了第三次创业，取义于"见微知著"，成立了现在的知卓集团，希望以天使投资人的身份孵化创业企业。

超越用户的认知

当全世界只有几台大型计算机时，比尔·盖茨想让每个人桌面上都有一台 PC 机；当苹果手机出现时，许多人还认为，用户没法使用小键盘。陶闯举了这两个例子，意在说明升维思考的思维下，企业超越了大众的认知后，才有可能产生超越用户预期的解决方案。因此，知卓集团在投资的时候，会选择相对有前景的突破性企业，即察觉用户未知需求且能为用户创造价值的企业。

在早期投资中，知卓坚持技术和消费两大方向。人类的发展，一是靠制造工具的能力，即科技驱动，是靠人类的消费驱动能力。知卓的技术投资主要在海外，无论是 VR、AR、AI、大数据、IOT 和智能硬件、机器人、车联网技术等高科技创新，还是 3D 成像建模、LBS、BI 等空间大数据产业，都是知卓集团关注的领域。对未来科技的高度关注与陶闯曾经的经历有关，早在陶闯任教于大学时，就研究了虚拟现实的课题，到 2002 年他创立了 Geotango 网络地图公司。该公司创立开发了网络化三维地图系统 GlobeView™ 和拥有全球专利的单张相片三维重建技术的 SilverEye™（"银眼"）软件，这项技术比 Google Earth 早了近三年。

"先行""变革"的气质在知卓集团中是显而易见的。在消费领域，知卓将重点放在了国内，这基于对中国消费升级、消费者结构变化的分析。中国的消费升级历经三个阶段：第一个阶段，消费者追求性价比，注重商品的实用价值，希望能买到廉价又能用的产品，就像淘宝早期卖的爆款商品一样；第二个阶段是品牌时代，随着收入的增加，人们更加希望购买能为自己增加身份标签的产品，比如奢侈品；第三个阶段是个性消费时代，人们注重品位，注重体验。另外，根据全球领先的市场信息公司——欧睿信息咨询公司称，随着中国经济大踏步地向前，中国将有越来越巨大的消费空间。

赋能式价值投资

巴菲特是价值投资的典范，他那句著名的投资格言"在别人贪婪的时候恐慌，在别人恐慌的时候贪婪"被他自己严格地履行着。金融危机期间，当所有人的恐慌情绪达到顶点时，巴菲特展开了一轮又一轮的投资行动，当时的报刊纷纷报道巴菲特的"愚蠢行为"，但金融危机结束后，事实证明，最终的赢家还是巴菲特。陶闯说，巴菲特和孙正义的价值投资是他学习的对象。

巴菲特在 62 年的时间里，投资并长期持有 78 只股票，直到 53 岁时才实现了财富的爆炸性增长，并依然对其投资选择长期持有。而孙正义打造企业的核心思想是，找到一个细分市场的合作伙伴，当该细分市场的龙头企业占有市场低于 5% 时，尽可能借助资本的力量打造一个行业第一的企业，并且用资本打造出中环和外环，形成产业上下游。孙正义当年投资阿里巴巴 2300 万美元，至今，这笔钱仍然陪伴马云，阿里巴巴曾有好几次被卖掉的机会，都被孙正义压下来了。真正的价值投资人，是能够判断趋势，陪伴企业长期增长的。事实上，知卓集团追求的不只是价值投资，更是赋能投资。赋能式价值投资的核心就是超越资本的资源嫁接。

世界上的资本是无限的，但资源是有限的，就像做房地产开发，位置就是资源，做科技创新，技术就是资源一样。知卓集团积累出的大量资源，都将嫁接给被投的创业公司，这个过程就是赋能。"做赋能投资就是要跟相配的企业家做永远的合作伙伴，一起打到底。"

陶闯擅长发掘潜在的成功者，于他而言，投资就是投人。他相信天分之说，想找到行业中那 2% 最容易成功的人。投资时，他会通过一个人的人生经历看他是否具有领导才能。

另外，对于赋能投资模式，投资团队必须具有成功企业的实际操盘经验，因此，知卓集团的投资人要具备一定的创业或者企业经营管理的经验，不仅会给被投企业提供资金，还会参与公司战略决策、资源配置优化、市场宣传以及团队管理辅导等各个方面。从这个角度来看，知卓的发展也是一场创业，只不过同时参与了多个行业的创业，其更看重的不只是投资，而是孵化。

这样的投资模式决定了知卓集团不是一个单纯的投资公司，它更像是一个创投平台，追求更长期的投资价值。陶闯说，他更愿意用"企投家"来形容自己，这是一个结合了企业家和投资人的角色，是一个新"物种"。

"企投家"的生财之道

90 岁的李嘉诚变成了小学生。

2017 年 5 月 26 日，DeepMind 公司的两位创始人专程飞赴香港，为这位特殊学生上了一堂人工智能课。课上，李嘉诚认认真真地做笔记，听到激动处还不时地站起来。

很多人只知道长实系与和黄系的实力与荣光，却忽略了李嘉诚旗下专司风投业务的维港投资的长袖善舞。在它的全球投资名录上，有 Skype、Facebook、DeepMind、Siri、Waze 这些让人艳羡的明星项目。

成熟的公司往往拥有完善的财务体系，商学院所教授的财务规划、财务预测、财务预算、成本控制、财务分析对于一家成熟的企业来说都已经不是问题，专业的会计师和财务人员完全可以胜任，这些功能甚至可以被软件取代。数字时代带来了极大的资源流动性，也形成了更多的投资机会。随着平台、生态等概念的深入人心，对于资本、资源的运作和投资机会的把握已经成为任何一个野心勃勃的企业家的必修课。

作为企业的掌舵人，不仅要驱动财务部门成为价值创造的部门，也要做好自我转型，进化为新"物种"——"企投家"。

如何把职能部门转化为价值创造部门？挪威财务专家比亚特·伯格斯尼思提倡用超越预算管理体系 [8] 来解决这个问题。然而早在 20 多年前，欧洲和北美的几家公司已经质疑年度经营预算，这个管理工具大约一个世纪前由通用汽车公司 CEO 阿尔弗雷德·斯隆和 CFO 唐纳森·布朗发明。尽管经营预算在当时是一个伟大的创新，但今天变幻莫测的环境已让年度固定经营计划变得不合时宜。任何变革都需要付出极大的决心，任何一个 CEO、CFO 都应该朝着价值的方向去寻找和探索，及时抓住稍纵即逝的机遇。

企投家一词首先出现在 2017 年 3 月，由著名财经作家吴晓波提出。企投家代表的经营实践由来已久。软件银行集团董事长兼总裁孙正义、特斯拉创始人马斯克、联想控股董事长柳传志、小米创始人雷军都是这一群体的代表人物。

软银 1994 年上市后，拥有 300 家日本企业，合资、独资公司遍及美洲和欧洲，同时，孙正义决策投资了阿里巴巴、雅虎、新浪等多家公司。马斯克创办了国际贸易支付工具 PayPal、太空探索科技公司，并成为特斯拉 CEO，在新能源、交通运输、人工智能等领域留下了成功的投资足迹。

柳传志于 1984 年创办联想，进入千禧年，联想投资（现君联资本）、弘毅投资和联想之星相继成立，联想控股独创战略投资和财务投资模式，投资涉及 IT、金融服务、出行、农业多个领域，实现广泛而深入的产业布局。

雷军身兼金山、YY、猎豹移动三家上市公司的董事长，并创办小米科技，是中国著名的天使投资人。据不完全统计，小米科技对外投资 157 家，雷军任董事长的顺为资本对外投资 270 家，雷军个人天使投资 33 家，共计投资 460 个项目，投资地图遍及智能硬件、物联网、电子商务、金融等各个领域。

企投家立足于本业，通过投资为企业长远发展注入不竭的原料，一方面减少了单一经营带来的巨大风险，另一方面通过投资的方式进行生态布局，并获取投资回报。

同样面临多元化争议的还有远东控股集团。远东控股创始人蒋锡培回顾："二十年前，好多人就在讨论到底是一元好还是多元好，其实各有各的道理，但如果要多个主业综合发展的话，对企业家的要求很高。"远东曾经也有药业、房地产、农化、电缆等，后来蒋锡培提出要做好电缆这个主业，同时抓智慧能源，让远东成为智慧能源系统集成商、服务商。远东的目标是将电缆这个主业相关的一条产业链从规划设计到提供产品，再到总包、施工、能效管理全部做好，然后在这个基础上开展投资和并购，并在公司的层面上做一个投资的平台。

现在，投资已经是远东控股三大业务板块之一，截至 2017 年 8 月 31 日，远东总投资企业数量达到 339 家，累计实现上市 96 家（其中新三板 28 家），预披露 12 家，成为主业的有力补充。产融结合克服了不确定商业环境带来的波动，也为企业赢得长远的可持续的发展机遇。

对于大部分企业家而言，投资是一个非常陌生的领域，既充满巨大的机遇，又如在黑夜中行走，风险无处不在。的确，投资是一个充满诱惑和陷阱的行业。在这场理智与情感的博弈中，守住底线才有辨别风险和正确选择的机会。

资本市场是一个复杂的动态的不稳定环境，以不变应万变。达晨创投一直遵循价值投资的理论进行投资。傅仲宏说他是一个长期的价值投资者，"稳健"是植根于达晨和傅仲宏大脑里的基本逻辑。经过多年的一线实战，他们总结并创立了业界非常知名的"六条军规"投资原则，涉及创业项目的行业、团队、核心竞争力、创始人意愿、发展时机、规范程度。

除了达晨创投的"六条军规"，还有博恩集团熊新翔的"熊六刀"。10 多年来，从奇虎 360、猪八戒，到易九金融、道有道，熊新翔投资的项目有 100 多个，失败率仅为 4%。科学的投资方法是必要的，他总结出了"熊六刀"来评估项目是否值得投资：第一刀是用户价值，考察用户群的精准度和需求刚性；第二刀是增长模式，成本低，效率高；第三刀是盈利模式，简单可持续；第四刀是相对竞争，当前领域没有巨头；第五刀是市场规模，潜在市场规模足够大或增长快；第六刀是创业团队，创始人具备 CEO 潜质，团队优势互补。

世界上几乎没有永久的造富神话，经过 40 多年的改革开放，中国的经济发展模式正在走向一条越来越开放、越来越多元的道路。经济浪潮潮来潮退，"退潮之后，才知道谁在裸泳"。企业的价值水平就是那条遮羞的底裤。你的企业靠什么勇立潮头？

4. 法律

新经济的阿喀琉斯之踵

客户：最近的货还是原来的价吧？

老总：不，现在涨价了。

客户：近期怎么涨价了？你的货有点贵！

老总还没说话，客户挂断了电话。

第二天，老总的电话又响了。

客户：便宜点吧！咱们以后还要长期合作。

老总：原材料价涨了，今天产品又涨价了！

客户：一天一涨价，不要了！

客户又挂断了电话。

第三天，客户在市场问了一圈后，又打来了电话。

客户：前天的价，能出货的话，我马上派人过去签合同。

老总：不好意思，运价也涨了，前天的价出不了。

客户：定！我现在就定！马上签订单！！！

老总：不好意思，货没了。准备提前放假了！现在环保形势紧张，价格报不准，交货日期待确定！

这样的对话看起来像是一个博人一笑的段子。但在 2017 年，这样的对话却在各个行业频繁出现。党的十九大报告中提出推进绿色发展，构建市场导向的绿色技术创新体系，发展绿色金融，壮大节能环保产业、清洁生产产业、清洁能源产业。大气、水、土壤污染防治行动计划全面推进，深刻彰显出政府推进生态文明建设的决心。坚定的决心传达到基层就成了督查部门的一刀切。

对于环保产业和早已在环保上做好功课的企业来说，严格的环保审查是对低端竞争对手的淘汰，产品涨价、净利大增、业绩亮眼。看一眼 2017 年以来的环境监测数据，改善成为关键词。水污染治理行业也实现销售总收入约 3950 亿元，较前一年复合增长率约为 14.50%。环保领域即将诞生被市场热捧的概念。

知识产权是互联网企业容易踏入的最大雷区，触雷的手机、电器、在线视频、音乐网站、搜索引擎等企业司空见惯。搜狗与百度之间的专利案不了了之，在线音乐和视频网站之间的版权交战更是激烈。2015 年 7 月，国家版权局颁发"最严版权令"，要求在限定时间之前下架所有无版权音乐作品。在这一轮浪潮中，共有 220 万首音乐作品被下架。但这并不妨碍企业的经营，"最严版权令"发布 3 个月后，腾讯音乐和网易云音乐开展了合作，腾讯音乐向网易云音乐转授权 150 万首音乐作品，用"预付 + 分成"的方式构筑版权护城河。版权的购买也成为阻止爱奇艺等在线视频网站盈利的拦路虎。

网约车的合法化为政府在共享经济领域的监管与治理提供了经验和范例，网约车由于它对于与人民生活息息相关的产业的冲击而受到普遍关注并备受争议，每一个政策、每一个事件都能引起轩然大波，而这是事物发展的必然，没有谁能一下子设计出一个完美的体系，暴露出的问题越多，也就越能推动事物的发展。在这短短的几年时间里，网约车市场风云变幻，矛盾与争端不断。由于缺少政策与法规，各地政府对网约车的监管与执法尺度不一。

共享单车存在投放过度、停放无序、单车私占、恶意损毁、押金难退等诸多问题，但有了网约车的经验，共享单车的治理明显提高了效率。

法律法规对于企业和政府来说，都是未经神水浸泡过的阿喀琉斯之踵。政策的变化让毫无准备的企业束手无策、坐以待毙，而未雨绸缪的企业则春种秋收、一剑封喉。企业在新兴事物上的探索则让政府始料不及，在监管尺度的保守与开放、治理手段的强硬与温和上陷入两难。凡事有备则无患，有了这么多的教训，相信企业与政府都做好了应对政策和法律上不确定性的准备，在相互交流与磨合中也能够产生更多的默契。

挥起头顶的达摩克利斯之剑

2016 年 8 月，支付宝推出了蚂蚁森林，通过步行、地铁、在线缴纳水电等行为获取的能量，人们真的可以在沙漠里种下一棵树。占地 27 万平方千米的阿拉善成为公益造林的第一站。截至 2017 年 8 月底，这个产品的用户已经超过 2.3 亿人，在内蒙古阿拉善和鄂尔多斯、甘肃武威等地区种植及维护真树 1025 万棵，种植总面积超过 16 万亩。蚂蚁森林给已经习惯了"缺绿症候群""十面埋伏症"等新型城市病的人们一个种下一点绿色的机会。

百丽出售、美邦持续亏损，服装制鞋业品牌在倒闭与转型的生死线上苦苦挣扎，更不要提背后那些代工工厂了。但有一家企业不仅活着，还活得很好，股价 8 年翻了 50 倍，凭借 700 亿的市值坐上了国内服装类上市公司的头把交椅。这在很大程度上得益于它在前期的投入和积累。早在 1997 年，掌门人马建荣就曾顶着巨大压力，劝说董事会当年不分红，将账面上 3000 万元的利润全部用来投资建设污水处理厂。虽然盈利 3000 万元，但盈亏相抵算下来其实还有数千万的负债，在很多人看来，这是一个不可理喻的笑话。但马建荣却很坚定，他说，在现在看来，当时的做法可以说是谋求"企业的可持续发展"，而在当时，他其实只是很朴素地认为，做企业不能给社会添麻烦，更不能伤害老百姓。

新的政策与法规迫使企业必须停止以往的某些经营行为，企业往往追求自身的低成本发展，而忽略了给社会和环境带来的隐性成本。治理污染所耗费的社会资源甚至比企业赚到的利润还要多。对既有发展模式的路径依赖迟早会有人买单，纵观历史上的战争和惨剧，买单和受伤害的总是无辜的民众，而对无辜者的伤害就是最大的残忍。

2017 年 9 月，《中共中央国务院关于营造企业家健康成长环境弘扬优秀企业家精神更好发挥企业家作用的意见》明确了企业家精神的地位和价值。企业也需要积极地拿起悬在头上的这柄达摩克利斯之剑，让法律法规成为赢得竞争的武器，而不是桎梏手脚的约束。

2017 年 11 月 29 日，海信电器向北京和上海两地法院提起诉讼，指控夏普在中国市场上销售的电视机侵犯了其正在保护期内的发明专利权。海信请求法院判令夏普立即停止侵权行为，停止制造、销售，许诺销售侵权产品，并对已经生产的产品进行销毁。尽管专利诉讼并不顺利，但随着中国企业走出去的步伐加速，越来越多的中国企业通过高价值专利储备保护自身利益，在专利诉讼中变被动为主动。

法律诉讼常常需要耗费大量时间精力，法律的确是武器，但战争永远不是目的。通过专利诉讼，家电企业可以为自己争取到参与全球竞争的通行证，而诉讼本身不是目的。因此，企业要借助法律来尽量避免诉讼的到来。这也是企业法务部门的责任，不管是在企业内部还是法务外包。

大企业往往有独立的法务部门，而中小企业则往往会外包或干脆没有人管，尽管在事前会尽量规避法律风险，但难免百密一疏，当诉讼发生之后才会去被动处理。现在，随着技术的发展，法律与科技的结合已经成为不可阻挡的趋势。法务信息化系统将发挥前瞻性的作用，这将成为企业规避法律陷阱的利器。通过智能化法律检索、法律文件自动化、机器人法律咨询服务、案件预测、在线法院、律师评价等人工智能服务，企业可以轻松实现合规管理。

与财务部门一样，法务部门在大企业中也是职能部门，这是成本中心部门，而非利润中心部门。对利润中心部门的强调导致成本中心部门就不太受待见。但在阿里法务总裁俞思瑛看来，"企业的法务部门最终成了边缘部门，往往是因为忽略了法务部门自身的能力建设"。据她介绍，"阿里巴巴的法务部有几百人，这几百人里面有做技术和系统开发的，意味着团队有相应的技术能力；有外部律师资源对接，也就具有相应的调查能力；还包括对于行业的影响力。这个时候法务对公司贡献的价值就会变得不同。所以我觉得法务部门的定位不是一个结果，而是一个需要努力去改变的过程"。[9]

在海尔的成长中,法务人员发挥了巨大的作用,事先算赢是海尔法务的基本原则,而不是事后算账。这使得海尔的法务部门不是消防队,而是指南针,在某个业务需求刚有意向时,法律人员就参与进去共同论证其商业模式或交易架构。同时,在项目进行过程中,法务团队必须同业务人员一起进行谈判,并根据业务目标来设计相关的法律文件。在事后则要定期对项目形成一个闭环的显差,发现问题,以便改善交易,提出风险预案,并优化已有的法律文本。

每个王位上方都悬着一把随时可能掉落的利剑,但请不要畏惧,那些杀不死你的,终将会使你更强大。

结语
在创造中砥砺前行

孙陶然 / 徐少春 / 夏华 / 蒋锡培 / 叶国富 / 李连柱 / 张蕴蓝

1

作为一个创业 22 年的老兵，孙陶然大半辈子都在和"创业"打交道，他经手的项目有中国第一份 DM 杂志《生活速递》、亚太第一大公关顾问机构蓝色光标、商务支付业务"商务通"、综合普惠金融科技平台拉卡拉等。这些项目案例被不少创业者奉为经典，有的甚至被北大光华、中欧等商学院作为营销案例纳入教科书。当一个项目进入平稳期、成熟期后，他就会把项目交给合伙人，然后去开辟一个新战场。

有人问，为什么会选择不同的行业持续创业呢？他说："这是我想活成的样子，因为我想在退休之前把所有类型的企业都做一遍。"

"我把企业分成了五种类型：乙方公司、媒体公司、硬件产品公司、服务类公司和投资公司。在拉卡拉之前，我已经走完了计划的三步；拉卡拉之后，是否有时间完成'投资'这最后一步，我也不知道，但如果拉卡拉内部孵化的'考拉基金'也算的话，现在的我已经完成了自己当初的梦想。"

2

"很多企业家和管理者成功打赢了企业的上半场，当进入企业下半场的时候，我依旧关心生命的意义是什么，该如何为客户创造更大的价值，如何更好地激活团队的创新力，怎样为客户、为社会奉献一个伟大的产品和服务等问题。"

一直以来，徐少春都在思考这样的问题，直到 2014 年 5 月 4 号。这一天，他把自己的笔记本电脑给砸了。他不要电脑，凭一部手机就可以"闹革命"。

"2014 年 8 月 8 号，我跟我们的客户一起也把服务器砸了，他们不需要建数据中心，在云端就可以；2016 年 5 月 4 号，我们把办公隔断也砸了，我们不鼓励员工一人一个格子，甚至不鼓励员工在办公室，我们的员工应该跟客户在一起，应该移动办公；2017 年 5 月 4 号，我把我们干了 20 多年的行业——ERP 也砸了，我们不需要传统的 ERP，我们应该到云上去。3 年来，我们进行了一系列的剧烈变革，最后我们生存了，并且发展了。"

3

依文是夏华生命中所有的时光故事。在她生命中，两个分量最重——大依文、小依文，小依文是女儿的名字，大依文是这份事业。

很多人问夏华，你的梦想是什么？她说："我要做一个有温度的品牌。这个事儿说起来很容易，但是做到很难。我经常说，高尚和卑微只有一步之遥，你需要拿到顾客的钱，还是你成为别人的需要，这中间是一个巨大的差异。文化的基因决定了这个品牌是不是有温度。"

在中国时尚产业 25 年，她特别希望有一天全世界都能感知到来自中国的时尚态度，听到中国的美学声音，所以她做了一个城堡。

"这不仅仅是一个女人的心愿，也希望未来成为中国传统之美和世界时尚之美结合的一个融合空间，让设计师、中国的手艺人碰撞出最美的作品。这个城堡是一个中西合璧的作品，整个外形是法国设计师设计的，内部则是中国设计师用中国的手工艺元素来设计，不管是苗绣、双面绣的屏风，还是手编的墙壁、亚麻皮做的窗帘。它会成全很多人的梦想。我希望未来很多人成为城堡的主人，同时它能成为喜欢优雅生活的人们的一个体验空间。"

4

在 1985 年决心创建企业之前，蒋锡培曾做了五年的钟表匠人，挖到了人生的第一桶金。1985 年 10 月回到家乡宜兴市范道乡开办了一家小工厂，这也是远东控股集团的前身，走到今天已经 30 余年。

"当你走上了这条道路，会有很多的诱惑，而你的使命感、你的追求，让你停不下脚步。"蒋锡培的目标是不断在刷新的，从成熟经营发展企业，到后来就想成为中国本行业的龙头企业，10 年后他做到了。但是后来他想，这还不够，远东集团能不能成为行业当中的世界老大？怎样能把这个企业持续经营好，使其成为百年企业？

"如何能够为更多的人解决问题，使更多的人拥有财富，拥有更美好的生活？

人家选择了我，把最好的青春年华和智慧都贡献给了这个平台和企业，我有责任带好我的兄弟们，规划好我们的未来。由此，我有了一个更宏大的目标：成为全球的行业老大，能够使更多的人成为百万、千万乃至亿万富翁，能够让他们的生活一天比一天更美好。"

5

"大部分进化过的事物都具有美感，最美丽的事物一定是进化程度最高的。与自然之美相比，工业化一度给人的印象是粗糙、笨拙，甚至丑陋……"从 2004 年引领满大街时尚饰品潮流的哎呀呀，到现在店铺遍布全球的名创优品，叶国富用了 14 年的时间实现了他对优质低价的追求。

"好的产品一定要能够满足使用者的真实需求，这种需求可以是具体实用性的需求，也可以是情感、心理上的需求。成功的商人是把好的产品卖给有需要的人，而不是把不好的产品用好的营销卖给不需要的人。"这位精明的南方商人对需求和机遇有着敏锐的嗅觉。

"在共享经济盛行的当下，名创优品一直在努力实现渠道共享、工厂共享、设计师共享，目前已经实现了渠道共享，且拥有一大批世界一流的工厂资源，现在最缺的是设计，好的设计师是最宝贵也是最昂贵的资源。独立设计师有两个劣势：第一，产品设计完后，没有工厂打样；第二，只有设计，没有订单。名创优品恰恰可以弥补这两大缺陷，只要有好的设计，要工厂有工厂，要订单有订单，我们缺的就是设计。搭建共享设计师平台，可以实现品牌商和独立设计师之间的优势互补，实现资源共享。"

6

1998~1999 年，国内第一次互联网浪潮来临。李连柱与两位合伙人带着一帮人打造装饰行业门户垂直网站 72home。他们白天晚上不睡觉，熬夜通宵做互联网，也是那个时候他们学会了"链接"。

"和很多公司不太一样，我们是依靠全国 1 万多名尚品宅配体系的设计师，截至 2018 年已服务超过 1000 万户家庭，并实地把每家每户的房子画出来。而这个房型图不仅是一个简单的房型数据图，同时包含了居住者的所有信息，如职业、年收入、家庭成员构成、喜好等，这些信息才是真正的大数据、活数据，而这些数据是我们今天能够构架行业大数据云计算平台的基础。"

2007 年，尚品宅配建立了自己的工厂。这帮软件公司、互联网公司出身，以及长期和家居行业、装饰行业打交道的人，花了十年时间，做出来一个被誉为中国工业 4.0 样板的企业。

新一轮工业革命浪潮中，中国巨大的市场能够造就快速创新迭代的商业模式，在新一轮智能制造竞争中，中国互联网应用水平走在世界前列，工业 4.0 智能制造弯道超车的可能性非常大。"

7

"长期以来，中国制造一直是一个低质、低价、低附加值的代名词，因为这是现实。中国制造的服装行业，附加值比较低。市场供大于求，同质化严重，竞争非常惨烈。其实这不仅仅是中国的服装业，中国的制造业，乃至全世界的制造业都面临这个问题，应该说很惨痛。"

当张代理把红领的重担压在瘦弱的张蕴蓝肩上时，这个说话轻柔的青岛姑娘毅然扛起了这份重任。她是富二代，却要当创二代、拼二代。她说，接班，就是要做行业的颠覆者。

"我们用了十多年时间来做工厂实业，做出全球唯一个性化定制 3D 打印智能工厂。纽约一个投资商到我们工厂参观感叹说，红领整个工厂就是一台大的 3D 打印，数据从前端输入进去，经过整套流程之后，最后出来的就是一件个性化定制的衣服。以前工业和商业完全是分开的，工业企业一般是投入比较多，赚取的东西比较少。现在红领打造的模式是将工业和商业完全结合在一起。也就是说，在传统的商业模式中，微笑曲线上工业一直处于最底层，C2M 则将微笑曲线反转，将工业放到最高层，并使其利益最大化。"

8

"创造"收录了 20 余家企业的案例，每个案例在篇幅前提下尽量保证叙述完整性的同时，突出强调某个主题。这样的结构也吸引了很多企业家的参与。从一开始，我们就邀请企业家参与到创作中来。

很庆幸，孙陶然、徐少春、夏华、蒋锡培、叶国富、李连柱、张蕴蓝等企业家都参与了本书的创作，当然，还有很多企业家也做出了贡献，限于篇幅，无法一一列举和收录。因为我不想把这本书变成大杂烩，也无意炫耀企业家圈子的人脉。正如我所倡导的那样，永远立足基本层面，追求意义的创造。这是本书创作的基本准则。

　　孙陶然说："资本的魔力让许多年轻的创客迷失在了赛道上，一味说模式、一味求融资，让人们忽视了创业的本质。创新是要解决'人无我有、人有我优、人优我廉'的问题，必须紧紧抓住用户需求，不能为了技术而技术、为了模式而模式。"

　　叶国富说："任何传统制造业和传统零售业未来都会进化为一家数字化的科技型企业，未来我们关注的可能不再是原材料成本、制造成本、人力成本，而是数据成本。名创优品看到了这一趋势，因此我们与世界顶尖的数据软件和硬件服务商开展全方位的战略合作。"

　　张蕴蓝也说："Cotte 做了一件什么事情？我想归根到底，就是重新连接消费和生产。将少数人的奢侈品变成人人得以拥有的美好生活，引领新的商业文明。"

　　像他们一样，每一位真正的企业家都在投身于价值和新事物的创造中砥砺前行。孙陶然的连续创业、徐少春的砸碎了重建、夏华对品牌温度的执着、蒋锡培对目标的超越与追求、叶国富对优质低价的坚持和突破、李连柱对智能制造体系的不断探索、张蕴蓝对制造业和商业结合的推动与改革……仅仅是我们访谈并在这里列出来的企业家，就已经能够产生很大的冲击波，更不用说正和岛上、整个雄鸡版图上还有多少企业家在推动着中国的发展。

　　应该说，中国已经进入了一个新的企业家经济时代。在这个新时代下，要有更多企业家涌现出来，像陈南总那样，在变化中创造变化；像孙坚总那样，不断重新定义自己；更要像蒋锡培总所说的那样，心中怀有百姓、国家、世界，把人们对美好生活的向往看成企业研发产品、做好服务的本质追求，用最好的产品和最好的服务赢得用户，赢得市场！

　　"春江水暖鸭先知"。如果您在读完本书后，有任何感悟和指导建议，敬请与出版社联系。让智慧在共创和分享中流动，流进每个企业，让更多的人来创造一个个创变！

参 考 文 献

第1章

[1] 拉里·唐斯，保罗·纽恩斯.大爆炸式创新 [M].栗之敦，译.杭州：浙江人民出版社，2014.

[2] 微波炉 50 年，它的样子一直没什么变化，但食品业和吃饭习惯都因它而改变.晏文静，好奇心日报，2018-01-03.http：//www.qdaily.com/articles/48703.html.

[3] 王坚.在线：数据改变商业本质，计算重塑经济未来 [M].北京：中信出版社，2016.

[4] 佐藤知恭.如何让顾客的不满产生利润[M].王占平，译.北京：东方出版社，2012.

[5] [9] 野中郁次郎，徐方啓，金顯哲.アジア最強の経営を考える——世界を席巻する日中韓企業の戦い方 [M].ダイヤモンド社，2013.

[6] [7] [8] 数字时代，品牌传播如何找准痛点，美通社，2015-10-28. https：//www.prnasia.com/blog/archives/17834.

[10] Thomas Gad.*4D Branding：Cracking the Corporate Code of the Network Economy*[M].Financial Times Management，2000.

[11] [14] Robert Rose，Carla Johnson.Experiences：The 7th Era of Marketing[M].Content Marketing Institute，2015.

[12] [13] 姜奇平.互联网的女性主义特征 [J].互联网周刊，2012-04-09.

[15] [16] 吉莲·邰蒂.穀仓效应：为什么分工反而造成个人失去竞争力、企业崩坏、政府无能、经济失控 [M].林力敏，译.台湾：三采出版社，2016.

[17] 寻遍世界无样板，海尔在迷雾中的孤独跳跃.新浪网，2017-05-05.

http：//finance.sina.com.cn/stock/hkstock/ggscyd/2017-05-05/doc-ifyexxhw2514391.shtml.

[18] [19] 查尔斯·汉迪.第二曲线：跨越"S型曲线"的二次增长[M].苗青，译.北京：机械工业出版社，2017.

[20] 张瑞敏接受美国《财富》杂志高级编辑杰夫·科尔文采访.海尔社区，2016-06-08. http：//bbs.haier.com/forum/food/1724479.shtml.

[21] 转轨"第二曲线"的三大挑战.曹仰峰，管理百年公众号，2018-01-08.

第2章

[1] 野中郁次郎，徐方啓，金顯哲.アジア最強の経営を考える——世界を席巻する日中韓企業の戦い方[M].ダイヤモンド社，2013.

[2] 日学者：丰田已成为日本经济发展的"顶梁柱".王欢，环球网，2015-03-18. http：//finance.huanqiu.com/view/2015-03/5942920.html.

[3] [4] Gerrit Broekstra.Building High-Performance，High-Trust Organizations：Decentralization 2.0[M].Palgrave Macmillan，2014.

[5] 西伦·派克.管理思想家50强[M].余彬，译.上海：上海三联书店，2006.

[6] 尼克拉斯·卢曼.信任：一个社会复杂性的简化机制[M].瞿铁鹏，译.上海：上海人民出版社，2005.

[7] 沃伦·本尼斯，罗伯特·托马斯.极客与怪杰：领导是怎样炼成的[M].杨斌，译.北京：机械工业出版社，2013.

[8] [9] 弗朗西斯·福山.信任：社会美德与创造经济繁荣[M].郭华，译.广西：广西师范大学出版社，2016.

[10] 爱德华·威尔逊：从蚂蚁社会到寻找万物之理.果壳网，2012-01-26.https：//www.guokr.com/article/89430/.

[11] 约书亚·格林.道德部落：情感、理和冲突背后的心理学[M].论璐璐，译.北京：中信出版社，2016.

[12] 贾雷德·戴蒙德.崩溃：社会如何选择成败兴亡[M].江滢，叶臻，译.上海：上海译文出版社，2008.

[13] 尼尔·弗格森.世界战争与西方的衰落[M].喻春兰，译.广东：广东人民出版社，2015.

[14] [16] [17] [18] Alan Siegel，Irene Etzkorn.*Simple：Conquering the Crisis of Complexity*[M]. Twelve，2013.

[15] E.F. 舒马赫 . 小的是美好的：一本把人当回事的经济学著作 [M]. 李华夏，译 . 上海：译林出版社，2007.

[19] Dean Williams.*Leadership for a Fractured World：How to Cross Boundaries，Build Bridges，and Lead Change*[M]. Berrett–Koehler Publishers，2015.

[20] 马歇尔·麦克卢汉 . 理解媒介：论人的延伸 [M]. 何道宽，译 . 上海：商务印书馆，2000.

[21] 约翰·赫伊津哈 . 游戏的人：文化中游戏成分的研究 [M]. 何道宽，译 . 广州：花城出版社，2007.

[22] 凯文·韦巴赫，丹·亨特 . 游戏化思维：改变未来商业的新力量 [M]. 周逵，王晓丹，译 . 浙江：浙江人民出版社，2014。

[23] [24] [25] [26] [27] Jacob Morgan，Marshall Goldsmith.*The Employee Experience Advantage：How to Win the War for Talent by Giving Employees the Workspaces they Want，the Tools they Need，and a Culture They Can Celebrate*[M]. Wiley，2017.

第3章

[1] 这是一场没有硝烟的战争！中兴遭"封杀"，76 岁创始人再度出山 . 环球网，2018–04–19.http：//world.huanqiu.com/article/2018–04/11887645.html.

[2] 腾讯 WE 大会 2017. http：//we.tencent.com/

[3] [4] 弗朗西斯·福山 . 国家构建：21 世纪的国家治理与世界秩序 [M]. 黄胜强，许铭原，译 . 北京：中国社会科学出版社，2007.

[5] 徐方启 . 中国発グローバル企業の実像 [M]. 日本：千倉書房，2015.

[6] [9] [10] Andrew McAfee，Erik Brynjolfsson.*Machine，Platform，Crowd：Harnessing Our Digital Future*[M]. W. W. Norton & Company，2017.

[7] 迈克尔·哈默，詹姆斯·钱皮 . 企业再造：企业革命的宣言书 [M]. 王珊珊，译 . 上海：上海译文出版社，2007.

[8] 丹尼尔·卡尼曼，阿莫斯·特沃斯基 . 选择、价值与决策 [M]. 郑磊，译 . 北京：机械工业出版社，2018.

第4章

[1] [4] 正和岛刘东华：用良知驾驭资本．刘东华，正和岛公众号，2016-06-29.

[2] 徐少春：砸完办公室又砸电脑，我终于找到了企业管理"核心密码"．徐少春，正和岛公众号，2017-06-13.

[3] 陈春花谈企业家精神：不确定时代最需要企业家精神．陈春花，春暖花开公众号，2017-03-09.

[5] [6] [7] Elisabeth Paulet，Chris Rowley.*The China Business Model*：*Originality and Limits*[M]. Chandos，2017.

[8] Bjarte Bogsnes.*Implementing Beyond Budgeting*：*Unlocking the Performance Potential*[M]. Wiley，2016.

[9] 阿里 20 亿身家总法：为企业创造价值是法务生存之本．勃朗宁，知产力公众号，2018-04-19.